CLASSICISMO MODERNO
MARGHERITA SARFATTI E A PINTURA ITALIANA NO ACERVO DO MAC USP

CONSELHO EDITORIAL

Ana Paula Torres Megiani

Eunice Ostrensky

Haroldo Ceravolo Sereza

Joana Monteleone

Maria Luiza Ferreira de Oliveira

Ruy Braga

CLASSICISMO MODERNO
MARGHERITA SARFATTI E A PINTURA ITALIANA NO ACERVO DO MAC USP

Ana Gonçalves Magalhães

Copyright © 2016 Ana Gonçalves Magalhães.

Grafia atualizada segundo o Acordo Ortográfico da Língua Portuguesa de 1990, que entrou em vigor no Brasil em 2009.

Edição: Haroldo Ceravolo Sereza
Editora assistente: Dafne Ramos
Projeto gráfico, diagramação e capa: Jean Ricardo Freitas
Assistente acadêmica: Bruna Marques
Revisão: Julia Ferreira
Imagens da capa: Detalhe do raio-x da obra "L'indovina" de Achille Funi.

Esta obra foi publicada com apoio da Fapesp, processo nº 2015/09033-4.

CIP-BRASIL. CATALOGAÇÃO-NA-FONTE
SINDICATO NACIONAL DOS EDITORES DE LIVROS, RJ

M28C

Magalhães, Ana Gonçalves
Classicismo moderno : Margherita Sarfatti e a pintura italiana no acervo do MAC USP
Ana Gonçalves Magalhães. - 1. ed.
São Paulo : Alameda, 2016.
256 p. : il. ; 21 cm

Inclui bibliografia e índice
ISBN 978-85-7939-419-5

1. Arte moderna - Séc. XX - Brasil. 2. Arte brasileira - Séc. XX. I. Título.

| 16-36246 | CDD: 709.81 |
| | CDU: 7.036(81) |

ALAMEDA CASA EDITORIAL
Rua 13 de Maio, 353 – Bela Vista
CEP 01327-000 – São Paulo, SP
Tel. (11) 3012-2403
www.alamedaeditorial.com.br

Aos meus pais, Eva e Aderbal, e aos meus irmãos, Lilia, Julia e Paulo — meu norte na vida.

SIGLAS

Índice de abreviações

ABCA Associação Brasileira de Críticos de Arte
APICE Archivi della parola dell'immagine e della comunicazione editoriale (UNIMI)
ASAC Archivio Storico delle Arti Contemporanee (Biennale di Venezia)
ECA USP Escola de Comunicações e Artes da Universidade de São Paulo
EHESS École des Hautes Études en Sciences Sociales, Paris
FAU USP Faculdade de Arquitetura e Urbanismo da Universidade de São Paulo
FFLCH USP Faculdade de Filosofia, Letras e Ciências Humanas da Universidade de São Paulo
GNAM Galleria Nazionale d'Arte Moderna di Roma
IEB USP Instituto de Estudos Brasileiros da Universidade de São Paulo
IF USP Instituto de Física da Universidade de São Paulo
INHA Institut National d'Histoire de l'Art, Paris
IPHAN Instituto do Patrimônio Histórico e Artístico Nacional
MAC USP Museu de Arte Contemporânea da Universidade de São Paulo
MAM Museu de Arte Moderna de São Paulo
MAM RJ Museu de Arte Moderna do Rio de Janeiro
MART Museo di Arte Moderna e Contemporanea di Trento e Rovereto
MASP Museu de Arte de São Paulo Assis Chateaubriand
MoMA Museum of Modern Art, Nova York
ONU Organização das Nações Unidas
SPHAN Serviço do Patrimônio Histórico e Artístico Nacional
UBA Universidad de Buenos Aires
UNESCO Organização das Nações Unidas para a Educação, a Ciência e a Cultura UNIMI Università degli Studi di Milano
UNIROMA Università degli Studi di Roma La Sapienza
USP Universidade de São Paulo

SUMÁRIO

PREFÁCIO	13
APRESENTAÇÃO	19
1. O MAM e as origens do MAC USP	23
O acervo de arte moderna recebido pelo MAC USP	35
2. A pintura italiana do entreguerras e o núcleo inicial do acervo do antigo MAM	59
3. Margherita Sarfatti, crítica de arte	103
Margherita Sarfatti na América do Sul	112
Rio de Janeiro, São Paulo e Buenos Aires, 1930	112
Entre Montevidéu e Buenos Aires – e uma passagem por São Paulo, 1939-1947	128
4. O Brasil visto por Margherita Sarfatti, 1930-1947	151
A pintura moderna como crise: Margherita Sarfatti, Sérgio Milliet e uma história cíclica da pintura	163
5. "Novecento Brasiliano": A pintura italiana vista pelo Brasil	173
CONSIDERAÇÕES FINAIS	189
REFERÊNCIAS	199
ANEXO: trabalhos publicados em torno das Coleções Matarazzo	227
AGRADECIMENTOS	233
CADERNO DE IMAGENS	239

Avrebbe pensato quello straniero, vendendo tante bellezze, un cosí fine arte di atteggiarsi e di inbellettarsi, un contegno tanto molle e vivace insieme, che si trattasse d'una folla tra le piú raffinate, e avrebbe potuto immaginare che, dell'arte italiana, questo rimanesse nelle persone: una tradizione di bella armonia, di un paganesimo mai estinto, di calmi e scaltri piaceri, come quelli che ne animano l'arte. Ma intendendo i discorsi, avrebbe udito che tutti parlavano d'altre persone presenti a quel convegno, e che le frasi piú comuni erano: "Oh, come si è sciupata!"

[Esse estrangeiro teria pensado, vendo tanta beleza, uma arte assim tão fina nas atitudes e no modo de se embelezar, uma conduta tão mole e ao mesmo tempo vivaz, que se tratasse de uma multidão das mais refinadas, e teria podido imaginar que, da arte italiana, isto permanecia nas pessoas: uma tradição de bela harmonia, de um paganismo nunca extinto, de prazeres calmos e astutos, como aqueles que animam a arte. Mas compreendendo as conversas, teria ouvido que todos falavam de outras pessoas presentes àquela reunião, e que as frases mais comuns eram: "Oh, como ela está acabada!"]

Corrado Alvaro, *Tutto è accaduto*, 1961.

PREFÁCIO

Uma coleção inteira jazia esquecida nas reservas. Obras de qualidade muito alta não eram vistas há anos, há décadas.

Não era culpa de ninguém. Foram o gosto, a história, que se encarregaram de eclipsá-las.

Formaram o primeiro núcleo fundador do que hoje é o MAC USP. Arte italiana reunida por Ciccillo Matarazzo e sua esposa Yolanda Penteado. Emergiam do ocultamento poucos nomes excelsos: o *Autorretrato* de Modigliani, o *Enigma de um dia*, de Chirico, as esculturas de Boccioni, alguns delicados Morandi. Mas quem se interessava por Sironi, Casorati, ou mesmo De Pisis, ou Campigli?

Não foi apenas no Brasil que esses artistas foram esquecidos. Mesmo na Itália, eles eram discretamente ignorados. Ana Magalhães nos fala de obras equivalentes que ela viu em péssimo estado de conservação nas reservas do Musée National d'Art Moderne de Paris, e isso em 2011. Nenhum historiador da arte formado nos anos de 1960 ou 1970, salvo por razões idiossincráticas, seria levado a conhecer tais artistas.

Uma das razões mais fortes situa-se no campo ideológico. Exceto alguns isolados, como Morandi ou de Pisis; exceto os resistentes, como Guttuso, expressão máxima da cultura pictórica comunista, nenhum deles passou incólume pelo fascismo. Entre outros, Sironi, Campigli ou Funi beneficiaram-se com importantes encomendas oficiais para vastos painéis em edifícios públicos. Francos militantes fascistas, ou apoiadores convictos, eles carregavam, com a derrocada do pós-guerra, a marca infamante.

Outra razão de importância para o olvido foram as radicalizações assumidas pelas experiências artísticas nesse mesmo período do pós-guerra. Diante do triunfo das abstrações – e dos movimentos posteriores que se seguiram, como o pop art – a fundamentação clássica expressa por essa arte surgia como regressiva e condenatória.

Essas duas razões maiores já seriam suficientes para um esquecimento. Mas há outra ainda.

Ela baseia-se numa convicção que assumo. Museus no Brasil começaram tarde. Não tivemos uma prática nem muito extensa, nem muito antiga dessas instituições, que permitissem sólidos fundamentos enraizados na história. Além disso, nossa cultura assumiu, de modo superficial, críticas e teorias mal digeridas, que vicejaram desde os anos de 1960 a essas instituições, e que as atacaram como sendo passadistas, conservadoras, empoeiradas. Assim, nossos museus se esqueceram de suas coleções em benefício de atividades temporárias. Há mesmo, entre nós, museus que foram criados sem acervo e a palavra parece ter assumido o sentido apenas de um edifício! Ela se transformou em sinônimo de galeria com atividades efêmeras, algo parecido com o de casas da cultura. Os acervos passaram raramente a serem expostos em caráter permanente, tornando-se quase um elemento secundário. Neste quadro, a história do acervo italiano do MAC USP não parecia importante: é espantoso descobrir, graças às pesquisas de Ana Magalhães, como os documentos referentes a elas se dispersaram em arquivos diferentes, fora da custódia do próprio museu!

Coerente com essas razões, o acervo italiano, que Matarazzo e sua esposa reuniram, ficou eclipsado por muito tempo.

Foi preciso a clarividência de Ana Magalhães para que ele voltasse ao conhecimento público. Graças a ela, as obras foram expostas nas salas do novo MAC USP, sob sua curadoria. Revelação e deslum-

Ana Gonçalves Magalhães | 15

bramento de um conjunto altíssimo: assinalo, entre tantas telas de primeiro plano, "L'indovina" de Funi, de 1924, soberba obra-prima, Mona Lisa do "novecento" italiano – no seu sentido mais vasto – considerada como perdida pelos especialistas internacionais. E foi preciso também a formidável competência da autora para que a história desse conjunto fosse reconstituída.

Se Ana Magalhães se tivesse limitado a um estudo das obras de um ponto de vista formal e iconográfico; se a isso se acrescentasse o papel que elas tiveram na história de seus autores (o que é feito com profundidade, situando cada obra nos debates artísticos italianos e cada artista nos numerosos grupos e subgrupos que se formaram na Itália); já teria realizado uma obra de valor extraordinário. Teria revelado obras de grandes artistas, teria demonstrado que o MAC USP possui talvez a maior e melhor coleção de arte italiana do novecentos fora da Itália.

Assim, ela se encontraria no campo de estudo e revalorização desses artistas que se iniciou na Itália há poucas décadas e, portanto, numa ponta de vanguarda dentro dos estudos de história da arte de nosso tempo.

Mas a autora fez tudo isso e muito mais. Retraçou o percurso de cada obra, suas origens, seus intermediários, suas chegadas ao museu, as exposições das quais participaram. Em historiadora perfeita, ela foi buscar os sentidos dessas trajetórias. Trouxe à luz, de maneira articulada e aprofundada, o papel fundamental de Ciccillo Matarazzo para a cultura paulista e brasileira e, neste papel, o projeto de reunir uma coleção para um novo museu de arte moderna em São Paulo. Desvendou aspectos desconhecidos de outro personagem poderoso, fascinante e crucial nessa história, que tem sido objeto de vários estudos contemporâneos: Margherita Sarfatti, pertencente a rica família judia, que se torna amante de Mussolini e primeira personalidade no mundo das artes italianas. Que é obrigada a exilar-se na América Latina quando

16 | Classicismo moderno

cai em desgraça e que foi o oriente para a formação das compras artísticas de Matarazzo.

O livro não se limita a reconstituir essa história fascinante. Busca o papel de Sarfatti nas artes italianas, sua ação como animadora, crítica e teórica. Sarfatti emerge como uma inteligência de fato muito aguda, capaz de percepção pertinente e elucidadora sobre muitos aspectos da teoria e da crítica da arte, provocando o desejo de ler seus textos na íntegra, em particular os que escreve sobre pintores brasileiros.

Em sua busca pelas repercussões dessas obras italianas e dessas individualidades no Brasil, Ana Magalhães sublinha um paralelo convincente e inesperado: as afinidades que o pensamento de Sarfatti apresenta com o de Sérgio Milliet.

A dinâmica desencadeada dentro da cultura brasileira por todo esse processo incidiu, desse modo, sobre aspectos teóricos, mas atingiu também o meio artístico, particularmente naquilo que Mario de Andrade chamou de a "Família Artística Paulista".

Ana Magalhães expande suas considerações para um âmbito ainda mais vasto. Reflete sobre a natureza dos acervos em geral para entender aquele específico que estuda. Uma expressão que a inquieta é a de "acervo datado". Ela pontua de quando em quando seu texto, para conduzir-nos à conclusão que todo acervo é, necessariamente, datado, e são essas datas que compõem sua natureza peculiar, sua individualidade por assim dizer.

***

Na medida em que escrevo, vem-me uma sensação frustrante. Ao assinalar, em modo resumido, apenas alguns pontos do livro escrito por Ana Magalhães, permaneço aquém do que ele é e aquém do meu entusiasmo. A riqueza das considerações, baseadas em inúmeras descobertas originais, a inteligência do encaminhamento reflexivo, as ramificações que nunca se perdem nas minúcias, porque são sempre consideradas a partir de processos compreensivos e interpretativos amplos, não podem ser sintetizados ou elencados. É preciso, sem delongas, mergulhar no texto e aprender muito.

Mas falta assinalar pelo menos mais uma de suas grandes qualidades. Ele é o guia ideal para quem quiser saber o que é um trabalho completo, rigoroso e sem falhas dentro da história da arte. Nessa disciplina, situa-se entre os mais notáveis jamais realizados no Brasil.

Jorge Coli
Janeiro de 2016

APRESENTAÇÃO

Procuramos construir aqui a história das 71 pinturas italianas adquiridas por Ciccillo Matarazzo e Yolanda Penteado, entre 1946 e 1947, para o núcleo inicial do acervo do antigo MAM. Essa afirmação é, talvez, o ponto mais importante tratado nesse livro, uma vez que constatamos, com base na documentação pesquisada, que essas obras não eram parte de uma coleção constituída privadamente, mas compradas deliberadamente com a finalidade de fomentar a criação do MAM em São Paulo.

O livro resultou da tese de livre-docência, defendida em fevereiro de 2015, e é um desdobramento de outro trabalho já publicado, o catálogo da exposição *Classicismo, realismo, vanguarda: pintura italiana no entreguerras*, inagurada na nova sede do MAC USP em agosto de 2013. No momento da exposição, centramo-nos em delinear qual era o conjunto de obras sobre o qual estávamos falando, bem como documentá-las. Esse último processo se deu de três maneiras. Em primeiro lugar, recatalogamos as obras em questão, no cotejamento de documentos do MAC USP e de outras instituições, aqui e na Itália. Em segundo lugar, constituímos um trabalho de parceria com o laboratório de física nuclear aplicada do IF USP, sob coordenação da professora Márcia Rizzutto, para análise de cinco obras que continham pinturas inteiras em seus versos e cujos resultados estamos publicando em diferentes artigos.[1] Em terceiro lugar, procurou-se organizar sistematicamente a documentação de arquivo do MAC USP referente ao antigo MAM, comparando-a com a documentação da Seção de Catalogação, para estabelecermos o conjunto documental que embasava nossa tese. Esse trabalho levou cinco anos, com uma equipe que envolveu bolsistas de graduação e pós-graduação, técnicos da Divisão de Acervo do MAC USP (Seção de Catalogação, Arquivo, Biblioteca, e Laboratório de Pintura e Escultura) e o apoio de um acordo de cooperação acadêmica com o grupo de pesquisadores e docentes do programa de História da Arte Contemporânea do Dipartimento dei Beni Culturali e Ambientali da UNIMI, em Milão. Tal processo estabeleceu os alicerces sobre os quais fazemos, agora, as primeiras reflexões em torno das obras estudadas.

Há dois pontos importantes que aqui se apresentam e que avançam sobre o primeiro momento da pesquisa. O primeiro diz respeito a tentar entender as obras italianas no conjunto maior de obras que constituiu o acervo inicial do antigo MAM de São Paulo, dentro da história de sua instituição de origem e da história do MAC USP. Portanto, a primeira consequência da reflexão que apresentamos a seguir é propor uma análise da história do antigo MAM e de sua relação com a USP. O segundo ponto concerne o papel da crítica modernista dos anos 1940, em São Paulo, na constituição desse acervo inicial e a presença da crítica italiana Margherita Sarfatti (1880-1961) na América do Sul, nos mesmos anos. Assim sendo, sua trajetória em seus anos de exílio constitui parte significativa da reflexão que nos propusemos fazer.

Assinalamos que nossa ênfase maior foi, de fato, dar inteligibilidade às obras, procurando contextualizá-las na história da arte moderna, primeiramente na Itália e, depois, no ambiente europeu e no Brasil.

---

1   A exemplo de Ana Gonçalves Magalhães, Márcia Rizzutto *et al.* "*Nudo Incompiuto* de Felice Casorati, no acervo do MAC USP". *Revista de História da Arte e Arqueologia*, Campinas, vol. 19, 2013, p. 141-158.

Para tanto, a pesquisa documental foi fundamental, como também foi tarefa importantíssima o cotejamento e o trabalho de análise de publicações da época, principalmente catálogos e monografias de artistas. Nesse sentido, as imagens desse volume funcionam como um conjunto de pranchas que procurou pontuar esses bastidores da pesquisa.

No que diz respeito às referências, colocamos um anexo final com os trabalhos já publicados e apresentados em forma de comunicação em eventos acadêmicos que o grupo de pesquisa sob minha coordenação vem desenvolvendo. Eles são parte integrante da pesquisa em torno das Coleções Matarazzo e, assim como o catálogo e a exposição ocorrida no MAC USP, foram fundamentais para o que apresento a seguir.

Finalmente, foi minha decisão publicar a pesquisa no estado da arte em que se encontrava no momento de defesa de minha livre-docência em fevereiro de 2015. Esse livro, portanto, consolida, como já dito, as primeiras reflexões em torno desse conjunto de obras italianas e da presença de Margherita Sarfatti na América do Sul. Elas ainda se desdobrarão, principalmente, nas pesquisas que tiveram início com teses de mestrado e doutorado (algumas já defendidas) com artistas e obras específicos do conjunto.

1

O MAM e as origens do MAC USP

Em 8 de abril de 1963, a Universidade de São Paulo fundava o Museu de Arte Contemporânea (MAC USP). Naquele momento, assumiu o posto de seu primeiro diretor Walter Zanini (1924-2013). Chegado ao Brasil no início de 1962, depois de praticamente uma década de estudos na Europa, Zanini era então professor do Departamento de Filosofia da Faculdade de Filosofia, Letras e Ciências Humanas (FFLCH) da Universidade – uma das principais escolas da origem da USP em 1934, quando recebeu o grupo de professores franceses (entre eles, Roger Bastide, Fernand Braudel e Claude Lévi-Strauss) que marcou a reflexão e as práticas metodológicas de gerações vindouras nas disciplinas de humanidades entre nós.

O MAC USP havia sido criado para receber o acervo do antigo Museu de Arte Moderna de São Paulo (MAM), dissolvido depois da última assembleia de seu conselho em dezembro de 1962,[1] numa decisão que gerou desagravos e polêmicas.[2] O processo iniciara-se antes

---

1 Datiloscrito "Ata de dissolução do MAM". Fundo Francisco Matarazzo Sobrinho/MAM, Arquivo Histórico Wanda Svevo, Fundação Bienal de São Paulo.

2 O que é afirmado pela historiografia mais recente. Cf. Luiz Camillo Osorio; Annateresa Fabris (org.). *MAM 60 anos*. São Paulo: Museu de Arte Moderna de São Paulo, 2008. A exposição assumiu uma cronologia de continuidade entre o antigo MAM e o atual MAM. Vale esclarecer que, considerando-se a dissolução do antigo museu em 1962, trabalhamos aqui com a seguinte cronologia: o antigo MAM é a instituição cujas ati-

24 | Classicismo moderno

desse ato final: o primeiro passo decisivo havia sido dado com a criação da Fundação Bienal de São Paulo, em maio de 1962. Ele foi seguido pela proposta de doação da chamada Coleção Francisco Matarazzo Sobrinho à USP em setembro de 1962, momento em que Zanini é convocado a acompanhar o inventariamento das coleções do antigo MAM, junto com a secretária responsável pelas mesmas, Ethelvina Chamis.[3] Em janeiro de 1963, ela é seguida pela doação da chamada Coleção Francisco Matarazzo Sobrinho e Yolanda Penteado e, por fim, da chamada coleção MAMSP.[4] Na ata de dissolução do antigo MAM, a proposta inicial era que a USP assumisse a gestão do museu, separando-o em definitivo da função de organizar as edições da Bienal de São Paulo, que ao longo dos anos 1950 tinham consumido esforços e recursos da instituição, tornando cada vez mais difícil a existência do

---

    vidades se desenvolveram desde sua fundação, em 1948, até a transferência de seus acervos para a USP, em 1962-63. Esse ato dá origem a duas novas instituições: a Fundação Bienal de São Paulo, em 1962, e o MAC USP, em 1963. Os anos 1960 são marcados pela tentativa do conselho dissidente do antigo MAM de reerguer o museu, que seria refundado em 1969 (com um novo acervo).

3   Walter Zanini, "Sempre com muita pressa em realizar seus sonhos", datiloscrito s.d. (provavelmente 1977, por ocasião da exposição em homenagem a Francisco Matarazzo Sobrinho), Seção de Catalogação e Documentação, MAC USP. Neste pequeno texto, Zanini dá alguns indícios de seus contatos com Matarazzo anteriores a sua chegada à USP. Deve-se observar ainda que, do ponto de vista da formação da Coleção Matarazzo, o texto tem algumas imprecisões, como nos demonstra claramente a documentação aqui pesquisada.

4   As escrituras cartoriais de doação das três coleções à USP datam, respectivamente, de: Coleção Francisco Matarazzo Sobrinho, 3 de setembro de 1962; Coleção Francisco Matarazzo Sobrinho & Yolanda Penteado, 15 de janeiro de 1963; e Coleção MAMSP, 8 de abril de 1963 (data de fundação do MAC na Universidade).

museu.[5] Contestada essa decisão, a USP jamais pôde assumir a pessoa jurídica do MAM, criando outra pessoa jurídica – o MAC USP, cujo nome teria sido sugerido por Sérgio Buarque de Holanda (1902-1982). A dissidência do antigo conselho do MAM empreendeu ações judiciais para reaver o acervo do museu e impedir que a USP usasse a marca MAM ao longo dos anos 1960, para refundar o museu em 1969 e reiniciar seu acervo a partir da doação da coleção de Carlo Tamagni.[6]

---

5   Esses eram os argumentos apresentados pelo presidente do antigo MAM, Francisco Matarazzo Sobrinho, em carta assinada por ele e pelo então diretor do museu, Mário Pedrosa, datada de 17 de fevereiro de 1962, convocando os conselheiros da instituição para uma reunião extraordinária de definição dos destinos da Bienal de São Paulo. Cf. Carta de Francisco Matarazzo Sobrinho a Francisco Bandeira de Mello Assis Chateaubriand, 17 de fevereiro de 1962. Fundo Francisco Matarazzo Sobrinho, Arquivo Histórico Wanda Svevo, Fundação Bienal de São Paulo. A carta era acompanhada por dois anexos: justificativa da separação e projeto de estatutos para a Fundação Bienal de São Paulo. Além disso, o Fundo Francisco Matarazzo Sobrinho contém uma série de cartas de Mário Pedrosa, datadas de 1961, aos conselheiros do antigo MAM, solicitando o pagamento da anuidade ao museu e pedindo a reconfirmação de participação de seus membros em seu conselho. Elas são indicativas das dificuldades que o museu enfrentava não só do ponto de vista financeiro, mas também da efetiva participação dos membros do conselho em suas atividades.

6   Ver exposição *O retorno da Coleção Tamagni: até as estrelas por caminhos difíceis*, 12 de janeiro a 11 de março de 2012, com curadoria de Felipe Chaimovich e Fernando Oliva, no MAM em São Paulo. A doação da Coleção Tamagni ocorrera em 1967, com a morte de seu patrono. A exposição apresentava muitos documentos sobre o processo de doação, bem como a polêmica nos jornais de época em torno da transferência do antigo acervo do museu para a USP. Carlo Tamagni havia sido da direção do antigo MAM desde seus primórdios. Segundo Eva Lieblich Fernandes (primeira secretária do MAM, entre 1948 e 1950), ele havia sido deslocado da Metalúrgica Matarazzo, de propriedade de Francisco Matarazzo Sobrinho, como um dos homens de sua confiança para a implantação do

26 | Classicismo moderno

De qualquer forma, o MAC abria suas portas num momento em que a USP não só incorporava museus a sua estrutura – caso do Museu Paulista, com o qual já mantinha longa colaboração de pesquisa e funcionava como uma espécie de *campus* avançado – como criava outros: o Museu de Arqueologia e Etnologia (MAE) e o Museu de Zoologia (MZ).[7] Junto a eles, criava-se também o Instituto de Estudos Brasileiros (IEB), cujo projeto de Sérgio Buarque de Holanda também incorporava outra importante doação para a USP: a biblioteca, o arquivo e a coleção de arte do crítico Mário de Andrade (1893-1945). Tendo também assento no primeiro conselho do MAC, Sérgio Buarque de Holanda fazia, de certa forma, a ponte entre acervos complementares que tinham se formado dentro dos grandes debates artísticos do país na primeira metade do século XX. Enfim, entre 1962 e 1963, a USP passava a responder pelos acervos histórico-artísticos mais relevantes para se entender o processo de modernização do país, ao mesmo tempo em que reafirmava os esforços empreendidos pela elite local para se proclamar como centro da cultura brasileira.

Portanto, no conjunto de acervos em depósito entre o MAC, o Museu Paulista, o IEB, o MAE e o MZ, a USP nada mais fazia do que se reafirmar dentro desse projeto modernizador, do qual ela mesma era um dos frutos. Esse processo, ao que parece, é coroado com a construção e inauguração do novo campus da Universidade, em 1966, que envolvia a atuação de um grupo importante de arquitetos paulistas, professores da Faculdade de Arquitetura e Urbanismo (FAU), cuja sede foi vista, desde sua inauguração, como patrimônio arquitetônico do país.

---

antigo MAM. Entrevista concedida por Eva Lieblich Fernandes à autora, São Paulo, 16 de junho de 2010.

7 Cf. *Revista de Estudos Avançados*, São Paulo, v. 8, n. 22, 1994.

No contexto dessa rede de relações que a USP criava em seu novo campus, Mário Pedrosa (1900-1981) – ainda como diretor artístico do antigo MAM – elabora um projeto de implantação do que viria a ser o MAC na Universidade. Em seu "Parecer sobre o core da USP", Pedrosa propõe a construção de uma praça cívica, na qual se localizariam todos os museus da USP, e vai além: apresenta um projeto integral para o desenvolvimento do campo das artes na Universidade.[8] Nele, o MAC seria lugar de estabelecimento de cursos de graduação em história da arte, artes plásticas, desenho industrial e arte-educação, e seu acervo deveria ser o núcleo para a formação de profissionais nessas áreas. O projeto jamais saiu do papel, e quando a USP tomou a decisão de fazer uma escola de artes, esta veio acoplada à criação de uma escola de comunicação, dando origem à Escola de Comunicações e Artes (ECA), em 1970. Se algumas disciplinas foram absorvidas dentro dessas estruturas – tais como a existência de um departamento de artes plásticas –, a questão de um curso de história da arte nunca se resolveu dentro da Universidade. A ideia não era nova, pois já estava nas mentes de intelectuais ligados, sobretudo, à Faculdade de Filosofia, Letras e Ciências Humanas (FFLCH), como Gilda de Mello e Souza (1919-2005) e Lourival Gomes Machado (1917-1967), desde meados da década de 1940. Este último, ao assumir a direção do antigo MAM, em 1949, depois da saída do crítico belga Léon Dégand, acabara de publicar um manual sobre a história da arte no Brasil e começava a criar

---

8   Cf. Mário Pedrosa. "Parecer sobre o CORE da USP", datiloscrito original datado de 14 de novembro de 1962. Fundo Francisco Matarazzo Sobrinho, Arquivo Histórico Wanda Svevo, Fundação Bienal de São Paulo. O texto foi posteriormente publicado na revista *GAM* em 1967 e, mais recentemente, na revista *Risco. Revista de Pesquisa em Arquitetura e Urbanismo* [Programa de Pós-Graduação em Arquitetura e Urbanismo, Escola de Engenharia de São Carlos – EESC USP], n. 1-2, 2003, p. 67-73.

as primeiras disciplinas ligadas à história da arte na USP.[9] De fato, além dessa, outras trocas importantes ocorreram entre o antigo MAM e a USP desde as origens do museu, em 1946 – ano em que a primeira comissão de organização do museu foi convocada, tendo à frente o crítico Sérgio Milliet (1898-1966), então também diretor da Biblioteca Municipal de São Paulo.[10] Além do assento de Gomes Machado como diretor artístico do antigo museu e da I Bienal de São Paulo (1951), temos notícia de pelo menos uma exposição organizada por solicitação da USP: *Pintores Italianos Contemporâneos*, em janeiro de 1950, que reunia um conjunto de 28 obras do antigo MAM (hoje no acervo do MAC), no bairro do Brás. Um catálogo teria sido elaborado para o

---

9 Lourival Gomes Machado. *Retrato da arte moderna no Brasil*. São Paulo: Departamento de Cultura, 1947. Para uma análise desse livro e da crítica de Gomes Machado, veja-se Ana Cândida Franceschini de Avelar Fernandes. *A raiz emocional. Arte brasileira na crítica de Lourival Gomes Machado*. São Paulo: Alameda, 2015.

10 Cf. Sérgio Milliet, "Museu de Arte Moderna de S. Paulo: Comunicado da comissão organizadora desse estabelecimento cultural em organização", *O Estado de S. Paulo*, 7 dez. 1946. Faziam parte da comissão o próprio Sérgio Milliet, Assis Chateaubriand, os arquitetos Rino Levi e Eduardo Kneese de Mello, o pintor e também crítico Quirino da Silva, e Carlos Pinto Alves (que viria a ser uma espécie de diretor executivo do antigo MAM em sua primeira década de existência). A ideia de um museu de arte moderna para São Paulo vinha sendo acalentada pelos modernistas paulistas pelo menos desde meados da década de 1930 – como se depreende dos escritos de Milliet, publicados entre 1939 e 1943 (cf. *Pintura quase sempre*. Porto Alegre: O Globo, 1944, que reunia resenhas e ensaios que Milliet havia publicado como colunista d'*O Estado de S. Paulo*). Para uma história atualizada da criação do antigo MAM, veja-se Ana Paula Nascimento. *MAM: museu para a metrópole*, tese de doutorado, sob orientação de Maria Cecília França Lourenço, defendida em 7 de outubro de 2003. A tese conta com uma excelente cronologia de criação do MAM.

evento, embora não se encontrem traços de sua efetiva realização.[11] O mesmo Lourival Gomes Machado seria o crítico a escrever o texto de apresentação da pintura de José Antônio da Silva para a *Exposição de Pintura Paulista*, realizada em julho de 1949, na sede do Ministério de Educação e Saúde[12] – atual Palácio Gustavo Capanema –, logo depois do fechamento da itinerância da mostra *Do Figurativismo ao Abstracionismo*, na cidade, numa versão mais ampliada em relação a sua versão no MAM de São Paulo, e tendo previsto um ciclo de conferências em sua abertura.[13] Gomes Machado havia sido um dos protagonistas da descoberta de José Antônio da Silva, numa exposição na Casa de Cultura de São José do Rio Preto (interior do estado de São Paulo), em 1946. Antônio da Silva é imediatamente projetado pelo ambiente paulista, através de contrato de exclusividade de representação de suas obras firmado com a recém-nascida Galeria Domus. Aqui, ele faria sua primeira exposição individual em São Paulo, em 1948, ao mesmo tempo em que começam as tratativas entre ele e o antigo MAM para a publicação de sua autobiografia, *Romance da minha vida* (1949).[14]

---

11 Lista de obras para o catálogo, documento datiloscrito, Biblioteca MAM. Além disso, no boletim publicado pelo MAM, em 1960, a lista de exposições realizadas pelo museu desde sua criação dava notícias sobre essa exposição.

12 Cat. exp. *Exposição de Pintura Paulista*. Rio de Janeiro: Ministério de Educação e Saúde, julho de 1949, organizada pela Galeria Domus de São Paulo.

13 Cf. Ana Gonçalves Magalhães. "O debate crítico no Edifício Sul América, Rio de Janeiro, 1949". In: Roberto Conduru & Vera Beatriz Siqueira (orgs.). *Anais do XXIX Colóquio do Comitê Brasileiro de História da Arte*. Rio de Janeiro: CBHA, 2009, p. 120-128.

14 Os contrato\s e mediações de José Antônio da Silva, seja com a Galeria Domus, seja com o antigo MAM, foram feitos através de Carlos Pinto Alves. Cf. Fundo Carlos Pinto Alves (equivocadamente intitulado "Fundo José Antônio da Silva"), Arquivo MAC USP. O conjunto da documentação aqui reunida é bastante preciso e diz respeito exclusivamente

Classicismo moderno

Dos seus primórdios até o fim de sua existência, tudo indica uma intensa participação da USP nas atividades do antigo MAM, atestada também pelo fato de que a Universidade havia aventado a contribuição para os prêmios-aquisição da Bienal de São Paulo ao longo da década de 1950.[15] É de se notar que, de fato, nesses dois pontos cruciais (início e fim do antigo museu), são dois professores da Universidade os escolhidos para a gestão de seu acervo – tomando o lugar de dois críticos absolutamente engajados com o projeto de um museu de arte moderna para o país. Gomes Machado, seguido da curta passagem de Léon Dégand à frente do antigo MAM, substitui, ao que tudo indica, Sérgio Milliet; Zanini é convocado a dirigir o MAC na Universidade, apesar de Mário Pedrosa e seu claríssimo e detalhado projeto de instalação do museu na USP.

No momento de sua criação, Sérgio Milliet foi o personagem central, pois é com ele que se dá a primeira troca de correspondência com os pares norte-americanos (Carleton Sprague Smith, cônsul dos Estados Unidos em São Paulo e seu colega na Escola Superior de Sociologia e Política; e Nelson Rockefeller), posteriormente atravessada

---

aos contratos e negociações de obras e da autobiografia de Antônio da Silva, entre 1946 e 1951, anos em que o artista é representado pela Galeria Domus e de onde advêm todas as obras do artista adquiridas por Francisco Matarazzo Sobrinho, que hoje se encontram no MAC USP. Cf. Ana Gonçalves Magalhães. *José Antônio da Silva em dois tempos*. Fôlder de exposição, junho de 2013. São Paulo: MAC USP, 2013.

15 Uma das obras mais relevantes do acervo do MAC, "Estrada de Ferro Central do Brasil" (1924, óleo/tela), de Tarsila do Amaral, foi incorporada ao acervo do antigo MAM através de prêmio-aquisição patrocinado pela Reitoria da USP, na I Bienal de São Paulo, em 1951. Embora essa tenha sido uma contribuição única, a USP assim demonstrava grandes expectativas de colaboração com o museu, em seus primeiros anos de funcionamento, como vimos também com a organização de exposições.

por Francisco Matarazzo Sobrinho.[16] Como diretor, primeiro da Seção de Arte da Biblioteca Municipal de São Paulo, e depois da Biblioteca, as ações de Milliet se construíram na direção de prover a cidade com um museu de arte moderna de gestão pública:

> [...] Se os artistas *de São Paulo progridem*, e dia a dia mais se impõem nos meios artísticos internacionais, o público não os ajuda, mantendo-se em um nível baixíssimo de gosto e de compreensão, preso às mais ridículas e vulgares fórmulas acadêmicas. *Qual a solução? Cabe ao Estado incentivar a floração das artes; ora, o melhor modo de fazê-lo seria a criação de um museu de Arte Moderna, a exemplo dos que já existem em quase todos os países do mundo. Então, pela aquisição de trabalhos dos nossos melhores artistas e pela compra de excelentes reproduções das obras estrangeiras, seria possível não só ajudar os pintores honestos, mas ainda educar o público, o que talvez seja mais importante, e mais urgente.* [grifos meus][17]

A presença de Milliet no antigo MAM seria corrigida ao longo da década de 1950, quando ele, de 1953 a 1957, tornar-se-ia o diretor artístico do museu. Além de sua iniciativa de documentar a produção artística brasileira com a publicação de pequenas monografias de artistas, nos moldes de monografias de grande divulgação que se faziam na Itália e na França desde os anos 1920, bem como no próprio MoMA

---

16 Cf. Annateresa Fabris. "A travessia da arte moderna". In: *História e(m) movimento: atas do Seminário MAM 60 Anos.* São Paulo: MAM, 2008, bem como a documentação levantada por Ana Paula Nascimento, *op. cit.*

17 Sérgio Milliet. "Alguns perfis. Um artista. Ernesto de Fiori". In: _____. *Pintura quase sempre, op. cit.*, p. 255.

Classicismo moderno

de Nova York,[18] sua direção das três edições da Bienal de São Paulo é marcada por um tom didático, em que as representações dos diversos países participantes foram pautadas a trazer para São Paulo panoramas da arte moderna – iniciando por um núcleo vanguardista – em seus territórios. Milliet ainda esteve à frente da maior Bienal de todos os tempos, a II Bienal de São Paulo,[19] na qual se deu a grande retrospectiva Picasso, com a presença de sua "Guernica" (1937, óleo/tela, Museo Reina Sofía, Madri), acompanhada de um panorama do cubismo, na representação nacional francesa; ou ainda a grande sala dedicada a Alexander Calder; e a vinda do belo bronze milanês de Umberto Boccioni, de "Formas únicas de continuidade no espaço" (fundição de 1931-32, atualmente no Museo del Novecento, Milão), pela representação nacional italiana.

Já Mário Pedrosa seria apartado do processo de instauração do museu na Universidade, embora seu "Parecer sobre o CORE da USP" demonstre a clareza que o crítico tinha em relação à função do museu em sua nova casa que, de certo modo, não deixou de implantar seu projeto. As ações de Zanini à frente do MAC USP sem dúvida parecem ter tido como pressuposto as orientações dadas por Pedrosa.

De qualquer forma, a USP não deixou de refletir sobre a importância desses críticos. É da *expertise* uspiana o estudo dos escritos dos três grandes nomes da crítica modernista da primeira metade do século XX que contribuíram para a institucionalização da arte moderna em

---

18 Veja-se, por exemplo, a monografia sobre Tarsila do Amaral: *Tarsila do Amaral* [apresentação de Sérgio Milliet]. São Paulo: MAM, 1953.

19 É assim que a historiografia pertinente se refere à II Bienal de São Paulo. Veja-se, por exemplo, o livro de comemoração aos cinquenta anos de criação da Bienal ou ainda os estudos mais recentes sobre sua história. Cf. Agnaldo Farias (org.). *Bienal 50 anos*. São Paulo: Fundação Bienal de São Paulo, 2001; e Francisco Alambert; Polyana Canhête. *As bienais de São Paulo, da era dos museus à era dos curadores (1951-2001)*. São Paulo: Boitempo, 2004.

várias frentes: Mário de Andrade, Sérgio Milliet e Mário Pedrosa.[20] Isso também atesta que a própria Universidade fazia parte do projeto modernista de inserção do Brasil no ambiente internacional, revisão de sua história e desenvolvimento do conhecimento entre nós. Quando olhamos o panorama dos acervos angariados entre o MAC, o IEB e o Museu Paulista, por exemplo, vemos como é clara a construção narrativa que os paulistas empreenderam em contraposição às instituições cariocas. No caso específico do acervo que o MAC recebera do antigo MAM, se no projeto inicial o modelo de museu de arte moderna teria sido o MoMA norte-americano, as obras reunidas nos dois museus (de São Paulo e do Rio de Janeiro), seus modos de gestão e mesmo sua maior ou menor aproximação com o equivalente nova-iorquino nos dão indícios de que o MAM de São Paulo e o do Rio de Janeiro são bem distintos. Da documentação existente sobre os primórdios do MAM do Rio de Janeiro, depreende-se um envolvimento maior – ou pelo menos uma troca mais constante – com personagens do museu nova-iorquino. Nelson Rockefeller é fotografado visitando as obras de construção da nova sede do museu carioca, no início dos anos 1950, bem como em inaugurações de exposições, e a política norte-americana de promoção do expressionismo abstrato produz seus frutos no acervo do museu: Nelson Rockefeller doa um Robert Motherwell e

---

20 O IEB, através do projeto empreendido durante anos pela professora Telê Ancona Lopez, está gradativamente publicando os volumes de escritos de Mário de Andrade. Cf. *A escrava que não é Isaura*. Rio de Janeiro: Nova Fronteira, 2010 (originalmente publicado em três versões entre 1922 e 1925). Em 1983, Antonio Candido faz a apresentação à nova edição dos *Diários críticos*, de Sérgio Milliet, publicada pela Edusp (Sérgio Milliet. *Diário crítico*. São Paulo: Edusp; Perspectiva, 1983. 10 v.). E, em 1994, a professora Otília Arantes organiza e publica os quatro volumes de escritos selecionados de Mário Pedrosa, também pela Edusp (Cf. Mário Pedrosa. *Textos escolhidos*. Org. de Otília Arantes. São Paulo: Edusp, 1994, 4 v.).

um Jackson Pollock para seu acervo em 1952. Esta doação é seguida da aquisição de duas obras de Mark Rothko pelo museu, em 1952 e 1955, respectivamente.[21]

Essas são doações completamente diferentes da que Rockefeller havia feito em novembro de 1946 para incentivar a criação de museus de arte moderna no Brasil (em São Paulo e no Rio de Janeiro), cujas obras designadas para o museu carioca jamais chegaram a seu destino.[22] De certo modo, e assim como o núcleo inicial dos dois acervos atesta, a instituição carioca delineou-se dentro de um perfil muito distinto daquele da instituição paulista. Neste último, percebe-se, talvez mais claramente, uma tomada de direção da instituição pelos seus representantes locais que envolve a troca e colaboração com outros museus locais (tais como o Masp) e uma aproximação muito clara ao ambiente artístico franco-italiano. Isso se faz sentir, no caso paulista, inclusive no modo de gestão do museu, entre o público e o privado, que, ao que tudo indica, caracterizaria o recém-nascido sistema moderno das artes na Itália. Embora o modelo italiano de circulação da arte moderna se baseasse no francês,[23] este se adapta às condições de controle e politização de um Estado autoritário, como era o fascismo, e vincula-se

---

21 Cf. cat. *Patrimônio do MAM*. Rio de Janeiro, agosto de 1966. Além disso, Nelson Rockefeller fotografado em eventos e situações diferentes, Arquivo do MAM do Rio de Janeiro.

22 Sobre a doação de catorze obras por Nelson Rockefeller em 1946, cf. Annateresa Fabris, *op. cit.*, e Ana Paula Nascimento, *op. cit.* Veja-se ainda Carolina Rossetti de Toledo, *As doações Nelson Rockefeller no acervo do Museu de Arte Contemporânea da Universidade de São* Paulo, sob minha orientação, defendida em 17 de agosto de 2015. Não foi encontrado nenhum documento que explicasse por que as obras destinadas ao Rio de Janeiro permaneceram em São Paulo e foram incorporadas ao acervo do MAM paulista.

23 Cf. Sileno Salvagnini. *Il sistema delle arti in Italia, 1919-1943.* Bolonha: Minerva, 2000.

a órgãos governamentais criados especificamente para tal fim. Talvez o que nos pareça "confusão" entre o público e o privado, na gestão do antigo MAM de São Paulo, advenha da implantação de um sistema de circulação da arte moderna, entre nós, que empresta seu modelo da experiência italiana – cuja situação sociopolítico-econômica, afinal, estava mais próxima da brasileira do final dos anos 1930 e início da década de 1940 que da norte-americana. Não devemos nos esquecer de que é em São Paulo que se origina, por exemplo, o Sindicato dos Artistas Plásticos, com seu sistema próprio de salões, justamente no momento de maior debate em torno da criação do antigo MAM.[24] A estrutura sindical é típica do sistema das artes durante a Itália fascista. No imediato pós-guerra, e contra ele – afirmando-se como uma associação internacionalizada –, surgem os Art Clubs, em cujas exposições circulam principalmente os artistas de experiência abstrata.[25] Vejamos, a seguir, como tais questões orientaram a formação do acervo do antigo MAM de São Paulo.

O acervo de arte moderna recebido pelo MAC USP

Com a dissolução do antigo MAM e a transferência de seu acervo para a USP, a Universidade recebia 1690 obras angariadas entre 1948 e 1962 pelo antigo museu. A transferência se deu em três partes, pois as obras foram reunidas de acordo com seus processos de aquisição e/ou doação.[26] A primeira parte passou em sessão do Conselho

---

24 Serão, inclusive, os mesmos artistas do sindicato a estarem presentes no núcleo inicial do acervo do museu.

25 O antigo MAM de São Paulo abrigou uma exposição do Art Club de Roma, organizada por Waldemar Cordeiro, em 1950. Cf. cat. exp. *Exposição do Art Club de Roma*, jun./jul. 1950, Biblioteca MAM.

26 É possível localizar nos balancetes do antigo MAM uma alínea designada "Coleção Matarazzo", com o valor total gasto por Matarazzo na aquisição do núcleo inicial do acervo. Cf. Balancete de 1955, Fundo FMS/MAM,

Universitário da USP já em setembro de 1962 e compunha-se de um total de 429 obras reunidas como Coleção Francisco Matarazzo Sobrinho – presidente do antigo MAM e o maior patrono da instituição ao longo de toda a sua primeira década de existência. Como Matarazzo Sobrinho (1898-1977) havia se divorciado de Yolanda Penteado (1903-1983) em 1958-59 – sua parceira nos empreendimentos culturais com os quais ele se envolveu desde a criação do antigo MAM até a I Bienal de São Paulo em 1951 –, houve um acordo entre o casal na disponibilização de algumas obras adquiridas por Matarazzo no período para usufruto de Yolanda. Assim, Matarazzo lega à ex-esposa dezenove obras, mas já as vinculando à doação para a Universidade depois da morte de Yolanda Penteado. Portanto, a chamada Coleção Francisco Matarazzo Sobrinho e Yolanda Penteado é doada à USP em janeiro de 1963 (de acordo com o documento cartorial entregue às autoridades da USP), mas só passando efetivamente ao acervo do MAC USP em 1973.[27] A terceira parte do acervo do antigo MAM entra para a USP em abril de 1963, com o MAC USP já criado na Universidade, sob o nome de Coleção MAMSP, composta de 1243 obras.[28] Este último lote era essencialmente constituído de dois gran-

---

Arquivo Histórico Wanda Svevo, Fundação Bienal de São Paulo. Assim, infere-se que tudo aquilo que Matarazzo comprou com seus próprios recursos para o antigo museu efetivamente corresponde à lista de obras que compõem as coleções Francisco Matarazzo Sobrinho e Francisco Matarazzo Sobrinho & Yolanda Penteado.

27 Yolanda Penteado decide enviar as obras ao MAC USP antes de sua morte, abrindo mão do usufruto das mesmas, como previsto nos termos do divórcio do casal.

28 Essas três coleções são determinantes do modo como o MAC USP documentaria dali por diante seu acervo. Elas recebem números de tombo diferentes para circunscreverem-se dentro dos três diferentes processos cartoriais de doação para a USP. Assim, a Coleção Francisco Matarazzo Sobrinho recebe o número de tombo 1963.1 (já para incorporá-la ao

des grupos de obras: a grande doação (principalmente de obras sobre papel) que Emiliano di Cavalcanti havia feito ao antigo MAM, em 1952 (564 obras suas no total); e 679 obras em grande parte incorporadas ao antigo museu através dos prêmios-aquisição e doações de artistas premiados da Bienal de São Paulo e da Bienal de Veneza. Essa separação do acervo do antigo MAM em três coleções diferentes é motivo de ambiguidades e contradições no entendimento da natureza das chamadas Coleções Matarazzo. Podemos dizer que isso se deve a dois aspectos. Em primeiro lugar, até muito pouco tempo atrás, não se encontravam no MAC USP os protocolos com a documentação cartorial original de doação das coleções à Universidade.[29] Além disso, foi preciso primeiro entender o núcleo inicial de aquisições para a criação do antigo MAM para compreender a extensão e a real presença de um modelo norte-americano de gestão de museu de arte moderna. Isso é fundamental para uma análise do sistema de arte que se implantou para a gestão não só do antigo MAM, mas de outras instituições paulistas nos anos 1940/50. Veremos a seguir que nem do ponto de vista do acervo, nem dos modos de documentação e gestão

---

MAC USP); a Coleção Francisco Matarazzo Sobrinho e Yolanda Penteado recebe o número de tombo 1963.2; e a Coleção MAMSP, o número de tombo 1963.3.

29 Porque eram documentos administrativos, eram arquivados junto ao protocolo central da USP e somente em 2005 – quando o MAC USP teve de responder a novas demandas em torno de seu acervo inicial, principalmente em vista da pesquisa que estava sendo realizada para a exposição *MAM 60 Anos* – eles vieram para o Arquivo Administrativo do MAC USP e, a partir de 2009, foram destinados à Seção de Catalogação do Museu, transformando-se em efetivo material de consulta e estudo das coleções. Portanto, até menos de dez anos atrás, os pesquisadores não tinham acesso à proposta de doação para a USP, desconhecendo os termos dos documentos cartoriais, por exemplo.

da antiga instituição, esse modelo norte-americano parece ter sido efetivamente implantado.

Se é clara a forma de incorporação das obras da chamada Coleção MAMSP – já dentro de um sistema em pleno funcionamento de atualização do acervo do antigo museu por via da realização da Bienal de São Paulo e da presença brasileira na Bienal de Veneza, ao longo dos anos 1950 –,[30] as coleções Matarazzo tinham, até o conhecimento mais aprofundado da documentação, um estatuto ambíguo. Durante décadas, elas haviam sido tomadas como coleções de caráter privado, isto é, como tendo sido formadas ao longo da vida de seus doadores (Matarazzo e Penteado), cujo critério de aquisição era determinado pelo gosto de seus proprietários. Mas tanto Ciccillo quanto Yolanda parecem ter se estabelecido como patronos de arte moderna em um ambiente no qual a formação de coleções de arte moderna já se legitimava claramente como uma prática social, de construção de uma personalidade pública, necessariamente imbricada na esfera pública e como parte integrante do processo de institucionalização da arte moderna. No caso de Ciccillo Matarazzo, isso fica evidente ao analisarmos como as obras iniciais de "sua coleção" foram adquiridas, em qual contexto e com qual finalidade. Primeiramente, entre as 429 obras que formam a Coleção Francisco Matarazzo Sobrinho, identificamos duas campanhas muito precisas de compras em lote, além das obras que o empresário adquiriu individualmente principalmente no ambiente das Bienais (de São Paulo e de Veneza). A primeira campanha deu-se entre 1946 e 1947, antes mesmo da criação do MAM (mas já no contexto das atividades de associações de suporte a sua fundação): num interva-

---

30 De fato, o sistema de premiação da Bienal de São Paulo, ao longo de sua primeira década de funcionamento e como evento organizado pelo antigo MAM, tomava por modelo o da Bienal de Veneza – que alimentava o acervo da chamada Galleria d'Arte Moderna da cidade de Veneza, atualmente sob guarda do Museu de Ca' Pesaro.

lo de dez meses, entre setembro de 1946 e julho de 1947, Matarazzo adquire na Itália e na França um total de 103 obras, por intermédio de personagens engajados no ambiente artístico e no debate atualizado sobre arte moderna no período. Entre 1951 e 1952, identificamos novo lote de compras, novamente na Itália (catorze apenas na Bienal de Veneza de 1952) e na França, que parecem atualizar o debate artístico acerca das experiências de abstração. Ambas as ações são acompanhadas de lotes de aquisições de obras de artistas brasileiros, de certa forma espelhando o debate testemunhado pelas obras adquiridas entre a Itália e a França. Essas ações em bloco demonstram não a atividade de um colecionador diletante, tomado de impulso ou por gosto pessoal, que constitui sua coleção privada. Em segundo lugar, Matarazzo não escolheu as obras a serem adquiridas e, no fundo, sempre designou agentes qualificados para fazer a seleção.[31] Por fim, há de fato documentos que comprovam que tais aquisições foram feitas com o objetivo de formar o acervo do antigo MAM, a começar pela coluna de Sérgio

---

31 Esse, ao que tudo indica, é outro dos mitos sobre a formação de coleções de arte moderna. É certo que no momento de atividade vanguardista, que corresponde ao processo de divulgação das novas vertentes, a história da arte situou principalmente coleções formadas por uma elite intelectualizada, engajada na crítica de arte. Dessa fase, nomes como o de Gertrude Stein, Paul Guillaume, e mesmo de artistas como André Breton, entre outros, estabeleceram uma efetiva troca com artistas que colecionavam. Outro procedimento passa a ser implantado à medida que a alta burguesia industrial, por exemplo, se dedica a formar coleções de arte moderna. Estes são colecionadores que necessariamente buscam orientação junto à crítica modernista. O caso italiano é exemplar, como se pode ilustrar com a prestigiosíssima coleção do empresário Riccardo Gualino, angariada sob orientação de Lionello Venturi (sobre a qual falaremos adiante). O mesmo ocorreria em países como a França e os Estados Unidos – sendo, neste último país, o MoMA e seu idealizador Alfred Barr também exemplares para demonstrar esses processos. Cf. Russell Lynes. *Good Old Modern: An Intimate Portrait of the Museum of Modern Art.* Nova York: Atheneum, 1973.

Milliet (principal articulador da comissão formada para criar o museu) no jornal *O Estado de S. Paulo*, de março de 1948:

> Quando Nelson Rockfeller [*sic*] esteve em São Paulo (ainda em tempo da Boa Vizinhança), tentou em vão, para vergonha nossa, doar os quadros que trazia. Não havia museus de pintura e o presente valioso ficou sob guarda do Instituto de Arquitetos a fim de ser entregue, em tempo oportuno, a quem de direito, isto é, a um Museu de Arte Moderna. Entretanto já se vinha trabalhando em São Paulo na criação desse museu. Francisco Matarazzo Sobrinho, *colecionador de telas modernas, pensava mesmo doar sua coleção particular à instituição que fundasse*. A ideia amadurecia aos poucos e em parte se realizava com o museu dos Diários Associados, organizado e dirigido por P. Bardi, um especialista de Roma. [...] Francisco Matarazzo Sobrinho resolveu pôr mãos à obra. *Já tinha o acervo nacional, faltavam os grandes mestres estrangeiros sem os quais não se podia constituir um núcleo de certa importância. Francisco Matarazzo Sobrinho partiu para a Europa e de lá trouxe um conjunto de cerca de setenta telas de primeira ordem, Picassos, Braques, Campiglis, Modiglianis, Lhotes etc.* [grifos meus][32]

Milliet está falando da primeira campanha de aquisições italianas e francesas que Matarazzo realizou, embora aqui algumas informações ainda sejam misturadas e merecerão uma análise mais aprofundada adiante. Quando Milliet se refere a "um conjunto de cerca de setenta telas", este é o número correspondente às aquisições italianas,

---

32 Sérgio Milliet, "O Museu de Arte Moderna", *O Estado de S. Paulo*, 3 de março de 1948.

mas em seguida ele dá exemplos de obras compradas tanto na Itália quanto na França. Milliet também já fala de um Matarazzo colecionador de arte moderna – que estaria angariando um conjunto de obras modernistas brasileiras, já com a intenção de doação para o novo museu –, mas a coleção adquirida internacionalmente tinha por finalidade formar o núcleo inicial do acervo do MAM.

Mais complexa parece ser a natureza da Coleção Francisco Matarazzo Sobrinho e Yolanda Penteado. Nela, além de obras que, ao que tudo indica, tinham sido compradas como presentes à ex-esposa, encontram-se obras seminais que ajudavam a compor um panorama da história da arte moderna dentro do acervo do antigo MAM. Em seu caderno de viagem a Davos, na Suíça, em junho de 1947, Yolanda fez as anotações das aquisições do casal entre 1946 e 1947,[33] entre as quais se encontra o "Autoritratto" (1919, óleo/tela) de Amedeo Modigliani. À página 10 do caderno, Yolanda anota: "Modigliani comprado Milão/Ganhei presente aniversário". De fato, a célebre obra de Modigliani não aparece no primeiro documento localizado de inventariamento do acervo do antigo MAM e nas publicações sobre o artista ao longo da década de 1950 aparece como pertencente à coleção de Francisco Matarazzo Sobrinho em São Paulo.[34] Portanto, essa obra

---

33 Sabemos pela correspondência entre Matarazzo e seu intermediário na Itália, Livio Gaetani, que Yolanda esteve em Paris e em Roma para inspecionar o envio das obras adquiridas para o Brasil. Cf. "Davos 1947", caderno manuscrito a lápis de Yolanda Penteado, Seção de Catalogação, MAC USP. O caderno foi doado pela própria Yolanda Penteado em 1973, juntamente com as obras de sua coleção que chegaram ao MAC USP. Há um bilhete seu endereçado ao então diretor do museu, Walter Zanini.

34 Cf. [Eva Lieblich Fernandes], "Especificação das obras do acervo do museu conforme número de tombo", documento em quinze páginas datiloscrito, fevereiro de 1950 (?), Fundo MAMSP, Arquivo MAC USP. Atualmente na Seção de Catalogação. A referência da obra como

42 | Classicismo moderno

só viria a ser institucionalizada quando da transferência do acervo do antigo MAM para a USP. Entretanto, a mesma documentação aponta para outras obras que ficaram para usufruto de Yolanda Penteado que já haviam sido registradas e exibidas como parte do acervo do antigo MAM. É o caso das obras de Georges Braque e de Raoul Dufy, bem como "Personagem atirando uma pedra num pássaro" (1926, guache/papelão) de Joan Miró (como as demais obras mencionadas, adquiridas na França), quatro das cinco telas de Massimo Campigli (adquiridas na Itália entre 1946 e 1947), e "Grande cavalo" (1952, bronze) de Marino Marini. Comprada durante a Bienal de Veneza de 1952, quando Marini foi o prêmio máximo de escultura daquela edição – e fez com que o então secretário-geral Rodolfo Pallucchini sugerisse e conseguisse a aprovação da dissolução da separação entre a premiação nacional e a premiação estrangeira do regulamento da mostra –, a obra era certamente um marco para a história da escultura moderna italiana e do reconhecimento do artista no cenário internacional, mas ficou por

pertencente à Coleção Francisco Matarazzo Sobrinho aparece em publicações como *12 Opere di Amedeo Modigliani*. Da série *Pittori Italiani Contemporanei*. Milão: Edizioni del Milione, 1947, como "racc. Matarazzo Sobrinho, San Paolo, Brasile", e em *Modigliani* [texto de Franco Russoli e prefácio de Jean Cocteau]. Paris/Milão: Fernand Hazan Éditeur/Silvana Editoriale d'Arte, 1958, como "Collection Francisco Matarazzo-Sobrinho, São Paulo, Brésil". Apenas numa monografia da Skira, publicada em inglês, aparece a menção "Collection Mr. and Mrs. Francisco Matarazzo Sobrinho". Cf. *Modigliani. Masterpieces of French Painting* [Texto de Maurice Raynal]. Paris; Genebra; Nova York: Albert Skira, s.d. A partir de três versões diferentes de listas das obras que ficariam para usufruto de Yolanda Penteado no momento do divórcio do casal, é possível inferir o ano de 1960 para a publicação da Skira. Cf. documentos do divórcio entre Yolanda e Ciccillo, Fundo Francisco Matarazzo Sobrinho, Arquivo Histórico Wanda Svevo, Fundação Bienal de São Paulo. Curiosamente, a vinculação da obra à coleção Matarazzo desaparece das monografias mais recentes, em que por vezes ela é publicada com a localização desconhecida.

duas décadas no jardim da fazenda Empyrio, da família de Yolanda. De qualquer forma, esse conjunto de dezenove obras já constituía parte integrante do acervo do antigo MAM, e à exceção, talvez, do "Grande cavalo" e do "Autoritratto" de Modigliani, foram vistas em exposições do acervo do museu nos anos 1950. Portanto – e assim como as obras da chamada Coleção Francisco Matarazzo Sobrinho –, encontravam-se em depósito no antigo MAM e foram documentadas como parte integrante de seu acervo. Ademais, é novamente Sérgio Milliet a nos dar notícias sobre as obras destinadas a Yolanda Penteado. Ainda em sua coluna de março de 1948, ele fala sobre a apresentação das obras trazidas da Europa por Matarazzo, na casa de Yolanda, como parte do núcleo inicial do acervo do antigo MAM:

> Na exposição das telas trazidas da Europa, e apresentadas por Iolanda [sic] Penteado Matarazzo em sua residência, figurava uma obra de Modigliani, o auto-retrato com "foulard", cuja reprodução está em todas as biografias do pintor e inúmeras histórias da pintura moderna. A tela foi adquirida em Roma por cinco milhões de liras, mas seu valor real é maior ainda, tanto mais quanto por ela se vê a que elevações de sensibilidade, de gosto e de técnica pôde chegar a produção contemporânea, em nada inferior á das mais belas épocas. Especial carinho merece também Braque, de uma sensualidade requintada, de uma elegância e de um equilíbrio notáveis. O Dufy é excelente, o Campigli delicadíssimo, o Lhote, o Gleizes e o Juan Gris dos melhores sem falar no Picasso de boa época, e nos outros todos: Matisse, Sirone [sic], Tosi, De Chirico, o abstracionista Kandinsky, etc.[35]

---

35 Sérgio Milliet, *op. cit.*, nota 33.

44 | Classicismo moderno

Com relação a Modigliani, o quadro aparece disponível no mercado italiano em 1946, numa exposição organizada pela Associazione fra gli Amatori e Cultori delle Arti Figurative Contemporanee, de Milão,[36] retrospectiva do artista, ocorrida entre abril e maio daquele ano. Em suas anotações, Yolanda não faz menção ao valor de compra da obra. Por outro lado, o último proprietário da obra havia sido o empresário Alberto della Ragione, que financiou, desde o início da década de 1940, a Galleria della Spiga e Corrente, em Milão.

Outro caso bastante excepcional é o de Umberto Boccioni. Desde 1951 havia uma negociação entre Benedetta Marinetti (viúva do poeta e responsável pelo seu espólio) e Assis Chateaubriand para a venda dos três gessos de Boccioni que ficaram sob a guarda de Marinetti. A proposta de Benedetta era da venda de "Antigrazioso", "Formas únicas de continuidade no espaço" e "Desenvolvimento de uma garrafa no espaço" – todos apresentados na exposição de Boccioni na Galérie La Boëtie em Paris, 1913 – em conjunto, para um mesmo comprador. Que a oferta tenha sido feita a Chateaubriand (então em plena atividade de compras para o acervo do recém-criado Masp) deveu-se à amizade entre Benedetta e o diretor do Studio di Arte Palma (galeria de Pietro Maria Bardi), Francesco Monotti, em Roma.[37] No meio das negociações, houve a intervenção do Estado italiano, que mobilizou o ministro da cultura do país para obter os gessos para a Galleria Nazionale d'Arte Moderna de Roma. Resulta que a instituição italiana

---

36 Cf. cat. exp. *Mostra di Modigliani, aprile – maggio 1946*. Milão: Associazione fra gli Amatori e Cultori delle Arti Figurative, 1946. Cat. nº 15, constando como pertencente a uma coleção privada.

37 Veja-se relatório de estágio apresentado por Viviana Pozzoli, dezembro de 2011, no qual cita troca de correspondência entre Bardi e Monotti. Seção de Catalogação, MAC USP. Pozzoli cotejou a documentação do MAC USP com os recortes do arquivo pessoal de Pietro Maria Bardi – uma parte em depósito no Masp, outra no Instituto Lina Bo e P. M. Bardi, em São Paulo.

só conseguiu comprar o "Antigrazioso", ficando os dois outros gessos sem comprador. Não se sabe ao certo como e em que momento Matarazzo aparece como potencial comprador dos gessos restantes, mas fato é que, em 1952, quando ele está em Veneza para participar do júri de premiação da Bienal, compra, de Benedetta Marinetti, "Formas únicas..." e "Desenvolvimento de uma garrafa...", trazendo assim para o Brasil duas obras-primas da escultura moderna de vanguarda. Entretanto, os gessos permaneceram na casa de Matarazzo. À época da II Bienal de São Paulo, em 1953, quando a representação nacional italiana organizou uma grande retrospectiva do futurismo, foi o bronze das coleções municipais de Milão de "Formas únicas..." que foi apresentado na mostra. Por outro lado, o MAC USP recebe os gessos via Coleção Francisco Matarazzo Sobrinho e as versões em bronze das duas esculturas via Coleção MAMSP, em 1963. A fundição em bronze das esculturas havia sido realizada no Brasil, em 1960, com autorização de Benedetta Marinetti, e nos leva a crer que Matarazzo havia mantido consigo as obras de maior valor, legando ao antigo MAM as versões em bronze. Entretanto, data de junho a agosto de 1959 uma exposição do acervo do MAM – já instalado no piso térreo do atual pavilhão da Bienal – em que os gessos foram expostos.[38]

---

38 Exposição *Acervo do MAM de São Paulo*, jun./ago. de 1959. Veja-se ainda fotografia do gesso de "Formas únicas..." exposta provavelmente durante esta exposição localizada no Fundo MAMSP, Arquivo MAC USP. A história da aquisição dos gessos, bem como da realização das fundições brasileiras foi recentemente sistematizada pelas pesquisas de Viviana Pozzoli (doutoranda do Programa de História da Arte Moderna e Contemporânea, Dipartimento dei Beni Culturali e Ambientali, UNIMI, que fez sua dissertação de mestrado sobre a galeria Studio di Arte Palma de Bardi e sua chegada ao Brasil) e de Marina Barzon Silva (bolsista de iniciação científica do MAC USP, que recatalogou as obras adquiridas por Matarazzo na Bienal de Veneza em 1952). Pozzoli é orientanda do prof. dr. Paolo Rusconi e estagiou no MAC USP sob minha supervisão em novembro/dezembro de 2011, e Barzon foi minha bolsista de inicia-

No que diz respeito à documentação que suporta a tese de as coleções Matarazzo serem parte do acervo do antigo MAM, além das fichas catalográficas do museu que haviam sido resgatadas na organização da Seção de Catalogação do MAC USP, a partir de 1985, encontramos ao menos três outros documentos que compreendem o processo de catalogação das obras do antigo MAM, e que serviram de base para a elaboração das fichas catalográficas.[39] O primeiro deles é uma lista datilografada de quinze páginas, em que vemos a descrição básica das obras compradas entre 1946 e 1947, cuja organização se inicia pelo sobrenome, seguido do nome do artista, com dados do título da obra, ano, dimensões, técnica, procedência e histórico de exposições.[40] Os outros dois documentos são duas versões de um livro de tombo do acervo do antigo MAM.[41] Na primeira versão, o livro de tombo era um fichário, cujas páginas constituíam as fichas catalográficas das obras. Elas encontravam-se divididas a partir dos seguintes critérios:

ção científica e colaborou na organização do Boletim do Seminário Internacional de Escultura Moderna, que realizamos em novembro de 2012 e que tinha como estudos de caso as obras de Boccioni e Marino Marini no MAC USP. Para uma cronologia atualizada da história dos gessos de Boccioni, veja-se Ana Gonçalves Magalhães (org.). *Boletim do Seminário Internacional de Escultura Moderna* [Marina Barzon Silva, cronologia]. Disponível em: <http://www.mac.usp.br/mac/conteudo/academico/publicacoes/boletins/ escultura/index.html>.

39 Chamava-nos atenção, de início, que as fichas catalográficas do antigo MAM fossem idênticas às primeiras fichas do MAC USP. Percebemos, também, que as primeiras fichas é que foram usadas para atualizar as informações sobre as obras do acervo, uma vez que os dados iniciais, que eram datilografados, passaram a ser inseridos à mão (à caneta ou mesmo a lápis). Essas fichas é que foram usadas para a revisão catalográfica em 1985, com a elaboração da nova ficha MAC USP em papel.

40 [Eva Lieblich Fernandes], *op. cit.*

41 Organizados em fichários, os livros encontram-se hoje na Seção de Catalogação do MAC USP; originalmente no Fundo MAMSP, Arquivo MAC USP.

a. no primeiro nível: havia uma separação entre o acervo estrangeiro e o acervo brasileiro;

b. no segundo nível: havia uma separação entre os seguintes suportes: pintura, escultura e gravura;

c. o terceiro nível de organização: a de ordem alfabética de sobrenome de artista.

Na segunda versão do livro de tombo do acervo do antigo MAM, também montado em um fichário, ele era organizado em dois volumes: o primeiro compreendia as obras de pintura e escultura; e o segundo, as obras em papel –, mas sempre respeitando internamente a divisão obra estrangeira e obra brasileira.

É necessário, neste ponto, analisar o termo "gravura", que, nesse contexto, designava toda sorte de obra sobre suporte de papel (colagem, desenho, gravura em metal, xilogravura, aquarela etc.). Tais categorias de suporte são as mesmas utilizadas nas diferentes sessões das edições da Bienal de Veneza, desde sua origem, e, consequentemente, das edições da Bienal de São Paulo, pelo menos em sua primeira década de existência; e também era por meio delas que se estabeleciam as premiações desses certames. Por fim, lembremos que, em sua origem, o MoMA em Nova York teve sua infraestrutura curatorial e de conservação e documentação organizada a partir dos mesmos preceitos. Ele tinha (e tem até hoje), portanto, um departamento de pintura e escultura e um departamento de "prints and drawings" – que é o termo em inglês equivalente ao nosso "gravura" ou ao italiano "bianco nero". De fato, o MAC USP, de algum modo, preservou a mesma estrutura, uma vez que nossos laboratórios de restauro foram assim divididos: laboratório de pintura e escultura e laboratório de papel.

Diante desses novos documentos, e a partir de uma entrevista feita em junho de 2010 com a primeira secretária do antigo MAM, Eva Lieblich Fernandes, tentou-se estabelecer uma cronologia do processo de documentação e catalogação das obras do museu. Além disso, considerando-se que as aquisições italianas feitas pelo casal Matarazzo entre 1946 e 1947 são muito bem documentadas, dispúnhamos já de um conjunto de correspondências, telegramas, listas de obras e recibos de galerias italianas que nos permitiu reconstituir boa parte da dinâmica dessas aquisições. Elas se concentraram entre setembro de 1946 e julho de 1947. Além desse material, o caderno de viagem de Yolanda Penteado a Davos, na Suíça, sistematiza as aquisições que ela pessoalmente teria controlado ao final, antes do despacho para o Brasil.[42]

A entrevista com Eva Lieblich e o reconhecimento de sua autoria da lista datilografada mencionada anteriormente permitiram sugerir uma data para o documento: fevereiro de 1950. A depoente considerou como data de produção do documento uma inscrição à mão, de sua autoria, ao final dele. Todavia, o documento contempla informações sobre exposições em 1951. Como Eva Lieblich trabalhou no antigo MAM até a chegada de Lourival Gomes Machado, tendemos a considerar que ele seja mesmo de 1951.

Em seguida, encontramos nos fundos do antigo MAM uma série de documentos – sobretudo memorandos – produzidos pela segunda secretária e futura documentalista do museu, Ethelvina Chamis, que nos dão notícias de empréstimos das obras para exposições, controles mais ou menos sistemáticos do inventário do acervo e procedimentos de conservação. No entanto, entre 1951 e 1960, não localizamos na documentação a correção à lista feita por Eva Lieblich, tampouco fichas ou outras formas de catalogação. Tendemos a pensar, diante da semelhança e correções feitas a lápis nos livros de tombo, passadas a limpo na ficha catalográfica MAM, que os livros de tombo

---

42 A carta do conde Livio Gaetani (genro de Margherita Sarfatti) a Ciccillo Matarazzo, procedente de Roma e datada de 19 de junho de 1947, sugere que ele e a mulher Fiammetta entretiveram Yolanda quando de sua passagem pela capital italiana. Cf. Fundo MAMSP, Arquivo MAC USP.

foram elaborados entre 1960 e 1962.[43] Sejam as duas versões do livro de tombo, sejam as fichas MAM, esses documentos respeitam a organicidade da lista originalmente elaborada por Eva Lieblich, uma vez que o número de tombo das obras no antigo MAM é gerado a partir do número sequencial nela atribuído – mesmo fora da ordem cronológica. Outro aspecto relevante é a categorização das obras tomando por base o suporte (como visto anteriormente) e sua nacionalidade: não se designam as inúmeras nacionalidades dos artistas do acervo em seu número de tombo, mas a separação entre acervo ESTRANGEIRO e acervo BRASILEIRO é um dado importante. Os números de tombo do acervo no antigo MAM, portanto, são assim codificados:

PE = Pintura Estrangeira;
PB = Pintura Brasileira;
EE = Escultura Estrangeira;
EB = Escultura Brasileira;
GE = Gravura Estrangeira (isto é, qualquer obra sobre suporte de papel);
GB = Gravura Brasileira (*idem*).

Essas abreviações antecedem o número da obra no acervo do antigo MAM. Por exemplo, a obra "L'indovina" (1924, óleo/madeira) do italiano Achille Funi, adquirida pelo casal Matarazzo em Milão, em 1946-47, aparecia em sexto lugar na lista de Lieblich. Nos livros de tombo do antigo MAM, bem como na ficha catalográfica MAM, ela recebe, portanto, o número de tombo: PE-006.

O que parece curioso é que tal divisão entre "estrangeiro" e "brasileiro" persiste até a publicação do primeiro catálogo geral do acervo, já no MAC USP, apesar de as obras receberem nova numeração de

---

43 Eles contemplam, por exemplo, o bronze de "Formas únicas de continuidade no espaço", de Umberto Boccioni.

tombo.[44] Ela agora enfatizava a origem da doação da obra e a história de sua entrada no acervo do museu na Universidade. Tal sistema, embora bastante usual nos procedimentos de catalogação de acervos, mais uma vez marcava os recortes entre as Coleções Matarazzo e a Coleção MAM-SP.

O que esse conjunto inicial de pinturas italianas adquirido entre 1946 e 1947 nos revelou é uma dupla interpretação desses objetos, a sobreposição – se assim podemos dizer – de seu percurso e a sobrevivência de uma separação entre aquilo que a historiografia brasileira considerou sempre como arte internacional (ou "estrangeira") e como arte brasileira. Ou seja, os números de tombo dessas obras no antigo MAM e no MAC USP refletem duas camadas de categorização: no antigo MAM, sua descrição pelo suporte (pintura, escultura e gravura) parecia ser um dado fundamental na interpretação desses objetos, determinando para eles, em cada categoria, os paradigmas a partir dos quais eles eram entendidos como arte; no MAC USP, seu pertencimento a um conjunto maior – o lote da doação – imprime um dado a mais a esses objetos, que sugere que eles sejam vistos *em relação* a outras obras de suportes diversos e nacionalidades distintas. Isto é, se o *contexto* para a descrição da interpretação de nossos Gino Severini ou nossos Ardengo Soffici, ou das naturezas-mortas de Giorgio Morandi da Coleção Francisco Matarazzo Sobrinho, no antigo MAM, era a *pintura*, no MAC USP elas necessariamente tinham uma história comum e nos levaram para outro momento, que era a história de sua recepção e da relação do meio artístico brasileiro com o modernismo italiano.

Ainda no que diz respeito ao segundo nível de descrição dessas peças como "pintura estrangeira" ou "pintura brasileira", essa divisão persistiu e deve ser analisada também como um dispositivo conceitual

---

44 Walter Zanini (org.). *Museu de Arte Contemporânea da Universidade de São Paulo: Catálogo geral das obras*. São Paulo: USP, 1973.

de apreensão desses objetos pela historiografia brasileira. Sua persistência é de chamar atenção, e os catálogos gerais do MAC USP que procuraram lhe dar alguma interpretação ou inteligibilidade são aqueles que justamente fazem essa separação. Embora Walter Zanini cautelosamente apresente o catálogo geral como uma base de inventário (e as obras apareçam numa lista organizada por ordem alfabética de sobrenome do artista, independentemente de sua origem – brasileira ou estrangeira), a parte final de reproduções de obras importantes do acervo está dividida entre "Reproduções de obras de artistas estrangeiros" e "Reproduções de obras de artistas brasileiros".[45] O catálogo organizado por Aracy Amaral também apresenta as obras do MAC USP dentro dessa divisão: "Acervo Internacional" e "Acervo Nacional".[46] Tal organização, aparentemente neutra, precisaria ser revista como uma questão conceitual importante para a historiografia brasileira. Em primeiro lugar, há de se considerar que o momento mesmo de formação de nossa experiência modernista se deu no contexto de afirmação do conceito de identidade nacional, no entreguerras do século XX, que por sua vez caracterizou o chamado ambiente do "Retorno à Ordem". Aquele período foi marcado pela rejeição a toda sorte de internacionalismo e experiências artísticas transnacionais, pois, ao mesmo tempo, significou o banimento, em determinados territórios, das vertentes vanguardistas. Basta pensarmos em alguns exemplos de exposições e instituições de promoção da arte moderna atuantes na Europa, naquela época, e como elas trataram essa questão. Tanto as edições da Bienal de Veneza quanto as exposições universais corroboraram para a afirmação das identidades nacionais, pois seu modelo de organização é o do pavilhão nacional. Além disso, e especificamente no caso da Bie-

---

45 *Ibidem*, p. 293-451.

46 Aracy Amaral (org.). *Perfil de um acervo: Museu de Arte Contemporânea da Universidade de São Paulo*. São Paulo: MAC USP; TECHINT, 1988.

52 | Classicismo moderno

nal de Veneza, os prêmios-aquisição nas categorias pintura, escultura e gravura (em italiano, "bianco nero") também estavam divididos em prêmios nacionais e prêmios internacionais – modelo depois também adotado para os prêmios regulamentares da Bienal de São Paulo, ao longo da década de 1950. Ademais, mesmo no pós-II Guerra Mundial, quando houve o resgate das vanguardas do início do século XX e uma tendência a se valorizar precisamente seu caráter internacional (sobretudo no caso das tendências abstratas e do surrealismo e dadá), essas experiências aparecem, no contexto das grandes mostras internacionais, circunscritas ao pavilhão nacional. No caso da Bienal de Veneza, em seu processo de redenção dos anos obscuros do fascismo, a partir de 1948, há um programa sistemático de apresentação das tendências vanguardistas dentro de recortes nacionais. É o caso, por exemplo, das mostras retrospectivas de pontilhismo francês e de divisionismo italiano, na Bienal de Veneza de 1952, que são colocadas lado a lado de forma que pudessem ser percebidas as especificidades de cada caso.[47] A Bienal de São Paulo procurou seguir essa tendência ao tentar negociar com as representações nacionais a vinda de mostras importantes de vanguardas históricas, ao longo da década de 1950.

O MAC USP recebia, portanto, um acervo de arte moderna construído no diálogo com os debates modernistas das décadas de 1940 e 1950 e pelas leituras e apropriações que o meio artístico bra-

---

47 *XXVI Biennale di Venezia.* Veneza: Alfieri, 1952, em especial, texto introdutório de Rodolfo Pallucchini (sobretudo p. XVIII-XXIII) e texto de Marco Valsecchi sobre o divisionismo italiano (p. 390-394). É provável, inclusive, que nosso Giacomo Balla, "Paisagem" (1907/08, óleo/tela, Coleção Francisco Matarazzo Sobrinho) – um quadro típico da fase divisionista do artista – tenha sido adquirido por Matarazzo nessa ocasião, ao contrário das hipóteses iniciais, que o colocavam nas aquisições de 1946-47. A obra foi tema de pesquisa da bolsista de iniciação científica Marina Barzon Silva, sob minha orientação (bolsa PIBIC, agosto de 2012 a julho de 2013).

sileiro havia feito da narrativa dos fenômenos artísticos da primeira metade do século XX. Portanto, fala-se de um acervo "datado",[48] uma vez que, com sua chegada à USP, não houve uma efetiva política de aquisição para sua atualização.[49] Entretanto, e no que tange especificamente ao acervo de arte moderna do museu, essa questão deve ser melhor avaliada. Para tanto, consideremos primeiramente os modos de aquisição do antigo MAM e como o acervo foi tratado ao longo das suas décadas de existência na USP.

A divisão do acervo do antigo MAM em três coleções no momento de transferência para a Universidade parece também ser bastante elucidativa da maneira pela qual ele ganhou corpo entre 1948 e 1962. De um modo geral, pode-se dizer que as obras de arte moderna angariadas pelo antigo MAM de fato refletem uma narrativa datada das manifestações artísticas do período. Isso porque pelo menos metade de seu acervo formou-se no contexto da realização das Bienais de São Paulo e do estabelecimento de uma representação nacional brasileira na Bienal de Veneza. A modalidade de premiação de aquisição, nos dois eventos, servia justamente para contribuir para a formação de uma coleção de arte moderna institucionalizada, e que necessariamente se ia legitimando "no calor da hora". Ou seja, as obras e artistas reunidos por esse processo ainda estavam por ser colocados à prova do tempo e, em muitos casos, desapareceram dos grandes manuais de

---

48 Cf. Aracy Amaral. "MAC: da estruturação necessária à pesquisa no museu". In: _____. *Textos do Trópico de Capricórnio: artigos e ensaios (1980-2005)* . São Paulo: 34, 2006, p. 207-212 (vol. 2: Circuitos de arte na América Latina e no Brasil).

49 Cf. Tadeu Chiarelli, "A arte, a USP e o devir do MAC". *Revista do Instituto de Estudos Avançados*. São Paulo: Instituto de Estudos Avançados, vol. 25, n. 73, 2011, p. 241-252.

história da arte moderna sistematizados somente ao final da década de 1950 e início da década de 1960.[50]

Por outro lado, se voltarmos para as duas grandes campanhas de aquisição de Matarazzo para o acervo do antigo MAM, estas constituem outra forma de compreensão de um acervo datado. A primeira grande aquisição, de 1946-47, parece ter se caracterizado por nomes e obras já estabelecidos principalmente no período entreguerras, ao mesmo tempo em que as obras compradas procuravam atualizar a produção dos artistas escolhidos. Tanto nas aquisições italianas como nas aquisições francesas, encontramos obras de artistas já estabelecidos nas décadas anteriores, mas em grande parte produzidas na primeira metade da década de 1940, por exemplo. Esse modo de seleção parece ter servido para legitimar questões do debate modernista local, mais do que para pensar um acervo prospectivamente.

Já a segunda grande aquisição que Matarazzo realizou entre 1951-52 parece ter um caráter mais próximo à seleção do contexto das Bienais – até porque reunida dentro de uma das edições da Bienal de Veneza. Mas aqui temos, ao que tudo indica, um pensamento mais prospectivo: a compra sistemática de obras dos artistas que formariam, por exemplo, o Gruppo degli Otto, sob liderança do crítico e historiador da arte Lionello Venturi durante a Bienal de Veneza de 1952 –

---

50 A exemplo das narrativas de arte moderna mais conhecidas e divulgadas, veja-se primeiro o famoso livro de Herbert Read (cf. Herbert Read. *A Concise History of Modern Painting*. Londres: Thames & Hudson, 1959, que foi seguido por seu *Modern Sculpture: A Concise History*), e o também célebre volume de Giulio Carlo Argan (cf. Giulio Carlo Argan. *L'arte moderna, 1770-1970*. Florença: Sansoni, 1970). Estes são manuais de história da arte moderna em uso e traduzidos em diversas línguas até os dias de hoje. Vale lembrar que estamos falando de dois autores com forte atuação na crítica de arte dos anos 1940 e 1950, ambos convidados a integrar o júri de premiação e a ser comissários de eventos como a Bienal de Veneza e a Bienal de São Paulo.

quando o grupo só se afirmaria como tal, com um texto-manifesto de Venturi, na Bienal italiana de 1954 –, marca uma escolha que antecipa, de certa forma, os acontecimentos.

Uma vez na USP, o acervo do antigo MAM foi atualizado de modo a incorporar rapidamente as novas tendências e vertentes artísticas da década de 1960 em diante. De uma política ensaiada pelo seu então diretor Walter Zanini, o MAC USP converteu-se, nos seus primeiros quinze anos de existência, em espaço privilegiado das manifestações contemporâneas da arte, assim incorporando novos suportes (fotografia e vídeo, por exemplo) e angariando talvez uma das coleções mais importantes de arte conceitual da América Latina.[51]

Na visão de Zanini, o MAC USP também deveria ter um olhar retrospectivo para seu acervo, isto é, procurar pesquisar, divulgar e ampliar sua coleção modernista. Ele tentou implantar essa política, mas teve grande dificuldade, pois a reitoria da Universidade jamais aprovou uma verba para aquisição de obras de arte para o museu. Na passagem do acervo do antigo MAM à USP, Zanini testou tal política, ao adquirir para o MAC USP um total de 28 obras modernistas no contexto da VII Bienal de São Paulo (1963). Ali, ele tentou "preencher lacunas" que o acervo do museu tinha em relação à grande narrativa da arte moderna que se estabelecia. Isso se faz sentir pelo fato de Zanini ter selecionado obras que reforçavam as experiências vanguardistas das duas

---

51 Como demonstrado pelas pesquisas de Helouise Costa e Maria Cristina Freire. Cf. Helouise Lima Costa, "Da fotografia como arte à arte como fotografia: a experiência do Museu de Arte Contemporânea da USP na década de 1970", *Anais do Museu Paulista*, São Paulo, vol. 16, n. 2, p. 131-173, jul./dez. 2008 (tema de sua tese de livre-docência, defendida em 2009) e Maria Cristina Machado Freire (org.). *Walter Zanini: escrituras críticas*. São Paulo: Annablume, 2013 (também resultante de pesquisa em torno do acervo de arte conceitual do museu).

primeiras décadas do século XX, em oposição ao período entreguerras e aos anos 1950, já bem representados no acervo.[52]

Vale lembrar ainda que, durante a gestão Zanini, pelo menos duas outras grandes doações de artistas ajudaram a complementar o acervo modernista já existente e contribuíram para o aprofundamento dos estudos sobre o Grupo Santa Helena e a pintura paulista: as doações de Mario Zanini (1975) e Fúlvio Pennacchi (1976). Por outro lado, a incorporação de obras estrangeiras se rarefez, e o acervo modernista permanece sem uma clara política de aquisição até os dias de hoje. Isso se deve não só à ausência de fundos para aquisição, mas em parte ao fato de que a noção de "acervo datado" é mais pensada do ponto de vista de uma história linear e cronológica, e menos em termos de manifestações e desenvolvimentos/transformações que se vinculam necessariamente à história local. Isto é, seria preciso recolocar questões em torno do acervo modernista a partir de uma história da arte comparativa, em que uma historiografia internacional pudesse se ampliar na análise de como os modernistas brasileiros entenderam as correntes estrangeiras, e como elas aqui se nos apresentaram. Nesse sentido, caberia ao museu recolocar a questão da atualização de seu acervo, não para refletir a ideia de uma história universalizante da arte moderna e contemporânea, mas para reavaliar suas origens e talvez pensar justamente nas contradições que levaram a arte do século XX no Brasil a se configurar dentro, talvez, de experiências modernistas consideradas mais conservadoras, alcançando depois práticas absolutamente radicais na contemporaneidade. É possível, portanto, ver essa continuidade, ou não? Interessa-nos ainda projetar o acervo de arte moderna do MAC USP nos moldes como foi feito até agora – em que talvez essa continuidade fosse desejada, mas não plenamente expressa? Essas são questões que têm sido enfrentadas pela curadoria

---

52 A exemplo do belo pastel "Torso/ritmo" (1915-16), de Anita Malfatti.

do museu, mas que ainda não resultaram numa política de acervo que permitisse, sobretudo, atualizar o estado da arte dos estudos em torno do modernismo – que começam agora a ganhar força, inclusive, no contexto internacional.[53]

---

53 A revisão da narrativa da arte moderna é fenômeno recente na historiografia internacional da arte e foi, talvez, primeiro enfrentada pelo debate em torno da globalização das práticas artísticas contemporâneas – a exemplo das plataformas lançadas pelo grupo coordenado por Andrea Buddensieg, Peter Weibel e Hans Belting, junto ao ZKM de Karlsruhe, na Alemanha. Cf. <www.globalartmuseum.de> e a contribuição de Belting para o primeiro volume publicado pelo grupo: Hans Belting. "Contemporary Art and the Museum in the Global Age". In: Peter Weibel; Andrea Buddensieg (orgs.). *Contemporary Art and the Museum: a Global Perspective*. Ostfildern: Hatje Cantz, 2007, p. 16-41. Para introduzir a questão da arte contemporânea global, Belting dedica uma subparte de seu ensaio ao modernismo e já propõe analisá-lo dentro de uma perspectiva global.

2

A pintura italiana do entreguerras e o núcleo
inicial do acervo do antigo MAM

Ao darmos início à pesquisa e reavaliação crítica da catalogação do acervo do MAC USP, que tomava como projeto-piloto a atualização da catalogação das Coleções Matarazzo,[1] observamos a real condição dessas coleções, que, ao contrário daquilo que havia se cristalizado na historiografia sobre o antigo MAM e seu acervo, ainda eram campo virgem para a pesquisa. Foi assim que se mapearam, com muita clareza, as obras adquiridas na Itália, entre 1946 e 1947, e sua dimensão dentro do acervo do antigo MAM. Lidávamos, portanto, com um conjunto total de 71 pinturas de artistas italianos projetados principalmente no período entreguerras, na Itália e no exterior, contra as 32 obras adquiridas em Paris, no mesmo período. Na história das exposições do antigo MAM e, depois, no MAC USP, essas obras tinham estatuto diferente: se, ao longo dos anos 1950, elas podiam ser vistas constantemente em exposições do acervo do antigo MAM, no MAC USP, por outro lado, nem mesmo nas exposições que se organizaram

---

1 Coleções Matarazzo, doravante, designam a Coleção Francisco Matarazzo Sobrinho e a Coleção Francisco Matarazzo Sobrinho e Yolanda Penteado. A escolha delas para a reavaliação crítica da catalogação do acervo do MAC USP, em 2008, partia do pressuposto de que essas eram as coleções mais antigas do museu, com uma bibliografia razoavelmente consolidada e, portanto, bem documentadas. Isso deveria, então, agilizar o processo de reavaliação da catalogação para proposição de um modelo geral.

em torno da arte italiana do século XX, jamais foram percebidas em sua integralidade.[2]

Ao analisarmos com atenção a documentação em torno das 71 pinturas que mencionamos, demo-nos conta não só da operação que tal aquisição envolveu, mas também das trocas entre os personagens envolvidos, que nos levavam a uma realidade maior que o ato pontual da compra. Além disso, e por razões que agora tentamos entender, essas trocas e as obras delas foram, por um longo tempo, deixadas de lado, fazendo com que o conjunto fosse considerado de qualidade inferior. Nesse sentido, a ideia das coleções Matarazzo como privadas, reunidas a partir do gosto pessoal de seus patronos, supostamente sem critério artístico, adequava-se perfeitamente para que tais questões não fossem afrontadas. O que emergiu da pesquisa da documentação em torno das obras – e elas mesmas, afinal – é que estávamos diante de um dos conjuntos mais significativos da pintura italiana do entreguerras, cuja reunião só foi possível em razão das circunstâncias e desventuras da II Guerra Mundial e seus desdobramentos imediatos. Enfim, Matarazzo, com a orientação de agentes tarimbados (aqui e fora), havia constituído a mais importante coleção de pintura moderna italiana fora da Itália.[3]

---

2   Foram essencialmente duas as exposições no MAC USP em que se procurou considerar o conjunto das doações Matarazzo e refletir sobre a forte presença da arte italiana do século XX nelas. Cf. Walter Zanini. *Homenagem a Francisco Matarazzo Sobrinho*. São Paulo: MAC USP, 1977, e Aracy Amaral *et alli*. *Artistas italianos na Coleção do MAC*. São Paulo: MAC USP, 1985 (que acompanhou a exposição *Arte Italiana: entre a tradição e a modernidade*, que aconteceu entre outubro de 1984 e junho de 1985).

3   A França havia sido presenteada com uma coleção equivalente em 1935, mas que, afora o período de funcionamento do Musée des Écoles Étrangères do Jeu de Paume – que mantinha uma sala permanente com esse acervo até 1939 –, ficou legada às reservas técnicas do Musée National

Mas de que artistas, agentes e obras estamos falando? Os artistas foram aqueles que protagonizaram a arte moderna italiana entre os anos 1920 e 1940, e foram promovidos pelo regime fascista dentro e fora de seu país, principalmente nos anos 1930. São eles Amedeo Modigliani, Mario Sironi, Ardengo Soffici, Carlo Carrà, Arturo Tosi, Massimo Campigli, Achille Funi, Felice Casorati, Filippo de Pisis, Gino Severini, Giorgio de Chirico, Giorgio Morandi, entre outros. Nomes como os de Modigliani, De Chirico, Severini, Carrà, Morandi e Soffici são correntes na historiografia da arte moderna internacional, e suas obras estão incorporadas nos mais representativos acervos de arte do período, compondo, assim, a narrativa universal da arte moderna. Outros, como os de Tosi, Funi, De Pisis interessam mais pontualmente à história da arte moderna italiana. Já Sironi, Campigli e Casorati, entre outros não citados, são artistas que certamente tiveram um lugar na narrativa internacional de arte moderna de seu tempo, foram ainda bastante promovidos até os anos 1950, mas que não aparecem mais ao lado dos grandes nomes internacionais.[4] Quanto às obras escolhidas

---

d'Art Moderne, por vezes em péssimo estado de conservação – tal como pude testemunhar em visita às obras em reserva técnica em junho de 2011. Outra coleção equivalente, mas que incorpora com bastante vigor a produção futurista, é a da Estorick Collection, em Londres – esta, porém, formada a partir de meados da década de 1950 por um colecionador particular (de quem a coleção leva o nome).

4   Sendo o caso de Mario Sironi, talvez, o mais extremo, porque também foi intensa sua vinculação com a Itália fascista. Sironi era quase o pintor oficial do regime fascista, responsável e líder de projetos da envergadura, por exemplo, da construção do palácio e decoração da Triennale de Milão. Seus projetos de pintura mural recobriram enormes extensões de paredes de edifícios públicos durante a era fascista – quase todos sistematicamente destruídos no imediato pós-II Guerra. Um dos poucos complexos que pode hoje ser visto é o do Palácio de Justiça de Milão. Os estudos mais recentes em torno da sua obra foram realizados por Emily

para o Brasil, à exceção de alguns quadros,[5] estamos falando de pinturas que claramente exprimem a poética de seus autores e seu papel no debate artístico das décadas de 1930 e 1940, que, se não são oriundas de prestigiosas coleções italianas de arte moderna ou passaram por exposições históricas do período, foram deliberadamente escolhidas para refletir esse contexto.

A desqualificação dessas pinturas parece começar desde muito cedo e talvez tenha mais a ver com os agentes envolvidos na sua aquisição do que propriamente com a qualidade das obras. Embora não tenha sido publicado, o testemunho de Léon Dégand sobre sua estadia no Brasil, entre 1948 e 1949, não é nada generoso com as obras italianas adquiridas para o antigo MAM – tampouco com as obras brasileiras escolhidas:

> [...] [O MAMSP] Artistiquement, il possedait des tableaux italiens que Matarazzo avait achetés en Italie l'année précédente – *les plus mauvais produits des noms les plus illustres,* sauf le portrait de Modigliani par lui-même –, ceux qu'il avait fait acheter par Alberto Magnelli à Paris – de fort bons tableaux de l'École de Paris –, et une tapée de peintures, souvent plus médiocres, que

---

Braun. Cf. Emily Braun. *Mario Sironi and Italian Modernism: Art and Politics under Fascism.* Cambridge: Cambrigde University Press, 2000.

5   É o caso de "Natura morta" (1941, óleo/tela), de Carlo Carrà, e de duas naturezas-mortas com peixes, sem data, atribuídas a Filippo de Pisis. Aqui, estamos efetivamente diante de pinturas de segunda categoria, frente inclusive às outras dos mesmos artistas que temos em acervo. Veja-se, por exemplo, "Bagno di marinai" (1935, óleo/tela) de Carrà, cuja segunda versão foi exibida em mostras importantes do *Ventennio.*

Matarazzo avait achetés, aux hasards des circonstances aux plus mauvais peintres brésiliens.[6]

Dégand salva o autorretrato de Modigliani, mas desqualifica completamente o conjunto das pinturas italianas, textualmente dizendo que: "De passage en Italie, il y avait fait acheter, *Dieu sait par qui*, une collection de peintures italiennes de l'école contemporaine. Ensuite, à Paris, je le trouvais résolu à commencer son activité artistique par une exposition d'art abstrait" [grifo meu].[7] Ele sugere aqui uma seleção sem critérios, e reforça o fato de o antigo MAM ter um conjunto ruim de obras, apesar de apresentar os grandes nomes da pintura italiana. Num primeiro momento, avaliamos a crítica de Dégand em face de sua militância em prol da abstração. Ao aprofundarmos a pesquisa, tratava-se de algo que ia além de uma escolha ou defesa de determinada tendência artística. Sua avaliação da coleção de pinturas italianas adquiridas por Matarazzo deve ser intepretada à luz dos calorosos debates que tomaram conta da intelectualidade europeia – sobretudo

---

6   [Grifos meus]"Artisticamente, ele possuía quadros italianos que Matarazzo tinha comprado na Itália, no ano anterior – os piores produtos dos nomes mais ilustres, à exceção do autorretrato de Modigliani –, os que ele havia pedido a Alberto Magnelli comprar em Paris – bons quadros da Escola de Paris –, e um monte de pinturas, em sua maioria medíocres, que Matarazzo tinha comprado ao acaso das circunstâncias, dos piores pintores brasileiros." Léon Dégand, "Un critique d'art en Amérique du Sud", 1949 ca., p. 7-8, Fundo Léon Dégand, Bibliothèque Kandinsky, Centre National Georges Pompidou, Paris. O texto deveria servir a um artigo encomendado a Dégand sobre sua experiência no Brasil, jamais publicado. Todas as traduções de citações em inglês, francês, italiano e espanhol foram feitas pela autora.

7   "De passagem pela Itália, ele adquiriu, Deus sabe através de quem, uma coleção de pinturas italianas da escola contemporânea. Depois, em Paris, eu o encontrei decidido a começar sua atividade artística com uma exposição de arte abstrata." *Ibidem*, p. 1.

francesa – ligada aos partidos comunistas do continente, em relação ao papel que a arte e a cultura haviam tido no avanço dos regimes totalitários da Europa do entreguerras. A Itália fascista, assim como a Alemanha nazista e a União Soviética sob Stalin, haviam, ao longo da década de 1930, criado poderosos instrumentos de propaganda dessas ideologias através da arte e da cultura, que envolveram o fomento à atividade intelectual e artística, a organização de mostras nacionais e internacionais de arte, a criação de premiações de artistas e coleções privadas de arte, fazendo uso dos meios de comunicação de massa já existentes – como o rádio, o cinema, os jornais e revistas de circulação popular – para propagar suas ideias sobre arte e cultura.[8] A mistura entre a barbárie do holocausto e a extrema modernidade de utilização da arte e da cultura para propaganda desses regimes talvez seja uma das questões mais contraditórias com as quais os pensadores do imediato pós-II Guerra tiveram de se confrontar para reconstruir uma sociedade democrática, livre e moderna. O debate sobre quais formas

---

8   As pesquisas mais recentes sobre as relações entre arte e política no período entreguerras são de autoria de nomes como Mark Antliff e Eric Michaud. O "Retorno à Ordem", como fenômeno artístico, foi apresentado, pelo menos em três mostras, em grandes museus, dos anos 1980 para cá. Cf. P. Hulten (org.). *Les Réalismes, 1919-1939*. Paris: Centre Georges Pompidou, 1980 (com itinerância para Staatliche Kunsthalle de Berlim); Elizabeth Cowling; Jennifer Mundy. *On Classic Ground: Picasso, Léger, De Chirico and the New Classicism 1910-1930*. Londres: Tate Gallery Publications, 1990; e Emily Braun; Kenneth Silver *et alli* (orgs.). *Chaos and Classicism: Art in France, Italy, and Germany, 1918-1936*. Nova York: Guggenheim Museum, 2011. Não cabe aqui tratar das diferenças entre as exposições. Assinala-se apenas que a exposição francesa de 1980 tinha o mérito de analisar as especificidades de cada corrente artística do período, bem como sua relação com os diversos contextos, buscando entender suas relações com a esfera político-ideológica – elemento que parece bem menos evidente na recente mostra nova-iorquina, que aborda o fenômeno mais de um ponto de vista formalista.

de manifestação artística, quais vertentes deveriam ser fomentadas por essa sociedade em reconstrução envolvia, portanto, uma questão ética. A primeira consequência desse debate foi certamente o resgate das experiências vanguardistas do início do século XX – cujos artistas haviam sido perseguidos, suas obras destruídas, principalmente com a repercussão e a enorme operação que foi a *Exposição de Arte Degenerada* de Munique, em 1937.[9] Nessa onda persecutória nazista, caíram também os colaboradores da Bauhaus e, consequentemente, todos os demais grupos ligados às vertentes construtivas da Europa. A adoção de uma linguagem de caráter realista, voltada para os valores da tradição clássica da arte, que serviu aos regimes totalitários como instrumento de propaganda, não poderia mais refletir uma sociedade plenamente democrática e moderna.

No cerne dos partidos comunistas da Europa, a questão de uma linguagem realista da arte ainda se colocava, no imediato pós-II Guerra, pelo argumento de que esta seria mais "humanizada", menos "burguesa e decorativa", pois somente assim a arte seria capaz de exprimir os valores coletivos e sociais – discussão que vinha se construindo desde, na verdade, o século XIX, e que ganha outros contornos (inclusive para justificar um estado como o fascista na Itália) na década de 1930.

---

9 A mostra era já o resultado de um levantamento sistemático daquilo que os museus alemães tinham em termos de obras modernistas, adicionado às primeiras ações de sequestro de coleções privadas de famílias judias inteiras, enviadas para os recém-criados campos de extermínio nazistas. Cf. Lynn Nicholas. *The Rape of Europe: The Fate of Europe's Treasures in the Third Reich and the II World War*. Nova York: Alfred A. Knopf, 1994, em especial capítulos I e II. Para uma análise mais recente da mostra pela ótica da história das exposições, veja-se Bruce Altshuler. *Salon to Biennial. Exhibitions that Made Art History*. Londres: Phaidon, 2007 (vol. 1: 1863-1959).

Dégand, portanto, encontrava-se no meio dessa polêmica, da qual não escapou nem mesmo em São Paulo.[10] Além disso, antes de sua chegada ao Brasil, o crítico belga, radicado em Paris, havia sido membro do comissariado (ao lado de Gino Severini, por exemplo) da Galeria de Arte da Embaixada da Itália na capital francesa, que naquele momento reinstrumentalizava órgãos e estruturas existentes desde o período fascista para reaproximar o país dos Aliados e reinserir-se na Liga das Nações (da qual o país havia se retirado em 1935, quando da invasão da Etiópia) que, em 1945, seria transformada na Organização das Nações Unidas (ONU).[11] Dégand, então, certamente tinha plena consciência e conhecimento dos agentes por trás das aquisições que Matarazzo havia feito na Itália. A personagem que centralizou as ações de compra do patrono ítalo-brasileiro era ninguém menos que a crítica e ideóloga fascista Margherita Grassini Sarfatti (1880-1961). Os textos já publicados sobre as obras da coleção eram unânimes em apontá-la como intermediária dessas aquisições.[12] Embora não estives-

---

10 A exemplo do artigo de ataque a sua defesa da arte abstrata, publicado por Emiliano di Cavalcanti (também membro do Partido Comunista Brasileiro) em 1948. Cf. Emiliano di Cavalcanti, "Realismo e abstracionismo", *Fundamentos*, São Paulo, setembro de 1948. Republicado em *O novo edifício Sul América Terrestres, Marítimos e Acidentes – Sucursal do Rio de Janeiro*, 1949, s.p.

11 Veja-se comunicação apresentada pela doutoranda Caroline Pane, "La transition des institutions artistiques italiennes et leurs enjeux politiques, du fascisme à l'après-guerra. Rupture ou continuité?", na *Journée d'Étude Art Italien Contemporain: le fascisme vu par les artistes du Ventennio* [Org. de Émilie Héry e Maddalena Tibertelli de Pisis.], 23 de maio de 2014, INHA, Paris. A análise de Pane enfocava justamente a remodelação de órgãos criados durante o regime fascista no imediato pós-II Guerra Mundial para, a partir daquele momento, implantar uma nova política, de uma Itália em processo de redemocratização, e que, ao mesmo tempo, resultou no apagamento da memória do Fascismo no país.

12 Annateresa Fabris, "A travessia da arte moderna", 2008.

se na Itália no momento das aquisições Matarazzo, ela de fato pode ser entendida como uma das peças-chave nesse processo, uma vez que a maior parte das compras é feita pelo seu genro, ex-senador e decendente de uma histórica família de nobres napolitanos, o conde Livio Gaetani d'Aragona, cujo irmão, Felice Gaetani, vivia em São Paulo. Além disso, o ciclo de artistas paulistas oriundos das experiências do chamado Grupo Santa Helena e da Família Artística Paulista (que Dégand chamou de "pintores brasileiros medíocres") havia estabelecido um longo diálogo com o ambiente artístico milanês no entreguerras, através principalmente de personagens como Paulo Rossi Osir (1890-1959). Ademais, Sarfatti aparecia em território sul-americano, sustentada pelo ciclo de intelectuais em torno do crítico Jorge Romero Brest (1905-1989).[13] Correspondente de Milliet nos anos de criação do antigo MAM de São Paulo, e autor de uma das primeiras monografias em língua espanhola sobre a pintura moderna brasileira, foi dentro de uma coletânea editorial organizada por ele que Sarfatti publicou seu livro sobre a pintura moderna, que analisaremos adiante.

No entanto, chegamos a colocar em questão se Sarfatti, via seu genro (Conde Livio Gaetani), teria sido a única intermediária dessas aquisições, em razão de seu longo exílio entre a Argentina e o Uruguai.[14] Livio Gaetani parece ter tido um antecessor, o veneziano Enrico Salvatore Vendramini, antes de tomar a frente das aquisições Matarazzo. Vendramini surge depois de uma série de telegramas trocados entre Carlino Lovatelli (secretário de Matarazzo na Metalúrgica) e Pietro Maria Bardi (1900-1999), a partir de março de 1946. Portanto,

---

13 Maria Cristina Rossi. "Una pulseada por la abstracción: Romero Brest entre Margherita Sarfatti y Lionello Venturi". In: Andrea Giunta; Laura Malosetti Costa (orgs.). *Arte de pós-guerra: Jorge Romero Brest y la Revista Ver y Estimar*. Buenos Aires: Paidós, 2005, p. 51-69.

14 Cf. Ana Gonçalves Magalhães. Cat. exp. *Classicismo, realismo, vanguarda: pintura italiana no entreguerras*. São Paulo: MAC USP, 2013, p. 11-13.

entre março e julho daquele ano, o contato primordial de Matarazzo com a Itália teria sido através de Bardi e sua recém-inaugurada galeria Studio di Arte Palma, em Roma. Jornalista, crítico de arte e galerista reconhecido no ambiente artístico italiano pelo menos desde a segunda metade da década de 1920, Bardi teve papel fundamental na formação de outro importante museu paulista naquele momento (o Masp, fundado em 1947), como sabemos. Pesquisas recentes na Itália levantaram as ligações de Bardi e sua galeria com acordos comerciais e diplomáticos daquele país com a América do Sul, onde efetivamente ele chegou como organizador de duas exposições de arte italiana para o Rio de Janeiro.[15] Não localizamos nenhum documento que nos esclareça e comprove a ligação de Enrico Salvatore Vendramini com Bardi.[16]

---

15 Cf. Viviana Pozzoli. "1946! Porque Pietro Maria Bardi decidiu deixar a Itália e ir para o Brasil". In: Ana Gonçalves Magalhães; Paolo Rusconi; Luciano Migliaccio (orgs.). *Modernidade latina: os italianos e os centros do modernismo latino-americano* [anais do seminário internacional organizado entre 9 e 12 de abril de 2013]. São Paulo: MAC USP/UNIMI, 2014. Disponível em: <http://www.mac.usp.br/mac/conteudo/academico/publicacoes/anais/modernidade/index.html>. O texto de Pozzoli é resultado de sua pesquisa de mestrado. Bardi chegou ao Brasil trazendo duas exposições, apresentadas no Rio de Janeiro, respectivamente, em 1946 e 1947: uma de arte moderna italiana, outra de arte antiga (com pintores do Renascimento e do barroco italianos). No caso da mostra de arte antiga, identificam-se algumas obras que ficaram para o acervo do Masp, em São Paulo, tais como uma "Madona com Menino Jesus" de Jacopo del Sellaio, e outra Madona de Francesco Botticini. Essa modalidade de divulgação da arte italiana está também atrelada ao fascismo. As mostras de arte italiana dos anos 1930, no exterior, por vezes lançavam mão dessa dupla apresentação: arte antiga e arte moderna. Voltaremos a essa questão adiante.

16 Isso só pode ser sugerido por dois motivos. Em primeiro lugar, porque é Salvatore Vendramini que responde pelas aquisições Matarazzo, logo após o primeiro contato com a galeria de Bardi. E localizamos no Arquivo do MAC USP – Fundo MAMSP, uma pasta com a seguinte etiqueta

De qualquer forma, ele fez uma primeira parte das aquisições para Matarazzo, para, em seguida, ser substituído pelo conde Livio Gaetani. A substituição claramente tem a ver com a presença de Margherita Sarfatti em São Paulo, em junho de 1946, como se pode observar na carta por ela enviada ao professor Nicholas Murray Butler – ex-diplomata norte-americano na Itália, reitor da Universidade de Columbia, e seu amigo pessoal e correspondente desde seus tempos na Itália:

> June 18, 1946
>
> Dear Friend:
>
> I am here on a journey which I meant to be only a short trip, but circumstances are retaining me here, good ones, I am glad to say, for I found here many friends and relatives, and some good hope of a permanent future job for my sun in law [sic], which might permit my daughter and family to come over to this hopeful continent out of poor Europe and Italy.[17]

"Quadros Bardi (Caetano Salvatori) (1946-1948) (da metalúrgica)", que sugere que as negociações com a Itália tenham começado por Bardi, responsável daí por fazer a ponte com Sarfatti-Livio Gaetani, de um lado, e Salvatori Vendramini, do outro.

17 "Caro amigo: Estou aqui numa viagem que imaginei ser curta, mas as circunstâncias estão me retendo aqui, boas, fico feliz em dizer, pois encontrei aqui muitos amigos e parentes, e uma boa esperança de um emprego permanente para meu genro, que talvez permita a minha filha e sua família vir para este continente cheio de esperanças, fora das pobres Europa e Itália." Carta de Margherita Sarfatti a Nicholas Murray Butler, datada de 18 de junho de 1946, escrita em papel timbrado do Hotel São Paulo, Praça das Bandeiras. Arquivo Columbia University, Butler Library, Carnegie Endowment, box 127, nº 3447. Agradeço a Brian Sullivan pelo envio da cópia do documento, levantado durante sua pesquisa para a biografia de Sarfatti, atualmente também consultável no Fundo Brian Sullivan, Achivio del '900, MART. Além disso, no Fundo Margherita

No cotejamento com outros documentos, fica claro que o trabalho encontrado para seu genro era o de intermediário das aquisições Matarazzo. Até agosto de 1946, Enrico Salvatore Vendramini parece ter atuado como o intermediário de Bardi na realização das primeiras aquisições, uma vez que a correspondência que começa com Bardi em março de 1946 finaliza-se com um telegrama de envio das obras compradas para despacho pelo porto de Gênova, em agosto do mesmo ano.[18] Vale observar que as obras compradas por Salvatore Vendramini incluíam originalmente pinturas da famosa Coleção Cardazzo, que analisaremos adiante. Se Salvatore Vendramini inicia os contatos entre Cardazzo e Matarazzo, Livio Gaetani continuou a intermediar as relações de Matarazzo com o importante circuito de arte italiano daquele momento. A intervenção de Sarfatti é evidente na inserção de outro importante galerista milanês nesse circuito: Vittorio Emmanuelle Barbaroux (1901-1954), fundador da Galleria Milano (de onde advém

Sarfatti, encontramos, na correspondência entre ela e a filha, de 1945, a preocupação com a situação do conde Livio Gaetani e da família na Itália. Como deputado do parlamento italiano durante o período fascista, e assistente direto de seu último presidente (Dino Grandi) antes da ocupação nazista, em 1943, Livio Gaetani passou pela chamada Commissione di Epurazione (tribunal especial que atuou na Itália entre 1944 e 1946, para a justificação/redenção de personagens ligadas ao fascismo). Os anos 1945 e 1946 são duros para a família, pois sua ligação com o fascismo significou a perda de seu diploma e de seu emprego. Vejam-se cartas de Livio Gaetani para Margherita Sarfatti, datadas respectivamente de 2 e 5 de julho de 1944, e carta de Margherita Sarfatti à filha, Fiammetta Gaetani, datada de 25 de janeiro de 1945, Fundo Margherita Sarfatti, Archivio del'900, MART. Nessas cartas, a família pondera sobre a possibilidade de Livio e Fiammetta emigrarem para o Brasil, onde Livio poderia, em princípio, tentar trabalhar como engenheiro agrícola.

18 Cf. Ana Gonçalves Magalhães, *Classicismo, realismo, vanguarda: pintura italiana no entreguerras*, op. cit., p. 197-202. É possível inferir a data de agosto de 1946 para a lista que Salvatore Vendramini preparou para Maurizio Morris (despachante).

parte das obras adquiridas para Matarazzo), amigo de Sarfatti que, entre 1930 e 1935, se empenhou na apresentação de artistas ligados às tendências do Novecento Italiano. O primeiro telegrama entre Barbaroux e Livio Gaetani de que temos notícia data de agosto de 1946, depois da visita de Sarfatti a São Paulo, momento em que também cessa por completo a comunicação com Salvatore Vendramini.[19]

Há outros indícios que vieram à tona a partir da pesquisa no Fundo Margherita Sarfatti que nos sugerem como ela, Livio e Matarazzo se organizaram para a realização das aquisições. O fato de Margherita não se encontrar ainda na Itália certamente dificultava a escolha das obras, mas isso parece ter sido superado por dois aspectos. Em primeiro lugar, seus biógrafos, assim como suas netas, são unânimes em afirmar que Fiammetta era muito ligada à mãe e cultivava, de fato, certa idolatria por ela. Isso foi fruto da constância com que Margherita a tinha como acompanhante para visitar galerias, exposições e eventos sociais em geral. Fiammetta, assim como seu irmão Amedeo, desenvolveram, portanto, desde muito cedo, um repertório de artistas e da arte.[20] Assim sendo, Fiammetta era uma intermediária qualificada para saber o que procurar nas galerias. Por outro lado, a decisão final parecia passar pelo crivo de Margherita Sarfatti, atestado pela frequência diária de trocas de telegramas entre mãe e filha no período das aquisições.[21] Para tanto,

---

19 Cf. carta de Vittorio Barbaroux a Livio Gaetani, datada de 19 de agosto de 1946, Seção de Catalogação MAC USP, Pasta MAMSP-MAC.

20 A exemplo de um longo relato não publicado, de autoria de Amedeo Sarfatti sobre o salão da mãe. Cf. Amedeo Sarfatti, "L'arte moderna è frammentaria", ca. 1969, texto não publicado, Archivio Sarfatti, Veneza. Agradeço a Brian Sullivan pelo envio da cópia do texto, que hoje também pode ser consultado no Fundo Brian Sullivan, Archivio del '900, MART.

21 Infelizmente, os telegramas em si não estão no Fundo Margherita Sarfatti em Rovereto. Mas temos os recibos dos mesmos corroborando a frequente correspondência entre as duas. Além disso, Fiammetta parece ter aberto uma conta junto à Italcable, de modo a pagar por mês (talvez)

é possível que se tenha lançado mão de um terceiro recurso: a fotografia. Além do enorme arquivo fotográfico de que Margherita dispunha como jornalista e crítica de arte – à parte as fotografias de sua própria coleção –,[22] encontramos evidência de que Fiammetta e Livio também receberam fotografias de obras de arte de galeristas para fazer a seleção das obras, como atesta um envelope enviado pela Galleria delle Carrozze de Roma com três reproduções de obras de Filippo de Pisis.[23] Embora seja de certo modo decepcionante não encontrarmos nem aqui, nem nas pastas de fotografias, nenhuma das obras adquiridas para Matarazzo, isso nos demonstra que houve, de fato, um processo de seleção, de escolha precisa – ao contrário do que queriam nos fazer crer Léon Dégand e a historiografia que se seguiu.

----

os telegramas emitidos. Os recibos são precisos no que diz respeito ao pagamento de telegramas trocados entre as duas, de dezembro de 1946 a junho de 1947.

22 Com as quais foi para a Argentina. É o que afirma Brian Sullivan, a partir do depoimento de Pietro Foá, filho de Carlo e Isa Foá, que também emigraram para o Brasil em 1938, depois da publicação das Leis Raciais na Itália. Carlo Foá era um eminente fisiologista, professor da Universidade de Turim que, ao se refugiar em São Paulo, tornou-se professor da USP. Sua mulher, Isa Foá, era sobrinha de Sarfatti, filha de Nella Grassini, e sua secretária na revista *Gerachia*. Nas quatro pastas de reproduções de obras de arte que hoje estão no Fundo Margherita Sarfatti, em Rovereto, encontramos os envelopes de envio das fotografias sempre em nome de Isa Foá, provavelmente relativos ao período de atividades de Sarfatti na direção da revista.

23 Fundo Margherita Sarfatti, Fotografie, 933 Sar.5.3.2.8. Mesmo sem data, este é certamente um conjunto de fotografias que não pode ser de período anterior à saída de Sarfatti da Itália, pois uma das obras de Pisis no envelope é datada de 1944, ou seja, em pleno período de exílio de Sarfatti entre a Argentina e o Uruguai. O mesmo pode-se inferir de uma reprodução de um nu de Virgilio Guidi, datado de 1944, enviado também por uma galeria: Galleria Il Milione de Milão, onde efetivamente algumas das aquisições são realizadas.

Há certamente artistas cuja carreira Sarfatti talvez não tenha podido acompanhar e, consequentemente, opinar sobre o que comprar. Por outro lado, contou com o auxílio dos galeristas contatados e envolvidos nas aquisições – se não, com o auxílio de Bardi.[24] Um caso particularmente curioso é o da Galleria della Spiga e Corrente. A galeria havia sido criada em 1941, com o mecenato do colecionador Alberto della Ragione, em apoio a jovens artistas como Renato Birolli, Giuseppe Santomaso, Renato Guttuso, Aligi Sassu, entre outros, que ali mesmo haviam dado origem à Bottega di Corrente – do Gruppo Corrente di Vita Giovanile, artistas que se voltaram para o estudo das vanguardas históricas, principalmente a partir de 1935, e que logo formaram uma frente de artistas antifascistas. Da Galleria della Spiga e

---

24 As relações entre Sarfatti e Bardi são muito pouco conhecidas. Bardi era quase vinte anos mais jovem que Sarfatti, e sua chegada triunfal a Roma, como diretor da Galleria d'Arte di Roma, em 1930, corresponde ao início do declínio de Sarfatti. Os artistas por ele defendidos eram distintos e, certamente, antinovecento. A primeira mostra que ele organiza na Galleria d'Arte di Roma é em torno das obras de Mario Mafai e Scipione – cujas poéticas fomentariam o advento da chamada Scuola Romana. Os dois críticos pareciam ter alguns pontos e alguns contatos/colaboradores em comum: a defesa da arquitetura moderna e a admiração por Le Corbusier, e, em momentos diferentes, a colaboração com Massimo Bontempelli. O único indício encontrado do contato entre os dois está no Fundo Pietro Maria Bardi, Biblioteca Trivulziana, Castello Sforzesco, em Milão, na correspondência entre os irmãos Ghiringhelli (Galleria Il Milione) e Bardi, de 1931. Tanto Gino quanto Pepino Ghiringhelli mencionam a tentativa de aproximação da comissão do Novecento Italiano à galeria e sua programação. O auge dessas tentativas acontece com uma mostra de Massimo Campigli na galeria, em maio daquele ano, em que esses avanços por parte de Sarfatti e seu grupo não parecem terminar bem. Cf. Carta de Gino Ghiringhelli a Pietro Maria Bardi, datada de 7 de junho de 1931: "[...] è gente che se non stai allerta ti tira giù di strada maledettamente" [é gente que se você não está atento, passa por cima de você]. Como Bardi e Sarfatti se comportaram no ambiente brasileiro ainda é um mistério. Por outro lado, tudo aponta para uma colaboração entre os dois.

Corrente, Matarazzo adquire seis obras, entre as quais estão "Natura morta con lume" (1940, óleo/madeira), de Renato Guttuso, e "Composizione con fanale" (1942, óleo/tela), de Giuseppe Santomaso, dois artistas do Gruppo Corrente. A composição de Guttuso vinha da prestigiosa coleção de Alberto della Ragione, da qual trataremos adiante. As demais obras adquiridas são de velhos conhecidos de Sarfatti (Carrà, Casorati e Rosai). Ainda do Gruppo Corrente, há uma "Battaglia" (1938, óleo/tela), de Aligi Sassu, mas esta adquirida de Carlo Peroni, colecionador e industrial romano, amigo de Sarfatti.

Outro conjunto de fotografias nos sugere uma possível consulta a ela no que diz respeito às aquisições contemporaneamente feitas em Paris, por intermédio de Alberto Magnelli – também não tão apartado desse ambiente, uma vez que ele havia sido a ponte entre as experiências abstratas milanesas (sobretudo do chamado grupo de Como – com artistas como Manlio Rho – e dos artistas em torno da Galleria Il Milione)[25] e os grupos Abstraction Création e Cercle et Carré, promovendo o contato entre os artistas italianos e as obras de Kandinsky, por exemplo.[26] São reproduções de obras que se destacam justamente por não exprimir aquilo que seria, talvez, o gosto mais corrente de Sarfatti e, de novo, possui obras que datam dos anos em que

---

25 Os irmãos Ghiringhelli, proprietários da Galleria Il Milione, através da qual algumas pinturas italianas são adquiridas para o antigo MAM, haviam construído sua reputação como galeristas a partir da compra da última galeria de arte organizada por Pietro Maria Bardi, em Milão (1927). Ao longo dos anos 1930, é notória a colaboração deles com o editor Massimo Bontempelli e o próprio Bardi, sobretudo na série de monografias de arte contemporânea italiana das Edizioni del Milione, cujos documentos também podem ser consultados no Fundo Bardi da Biblioteca Trivulziana, Castello Sforzesco, em Milão.

26 Essas vertentes estão representadas nas Coleções Matarazzo através da obra do próprio Magnelli e das aquisições por ele feitas em Paris – dando conta dessas experiências na França apenas.

ela não se encontrava mais na Itália. Seu caráter pontual ainda denota que ele talvez seja fruto de uma atividade pontual, como foi o processo de aquisições Matarazzo. Trata-se de dois envelopes: um com obras de Kandinsky (onde temos uma reprodução de uma obra de 1938) e outro com obras do próprio Magnelli (datadas de 1940/41). De novo, as obras reproduzidas não foram adquiridas para as Coleções Matarazzo, mas certamente fizeram parte do processo de seleção das mesmas.

No caso das aquisições feitas através das galerias Milano/Barbaroux, Il Milione e Gussoni, estes são velhos conhecidos de Sarfatti, sobretudo a Galeria Milano de Vittorio Emmanuelle Barbaroux (1901-1954).[27] Em 1927, ao se casar com a filha do conde Gaspari Gussoni – um respeitado colecionador de pintura do *Ottocento* italiano –, Barbaroux estabelece uma primeira parceria com o sogro, fomentando os artistas ligados ao Novecento Italiano, através da Galleria Gussoni. Em 1931, com a morte do sogro, Barbaroux refunda a galeria com o nome de Milano e, por fim, em 1938, altera seu nome para Galleria Barbaroux. A cooperação entre Barbaroux e Sarfatti deu-se, principalmente, nas mostras de divulgação de arte moderna italiana no exterior, as quais foram, em grande medida, apoiadas pela galeria através de empréstimo de obras.

A relação de Barbaroux com o Novecento Italiano tal como concebido por Sarfatti é evidente em "L'Indovina" (1924, óleo/tela), de Achille Funi, adquirida por Matarazzo. Embora a obra se encontrasse na Galleria Il Milione, no momento de sua compra, seu primeiro registro

---

27 Sobre a história desta e das galerias milanesas do entreguerras, veja-se Elena Pontiggia & Nicoletta Colombo. *Milano anni trenta, l'arte e la città* [Spazio Oberdan, 2 de dezembro de 2004 a 27 de fevereiro de 2005]. Milão: Mazzotta, 2004, em especial p. 60-63 e p. 323-325; e Elena Pontiggia; Nicoletta Colombo; Claudia Gian Ferrari. *Il Novecento milanese. Da Sironi ad Arturo Martini* [Spazio Oberdan, 19 de fevereiro a 4 de maio de 2003]. Milão: Mazzotta, 2003, em especial p. 40-45.

76 | Classicismo moderno

é justamente na Galeria Milano, em 1933.[28] A obra data do período do chamado Realismo Mágico de Funi, contemporâneo à primeira exposição dele e de seus outros cinco colegas que formariam o núcleo inicial do grupo Novecento, com o apoio de Sarfatti, e é muito diversa das obras do artista que se colecionam a partir dos anos 1930 – e que, por outro lado, Sarfatti não apreciava.

Fazem parte desse mesmo espírito as obras de Arturo Tosi adquiridas entre as galerias Gussoni e Il Milione. A natureza-morta que hoje temos do artista ("Natura morta con pane e uva", 1930, óleo/tela), exposta na sala especial dedicada a sua obra e pela qual ele foi premiado na I Quadriennale di Roma, comprada na Galleria Gussoni (já naquele momento de propriedade do galerista Stefano Cairola), é um exemplo típico do "cézannismo" de Tosi muitíssimo valorizado por Sarfatti. Na monografia do artista publicada pela editora francesa Chroniques du Jour, com texto do crítico Waldemar George, é reproduzida uma natureza-morta do artista à época na coleção de Sarfatti, "Natura morta" (1926, óleo/tela), que certamente tem ressonância com este Tosi "cézanniano".[29] Ainda nessa publi-

---

28 Como se pode ver pela etiqueta da galeria Milano no verso da obra, em que temos seu número no catálogo da galeria naquele período e sua data de entrada na galeria: 30 de junho de 1933, n. 13. Curiosamente, esta obra dá entrada na Galleria Milano no mesmo período de uma mostra individual do artista. No entanto, ela não foi apresentada na mostra, tampouco constava em nenhum registro da galeria, cujo arquivo serviu para a preparação do catálogo geral da obra do artista. Cf. Nicoletta Colombo. *Achille Funi: Catalogo ragionato dei dipinti.* Milão: Leonardo d'Arte, 1996. (v. 2) Para uma análise da obra, veja-se Ana Gonçalves Magalhães, "Achille Funi nella Collezione del MAC USP", *Rivista L'Uomo Nero: Materiali per una storia delle arti della modernità*, Milão, CUEM, 2011, p. 349-358.

29 Cf. Waldemar George. *Arturo Tosi: peintre classique, peintre rustique.* Paris; Milão: Chroniques du Jour; Hoepli, 1933, prancha nº 14. Estão também reproduzidas a nossa natureza-morta (prancha nº 30) e "Natura morta" (1929, prancha nº 28), naquele momento no acervo da Galleria

cação, vemos reproduzida uma "Ponte di Zoagli" (1930, óleo/tela) muito próxima à versão hoje no MAC USP, destruída no incêndio do Glast Palast de Munique – onde ela havia sido exposta em 1931. "Ponte di Zoagli" (1937, óleo/tela) do MAC USP é outro indício do uso da fotografia para a seleção das obras para Matarazzo, pois ela aparece reproduzida no livro *Espejo de la pintura actual*, de autoria de Sarfatti, publicado em Buenos Aires em 1947.[30]

Milano de Vittorio Barbaroux. Esta última seria publicada na coletânea de arte moderna italiana, no volume dedicado a Tosi, como pertencente à coleção do advogado Pietro Feroldi. Cf. Ugo Bernasconi. *Arturo Tosi*. Milão: Ulrico Hoepli, 1944, tav. 15 (Arte Moderna Italiana, n. 1). Uma nota importante sobre as publicações aqui mencionadas: a série de pequenas monografias *Arte moderna italiana*, publicada pela editora Hoepli de Milão, foi concebida pelo crítico e editor Giovanni Scheiwiller como um tipo de edição que se inspirava num modelo francês, de monografias de custo não muito elevado para divulgação da arte moderna italiana. O primeiro volume é justamente dedicado a Arturo Tosi e é publicado em 1925. A série alcança enorme sucesso e vai ser constantemente atualizada até meados da década de 1950. No caso de Tosi, por exemplo, além do volume de 1925, uma atualização é publicada em 1944 – em que um conjunto significativo de naturezas-mortas do artista, muito próximas à "Natura morta con pane e uva" é reproduzido. A monografia de Tosi publicada pela editora francesa Chroniques du Jour também faz parte de um conjunto maior, realizado em parceria com a editora milanesa, de divulgação da arte moderna italiana e, inicialmente, dos artistas ligados ao Novecento Italiano – muito apreciados, naquele contexto, e promovidos na França pelo crítico Waldemar George. Além de amigo de Sarfatti, George cultivava, no início dos anos 1930, profunda admiração pela Itália fascista. Cf. Yves Chevrefils Desbiolles. "Le critique d'art Waldemar George. Les paradoxes d'un non-conformiste", *Archives Juives*, n° 41, 2008, p. 101-117.

30 Margherita Sarfatti. *Espejo de la pintura actual*. Buenos Aires: Argos, 1947, p. 80. Sua legenda já indica a obra como pertencente à Coleção Matarazzo.

Outro indício claro da intervenção direta de Sarfatti pode ser visto nas cartas de Arturo Tosi ao galerista Carlo Cardazzo, em que ele trata das negociações com Matarazzo.[31]

A primeira carta em que Tosi menciona a Cardazzo as aquisições para o Brasil está sem data, mas pode-se inferir o mês de agosto de 1946, pois, além de ele fazer referência a uma data precisa naquele mês, ele já fala da ação de Salvatore Vendramini:

> Caro Cardazzo,
>
> Dopo la tua lettera del 23 agosto non ho piú ricevuto alcuna notizia della mia mostra – Quando l'avete chiusa?
>
> I [ilegível] mi hanno parlato un po' confusamente di quadri da mandare in Brasile – cosa c'è di tutto questo? Mi domandano per un museo una bela natura morta – Sono ancora disponibile le due 70 x 90?
>
> Sappiami dire presto qualcosa, perché la cosa è importante – [32]

O que se segue é uma carta de Cardazzo a Tosi, datada de 26 de setembro de 1946, em que o galerista comunica sobre a visita do conde Livio Gaetani à galeria:

---

31 A correspondência que citaremos a seguir foi localizada no Archivio del Cavallino (Carlo Cardazzo) em Veneza.

32 "Caro Cardazzo, depois de sua carta de 23 de agosto, não tive mais notícias da minha exposição – Quando você a encerrou? / Os [ilegível] me falaram um pouco confusamente sobre os quadros para enviar ao Brasil – o que você sabe sobre isso? Me pedem para um museu uma bela natureza-morta – Ainda estão disponíveis as duas de 70 x 90? Me diga alguma coisa, porque a coisa é importante –"

Caro Tosi

È stato qui in galleria il Conte Gaetani a vedere i quadri, il quadro natura morta ha piaciuto mentre è ancora incerto per il paesaggio. Egli mi ha comunicato di tenere i quadri qui a Venezia per il momento, appena avrà parlato con la moglie mi dará informazioni in merito.

Sta bene per il prezzo. Appena varò [*sic*] notizie del conte le scriverò.[33]

Livio Gaetani tinha estado, portanto, na Galeria Il Cavallino de Cardazzo, em Veneza, para ver obras de Tosi para comprar para Matarazzo. Tosi insiste ainda na venda de uma natureza-morta e uma paisagem:

27 sett

Caro Cardazzo,

[...]

Ho ricevuto ieri la tua lettera e te ringrazio per le tue attese informazioni –

Se tratta dunque di questo: La Contessa Gaetani ha comperato diverse cose a Milano per una Galleria dell'Argentina (ha comperato anche un mio Zoagli). Ora desiderebbe altre due mie cose importante – Io avrei pensato di dare la Natura Morta dell'Anguria nel centro e pesche a sinistra e pezzi di anguria a destra e il paese che era esposto a Colomba – [34]

---

33 "Caro Tosi, esteve aqui na galeria o Conde Gaetani para ver os quadros, o quadro natureza-morta lhe agradou enquanto está ainda incerto sobre a paisagem. Ele me pediu para manter os quadros aqui em Veneza por enquanto e, assim que falar com sua mulher, me dará as informações a respeito. Quanto ao preço, tudo bem. Assim que tiver notícias do conde, escrevo."

34 "27 de Setembro / Caro Cardazzo [...] recebi ontem a sua carta e agradeço pelas suas informações esperadas – / Se trata então disso: a Condessa

80 | Classicismo moderno

Apesar de mencionar uma galeria argentina, Tosi está, de fato, falando das aquisições Matarazzo: o seu "Zoagli" é uma referência a "Ponte di Zoagli", adquirida pelos Gaetani na Galleria Il Milione. Ele sugere ainda uma natureza-morta e uma paisagem, que ele, a seguir, solicita a Cardazzo que envie para sua galeria milanesa, Il Naviglio, e avise a Fiammetta Gaetani para efetivação da compra. No cotejamento entre essas cartas e os recibos das aquisições feitas, pode-se inferir que dessa negociação talvez tenha resultado a compra de "Paesaggio" (1947, óleo/tela, n° tombo 1963.1.208), que consta como adquirida em Roma –, mas da qual não temos documentação pertinente, a não ser as listas compiladas por Livio Gaetani.

Além disso, a correspondência entre Cardazzo e Tosi atesta duas coisas importantes: Fiammetta e Livio iam às galerias para efetuar as compras, que eram feitas – como visto na primeira carta de Tosi – para um museu no Brasil. O mesmo se depreende da correspondência de Livio Gaetani com os artistas Felice Casorati e Mario Sironi, que venderam a Matarazzo, respectivamente, "Testa nell'armatura" (1946, óleo/tela) e "Invocazione" (1946, guache sobre papel/madeira) e "Paesaggio" (1946, óleo sobre tela/madeira). Por fim, tanto Casorati quanto Sironi explicitam sua atenção a essas vendas por se tratar de uma solicitação de Margherita Sarfatti, cedendo-as também por valores especiais.[35]

A carta de Casorati data de 23 de outubro de 1946:

Gaetani comprou várias coisas em Milão para uma galeria na Argentina (comprou inclusive uma vista minha de Zoagli). Agora queria outras duas coisas minhas importantes – eu pensei na natureza-morta com uma melancia no centro e pêssegos à esquerda e pedaços de melancia à direita e o vilarejo que estava exposto em Colomba –"

35 Ambas as cartas encontram-se no Setor de Catalogação do MAC USP, nas respectivas pastas dos artistas.

Al conte Livio Gaetani,

Le accuso ricevuta di £ 55.000 a saldo del mio quadro "Testa nell'armatura". *Sono lieto di avere ceduto a un prezzo eccezionale il mio quadro destinato ad un museo e sopratutto di aver fatta cosa gradita alla Signora Margherita Sarfatti alla quale sono devotamente affezzionato.* [grifo meu][36]

E a de Sironi, de 15 de outubro de 1946:

Caro Conte Gaetani

In omaggio alla destinzione [*sic*] delle mie opere sotto indicate *e per fare cosa gradita alla Signora Margherita che mi le ha richieste, mi è gradito cedergliele a un prezzo terribilmente inferiore all'attuale loro valore commerciale,* e precisamente

"Invocazione" 1946 £ 45000 (95 x 87) 21

"Paesaggio" 1946 £ 45000 (75 x 55) 22

Coi miei vivi e cordial saluti [grifo meu][37]

A outra coisa importante é que tanto a carta de Casorati quanto a de Sironi são também recibos de pagamento pelas obras.[38]

---

36 "Ao Conde Livio Gaetani / acuso recebimento de £ 55.000,00 pelo meu quadro 'Testa nell'armatura'. Tenho prazer de ter vendido a um preço excepcional meu quadro destinado a um museu e sobretudo de ter feito um favor à Senhora Margherita Sarfatti, a quem sou devotamente afeiçoado."

37 "Caro Conde Gaetani / Em homenagem à destinação das minhas obras indicadas abaixo e para fazer um favor à Senhora Margherita, que as me pediu, tenho prazer de vender a um preço terrivelmente inferior ao seu atual valor comercial, e precisamente / 'Invocazione' 1946 £ 45000 (95 x 87) 21 / 'Paesaggio' 1946 £ 45000 (75 x 55) 22 / Com minhas vivas e cordiais saudações."

38 O mesmo acontece com a aquisição de "I curiosi" (1946, óleo/tela) de Gianfilippo Usellini, em que o artista faz um recibo de próprio punho

82 | Classicismo moderno

Entretanto, do universo das 71 obras adquiridas para o antigo MAM, mapeia-se com segurança a compra de 43 delas, isto é, sabe-se com certeza em qual galeria ou de quem foram compradas. É o caso das obras compradas por Enrico Salvatore Vendramini – são oito ao todo, das quais sete vêm da coleção de Carlo Cardazzo –, das obras adquiridas diretamente de artistas (Casorati, Sironi e Gianfilippo Usellini) e de colecionadores (Renzo Camerino e Carlo Peroni), e daquelas negociadas com as quatro mais importantes galerias milanesas. As 28 restantes mereceriam uma investigação maior, pois apenas consta como tendo sido compradas em Roma, sem data ou documentação precisas. Entre elas, estão os três quadros de Fausto Pirandello, o belíssimo Capogrossi e três das quatro pinturas de Chirico, além de um Morandi, um Sironi, as obras de Corrado Cagli e a natureza-morta de Mario Mafai. Esse conjunto de artistas parece refletir, de um lado, o contexto da chamada *scuola romana* nos anos 1930 (sobretudo pela presença de Mafai e Cagli) e, de novo, o estímulo a artistas mais jovens, de tendências antinovecento, como no caso de Fausto Pirandello. Se tomarmos as relações entre a Galleria Cometa, de Roma, e os artistas ligados à *scuola romana*, pode-se sugerir que nessas escolhas Pietro Maria Bardi tenha sido atuante –, mas havia um personagem intermediário, talvez, entre ele e Margherita Sarfatti, isto é, o crítico e escritor Massimo Bontempelli. A Galleria della Cometa havia sido fundada em abril de 1935, por iniciativa do pintor Corrado Cagli e do crítico Libero de Liberi, com o patronato da condessa Mimi Pecci-Blunt.[39] Suas mostras

---

para Livio Gaetani. Cf. carta de Gianfilippo Usellini a Livio Gaetani, datada de 11 de outubro de 1946, pasta do artista, Seção de Catalogação, MAC USP. Na comparação deste recibo com o caderno de anotações de Yolanda Penteado, observamos que Matarazzo adquiriu duas obras do artista, ficando apenas "Il cardinale" (1947, óleo/ tela) para o acervo do antigo MAM.

39 Veja-se: <www.scuolaromana.it/luoghi/gallcom.htm>.

eram frequentadas por personagens políticos importantes, como Giuseppe Bottai e Dino Alfieri. Em 1937, a galeria abre uma sucursal em Nova York, com uma mostra coletiva de pintores italianos contemporâneos. A publicação das Leis Raciais na Itália obriga a galeria a fechar suas portas em 1938,[40] mas suas atividades seguem em Nova York, bem como suas iniciativas editoriais, para as quais colaboram críticos e escritores como Bontempelli, Ungaretti e o próprio Bardi, em monografias sobre artistas representados pela galeria. Sem dúvida, a galeria poderia ter sido a fonte das demais aquisições.

Outro aspecto importante que emergiu no estudo de proveniência das obras aqui analisadas é a presença de coleções privadas italianas da maior relevância no sistema de divulgação da arte moderna italiana, dentro e fora da Itália dos anos 1930 e início da década de 1940. Atreladas a uma política de Estado de fomento ao colecionismo privado de arte moderna italiana, tais coleções são representadas com obras de absoluto destaque dentro delas.

Primeiramente, tomemos sete das oito obras adquiridas por Salvatore Vendramini e pertencentes originalmente à coleção do galerista Carlo Cardazzo (1908-1963). Ele havia dado início a suas atividades no mundo das artes como editor de livros de artistas, já no final da década de 1920, em Veneza, num contexto em que o ciclo de intelectuais e artistas no seu entorno – a começar pelo pintor Giuseppe Cesetti, que o orientaria na formação de sua coleção – uniu-se num grande esforço para criar na Sereníssima um ambiente mais amplo para o debate da arte moderna. A Veneza dos anos 1920, embora abrigasse a Bienal de Artes, carecia de colecionadores e galerias de arte moderna. O papel de Cardazzo, nesse momento, é visto como fundamental para

---

40 Corrado Cagli, principal animador da galeria, era judeu.

a modernização do gosto da elite veneziana.[41] Começa a formar sua coleção a partir do início da década de 1930, e uma de suas primeiras aquisições (com a orientação de Cesetti) é "Il Bottegone" (1932, óleo/tela) de Ottone Rosai, hoje no acervo do MAC USP. Mas o prestígio de sua coleção ganha as páginas de jornal de toda a Itália com sua apresentação em duas exposições no ano de 1941, que lhe valem uma menção honrosa dentro do programa de incentivo às coleções privadas do ministro de educação nacional, Giuseppe Bottai.[42] Em abril de 1941, cem obras de sua coleção são expostas na Galleria d'Arte di Roma – que dava início a uma série de exposições de coleções privadas de arte moderna italiana, no quadro da política de Bottai – para, em agosto, um conjunto de trinta obras de sua coleção ser apresentado na *Mostra delle Collezioni d'Arte Contemporanea* em Cortina d'Ampezzo.[43]

41 Cf. Antonella Fantoni. *Il Giocco del paradiso*. Veneza: Edizione del Cavallino, 1996, e Luca Massimo Barbero (org.). *Carlo Cardazzo: una nuova visione dell'arte*. Milão: Electa, 2008.

42 Para a recepção crítica da coleção de Cardazzo, veja-se, por exemplo, Attilio Crespi, "La collezione Cardazzo (con 9 illustrazioni), *Emporium: Rivista mensile illustrata d'arte e di cultura XCIII* (6), ano XLVII, junho, p. 283-293. A revista *Emporium* era uma das mais antigas e prestigiadas publicações de crítica de arte da Itália. Fundada em 1895, foi editada até 1964.

43 A Galleria d'Arte di Roma havia sido inaugurada em 1930, sob a direção de Pietro Maria Bardi, e era um órgão do Sindicato Nacional dos Artistas, dentro do sistema de representação da Itália fascista. A partir de 1939, com a nova política de fomento às coleções privadas de Giuseppe Bottai, à frente do Ministério de Educação Nacional, a galeria servirá de local de exposição das mesmas. Já a *Mostra delle Collezioni d'Arte Contemporanea* de Cortina d'Ampezzo emerge da iniciativa de um empresário hoteleiro da famosa estação de esqui, frequentada pela alta sociedade italiana (e europeia), e imediatamente é incorporada à política de Bottai. Cf. Danka Giacon, "Cortina, 1941", *Rivista L'Uomo Nero: Materiali per una storia delle arti della modernità*, v. 3, n. II, setembro de 2005, p. 51-68. A autora também faz um pequeno levantamento da política de Bottai à

Seu sucesso é enorme, estimulando Cardazzo a fundar sua própria galeria de arte em Veneza. Assim, a Galleria del Cavalino inaugura-se em 25 de abril de 1942, operando sob sua direção até 1945. Ele deixa a galeria veneziana aos cuidados do irmão, Renato, e abre nova galeria em Milão, em 1946: a Galleria Il Naviglio tornar-se-ia grande centro propagador da arte abstrata italiana nos anos 1950, e com a amizade entre Cardazzo e Peggy Guggenheim ganharia projeção no contexto norte-americano. Artistas como Afro Basaldella, Giuseppe Capogrossi, Giuseppe Santomaso, entre outros, serão os artistas apresentados pela Galeria Il Naviglio aos norte-americanos. Além disso, ela ficou famosa por realizar mostras de artistas estrangeiros importantes em Milão, dando ênfase principalmente às vanguardas históricas internacionais e à geração internacional mais jovem.

Portanto, a presença de sete obras de sua coleção nas aquisições que Matarazzo fez para o antigo MAM denota, mais uma vez, cuidado na constituição do acervo do antigo museu. Além de "Il Bottegone" de Ottone Rosai – que figurou nas duas mostras da coleção Cardazzo em 1941 – "Natura morta con piccione" (1938, óleo/cartão), de Gino Severini, e "Donne a passeggio" (1929, óleo/tela), de Massimo Campigli, são bons exemplos daquilo que era apreciado não só pelo colecionismo de arte moderna italiana, mas também pela crítica do período. A pintura de Campigli aparecia no panorama da promoção dos chamados "italianos de Paris", e havia primeiro estado na coleção Jeanne Bucher na capital francesa,[44] para depois ser adquirida por Cardazzo e exposta na mostra de sua coleção na Galleria d'Arte di Roma, em 1941. Já

---

frente do Ministério de Educação Nacional para o fomento das coleções de arte moderna italiana.

44 Cf. Massimo Campigli. *Massimo Campigli*. Milão: Ulrico Hoepli, 1931, tavola 9 (Arte Moderna Italiana, n. 20). Para uma breve análise da historiografia acerca dos Italianos de Paris, veja-se Renata Dias Ferraretto Rocco. "O caso dos Italianos de Paris". In: Ana Gonçalves Magalhães.

"Natura morta con piccione", de Gino Severini, além de reverberar as composições que ele havia exibido na II Quadriennale di Roma, em 1935 – que marca também sua premiação na categoria de pintura naquele ano e seu retorno a Roma –, aparece reproduzida no volume da famosa série de Giovanni Scheiwiller dedicada ao artista, publicada em 1946,[45] ao lado de outras naturezas-mortas do mesmo período da também celebrada coleção do parisiense Léonce Rosenberg, proprierário da Galerie l'Effort Moderne.

Outra presença importante é a da coleção Alberto della Ragione (1892-1973). O engenheiro e empresário havia se dedicado ao colecionismo de pintura do *Ottocento* italiano (especialmente de artistas napolitanos) até sua visita à I Quadriennale di Roma, em 1931. A mostra é marco fundamental para sua transformação em colecionador de arte moderna italiana e, com a ajuda do galerista Vittorio Barbaroux – que aceita fazer uma permuta entre a coleção de pintura do século XIX de Della Ragione por obras modernas –, ele rapidamente angaria uma das mais importantes coleções de arte moderna da Itália. Além disso, o empresário viria a ser o patrono da Galleria della Spiga e Corrente, como vimos anteriormente, apoiando os jovens artistas do grupo Corrente di Vita Giovanile. De sua coleção, Matarazzo adquiriu "Natura morta con ventaglio", de Ardengo Soffici (1915, têmpera sobre

---

Classicismo, realismo, vanguarda: pintura italiana no entreguerras, op. cit., p. 27-31.

45   Cf. Pierre Courthion. *Gino Severini*. Milão: Ulrico Hoepli, 1946, tavola 12 (Arte Moderna Italiana, n. 17). Para uma análise desta natureza--morta de Severini e as demais obras do artista no acervo do MAC USP, veja-se Renata Dias Ferraretto Rocco. "Gino Severini". In: Ana Gonçalves Magalhães. *Classicismo, realismo, vanguarda: pintura italiana no entreguerras, op. cit.*, p. 162-167. A análise de Rocco resulta de sua dissertação de mestrado, defendida em dezembro de 2013: "Poéticas de Gino Severini no Acervo do MAC USP", Programa Interunidades em Estética e História da Arte, MAC USP.

recorte de papel/papelão), "Il lago", de Carlo Carrà (1929, óleo/tela) e "Natura morta con lume", de Renato Guttuso (1940, óleo/ madeira), além do famoso "Autorittrato" de Amedeo Modigliani –, originalmente da coleção de Riccardo Gualino. Novamente, temos aqui obras que são muito apreciadas pela crítica e pelo colecionismo de arte moderna dos anos 1930 e 1940, na Itália. Assim como a coleção Cardazzo, sua coleção também figuraria na *Mostra delle Collezioni d'Arte Contemporanea* de Cortina d'Ampezzo, em 1941.

Alberto della Ragione parece ter vendido e comprado obras para sua coleção através das atividades da Galleria della Spiga e Corrente – como demonstra a aquisição da natureza-morta de Guttuso e da paisagem de Carrà por aquela galeria. Em 1969, e por intermédio do crítico Carlo Ludovico Ragghianti, duzentas obras de sua coleção são doadas ao município de Florença, e encontram-se hoje no Museo Novecento (Raccolta della Ragione e Collezioni del Novecento), no Palazzo Belvedere, na capital toscana.

É através do autorretrato de Amedeo Modigliani que o núcleo inicial do acervo do antigo MAM vincula-se à mais célebre e prestigiosa coleção de arte moderna italiana dos anos 1920: a Coleção Riccardo Gualino, de Turim. O industrial Riccardo Gualino (1879-1964) havia angariado uma excepcional coleção, primeiramente de arte antiga, para depois dedicar-se ao colecionismo de arte moderna, no pós-I Guerra Mundial, quando conhece Lionello Venturi. O historiador e crítico de arte orientá-lo-ia em suas aquisições, por vezes encomendando obras diretamente aos artistas, até a condenação de Gualino pelo regime fascista, por crimes de estelionato, em 1929.[46] Além disso, tanto o momento em que a Coleção Gualino foi leiloada (1934), quanto mais

---

46 Para uma análise da trajetória de Riccardo Gualino, veja-se apresentação de Angelo d'Orsi às suas memórias, escritas na prisão: Riccardo Gualino. *Frammenti di vita*. Turim: Aragno, 2007 [1ª edição, Milão: Mondadori, 1931].

tarde, isto é, o imediato pós-II Guerra Mundial são marcados por um resgate sem precedentes da obra de Modigliani, na Itália. A Bienal de 1930 havia dado ao artista, pela primeira vez (e postumamente), uma sala especial. A projeção de Modigliani como uma espécie de autêntico vanguardista italiano no contexto dos anos 1946-48 também é muito importante, principalmente porque a vanguarda italiana era identificada com as experiências futuristas, e estas ainda não tinham sido totalmente redimidas de suas vinculações com o fascismo –[47] isso só viria a acontecer no início da década de 1950.

O que também é fascinante na figura de Riccardo Gualino é seu empreendedorismo e engajamento na criação de vários órgãos e atividades culturais na Turim dos anos 1920. Sua coleção de arte foi o que o motivou a discutir com arquitetos a construção de sua mansão, com pavilhões apropriados para sua apresentação. Ademais, Gualino foi patrono do teatro de comédia de Turim e presidente da primeira companhia cinematográfica italiana, nos moldes da qual se criou de-

---

47 Veja-se, por exemplo, a grande mostra de arte moderna italiana que o MoMA, em Nova York, organizou em 1949. Cf. James Thrall Soby; Alfred Barr, Jr. Cat. exp. *XX Century Italian Art*. Nova York: MoMA, 1949. Um terço do catálogo é dedicado às duas primeiras décadas do século XX italiano. O capítulo sobre o "Early Futurism" (que se concentra apenas no primeiro futurismo) é escrito por Alfred Barr, seguido de um capítulo sobre a pintura metafísica, e o terceiro integralmente dedicado a Modigliani, ambos escritos por James Thrall Soby. Além disso, Modigliani tinha dois apelos naquele contexto: na crítica francesa dos anos 1920, tinha sido projetado como "pintor maldito" por excelência; de 1938 em diante, era uma constante no debate em torno da arte degenerada. Sendo ele de origem judaica, este aspecto foi, nos anos 1938-40, bastante discutido, principalmente, no ambiente da crítica italiana – assim como analisado por Paolo Rusconi, por ocasião do minicurso "Anos 30 na Itália. As artes figurativas, as revistas e as exposições durante o fascismo", 16 a 19 de abril de 2013, MAC USP. Rusconi dedicou uma aula à crítica italiana em torno de Amedeo Modigliani nas décadas de 1930 e 1940.

pois a Cinecittà, em Roma. É um personagem que poderia certamente ter servido também de exemplo a Ciccillo Matarazzo, se pensarmos que, nos mesmos anos de seu envolvimento com a criação do antigo MAM de São Paulo, ele esteve à frente da fundação da Cinemateca Brasileira e do Teatro Brasileiro de Comédia, além da Companhia Cinematográfica Vera Cruz.[48]

Outras duas coleções privadas deixaram seus indícios no núcleo inicial do acervo do antigo MAM: do industrial Carlo Peroni (1911-1984) e do advogado Rino Valdameri. Da primeira, temos "Battaglia" (1938, óleo/tela), de Aligi Sassu, "Paesaggio" (1936, óleo/tela), de Corrado Cagli, e "I pescatori" (1924, óleo/tela), de Mario Sironi – uma contraposição entre o Novecento Italiano sarfattiano, em sua primeira acepção (a exemplo da obra de Sironi), e as vertentes antinovecento e mais expressionistas (Cagli e Sassu). Da segunda, "La Maddalena" (1929, óleo/tela), de Piero Marussig, exibida na Bienal de Veneza de 1938 e exposta na mostra da coleção Valdameri na Galleria d'Arte di Roma, em 1942. Pouco sabemos sobre os dois personagens patronos dessas coleções. Peroni era ligado à família do famoso conglomerado industrial de cerveja Peroni, de Roma, e possuía uma casa em Blevio (província de Como), além de ser um amigo próximo da família Sarfat-

---

48 No que diz respeito à Vera Cruz e suas relações com o ambiente italiano, veja-se Ana Carolina de Moura Delfim Maciel. "*Yes, nós temos bananas*": *cinema industrial paulista: a companhia cinematográfica Vera Cruz, atrizes de cinema e Eliane Lage (Brasil, 1950)*. São Paulo: Alameda editorial, 2011; e, em especial, sua apresentação no seminário internacional *Modernidade Latina: os italianos e os centros do modernismo latino-americano*, 9 a 12 de abril de 2013, MAC USP: "*Piccola Italia*: os italianos na Companhia Cinematográfica Vera Cruz". Disponível em: <www.mac.usp. br/mac/conteudo/academico/publicacoes/anais/modernidade/index. html>.

ti-Gaetani.[49] Já Rino Valdameri, cuja exposição de sua coleção também é bastante apreciada pela imprensa, era identificado como um advogado, mas sobre quem pouco se sabe.

De qualquer forma, esses dois personagens podem nos dar a dimensão da política de fomento às coleções privadas de arte moderna italiana e sua relação com uma política de Estado, na Itália. Estamos falando de um momento em que o país possuía instituições ainda frágeis para o acolhimento de arte moderna[50] e em que, portanto, o papel desempenhado pelo colecionismo privado é apoiado pelo Estado para construção da memória da arte daquele período. Essa estratégia, ao que tudo indica, não é específica da Itália – que com frequência se inspirou em matrizes francesas –, mas acabou tendo papel preponderante na formação dos acervos públicos de arte moderna em face de um Estado personalista e centralizador.

Ademais, esse colecionismo privado deixa até hoje seus rastros na Itália. Já mencionamos acima a doação Alberto della Ragione para o município de Florença, por iniciativa de Ragghianti. Milão preserva mais dois exemplos importantes, de coleções constituídas nos

---

49 Como testemunhado por Magali Sarfatti-Larson, filha de Amedeo e neta de Margherita Sarfatti, que se lembra da família visitar a Villa de Peroni em Blevio. Além disso, tanto Françoise Liffran quanto Brian Sullivan (biógrafos de Margherita Sarfatti) afirmam que, em sua fuga da Itália, Sarfatti teria deixado algumas malas com os Peroni, em Como – que ali permaneceram intocadas até o fim da II Guerra e o retorno de Margherita à Itália.

50 A tomar pela história da Galleria Nazionale d'Arte Moderna de Roma. Embora existente desde o final do século XIX (projetada para os artistas vivos), somente sob a direção de Palma Bucarelli, a partir de 1941, é que começa a consolidar uma estrutura de museu – com biblioteca, arquivo, infraestrutura de conservação e documentação. Cf. Mariastella Margozzi (org.). Cat. exp. *Palma Bucarelli: il museo come avanguardia* [Galleria Nazionale d'Arte Moderna di Roma, 26 de junho a 1º de novembro de 2009]. Milão: Electa, 2009.

anos 1930 apresentadas no ambiente doméstico. Um é a Villa Necchi Campiglio e outro é a casa-museu Fondazione Boschi-Di Stefano. Os patronos por trás dessas coleções são oriundos da elite milanesa na primeira metade do século, mas de famílias distintas: os Necchi Campiglio constituíam uma espécie de nova aristocracia italiana, e os Boschi-Di Stefano pertenciam a uma elite burguesa.

Erguida entre 1932 e 1935, com projeto do arquiteto Pietro Portaluppi, a casa dos Necchi Campiglio foi inicialmente construída levando-se em consideração a coleção de arte moderna italiana que o casal havia reunido.[51] Os Necchi Campiglio venderam suas coleções para gerar recursos a projetos beneficentes no pós-II Guerra, ligados à construção, por exemplo, de um hospital. Assim, o que se pode ver hoje em exposição na Villa é outra coleção angariada nesses anos: a coleção do galerista Ettore Gian Ferrari (1908-1982). Na reabertura da casa à visitação pública, a filha do galerista, Claudia Gian Ferrari, doou ao município de Milão a coleção do pai. A Galleria Gian Ferrari, inaugurada em 1938, deve o sucesso de suas atividades ao atuar como escritório de representação de vendas da Bienal de Veneza, e por ter constituído um importante repositório de documentação e arquivos

---

51 Veja-se <www.casemuseomilano.it/en/casamuseo.php?ID=3>. O texto de apresentação da casa afirma que o projeto de Portaluppi permaneceu intacto. Entretanto, o piso superior (os quartos da casa), principalmente, passou por uma redecoração que o casal encomendou no imediato pós-guerra – apagando certos traços de um ambiente, talvez, muito ligado ao período do *Ventennio*. Mas o hall de entrada, a biblioteca e a sala de estar são bons exemplos do gosto arquitetônico da elite milanesa dos anos 1930. Vale mencionar que Pietro Portaluppi, juntamente com Muzio, Magistretti e Griffini, foi arquiteto do Palazzo dell'Arengario, em Milão – hoje sede do Museo del Novecento, na Piazza del Duomo. O projeto fazia parte dos concursos de renovação urbanística de Milão, e sua construção teve início em 1936. Mas muitos atrasos adiaram seu término para o imediato pós-guerra. Sua função era de servir de sede para o governo local durante a era fascista.

de artistas ligados ao Novecento Italiano.[52] Da coleção Gian Ferrari que hoje pode ser vista na Villa Necchi Campiglio, há o famoso "Uova sul cassettone" (1920, óleo/tela), de Felice Casorati; um autorretrato de Giorgio de Chirico e a escultura "L'amante morta" (1921, gesso policromado), de Arturo Martini.[53] Destacamos um "Nudo sdraiato di schiena" (1937, óleo/cartão) muito próximo ao nosso "Nudo incompiuto" (1943, óleo/tela).[54]

Já o engenheiro Antonio Boschi e sua mulher, a ceramista Mariedda di Stefano, formaram uma coleção de arte moderna italiana a partir de 1927, adquirindo obras importantes, como uma grande composição de gladiadores de Giorgio de Chirico (anteriormente na coleção de Léonce Rosenberg). No pós-guerra, eles continuaram a acompanhar a evolução da arte italiana e, como Matarazzo, adquiriram obras dos primeiros abstratos italianos e, mais tarde (anos 1960), dos artistas conceituais italianos. A coleção foi primeiramente apresentada no apartamento do casal, dando origem à casa-museu Fondazione Boschi-Di Stefano, em Milão, quando de sua abertura à visitação em 2003. Ela foi doada por Antonio Boschi à prefeitura de Milão em 1974,

---

52   O famoso livro sobre o Novecento Italiano, de autoria de Rossana Bossaglia, contém uma parte de fontes documentais importantes que vieram dos arquivos da Galleria Gian Ferrari. Cf. Rossana Bossaglia. *Il Novecento Italiano*. Milão: Charta, 1995 [1ª ed. 1976]. Toda a parte final, organizada por Claudia Gian Ferrari, diz respeito às fontes documentais do período, pela primeira vez publicadas por Bossaglia. Com a morte de Claudia, em 2010, os arquivos da galeria foram destinados ao Museo del Novecento, mas ainda se encontram fechados por questões de disputa judicial com os herdeiros da galeria.

53   Sobre a coleção Gian Ferrari em depósito na Villa Necchi Campiglio, cf. Claudia Gian Ferrari; Antonello Negri (orgs.). *Capolavori del Novecento Italiano dalla Collezione Gian Ferrari al FAI*. Milão: Skira, 2006.

54   Para uma comparação entre as duas obras, cf. Ana Gonçalves Magalhães. *Classicismo, realismo, vanguarda: pintura italiana no entreguerras*, *op. cit.*, p. 74.

depois da morte de sua mulher, Mariedda. Atualmente, as obras estão expostas entre a casa e o Museo del Novecento, na mesma cidade.[55]

Assim, as coleções Boschi-Di Stefano, Gian Ferrari e Matarazzo realmente se aproximam muito e refletem o espírito de uma época e certa noção de modernismo na Itália, que se construiu dos anos 1920 até a década de 1960. O mesmo acontece ao compararmos as coleções de galeristas como Carlo Cardazzo e Vittorio Barbaroux, de quem Ciccillo Matarazzo comprou obras para formar o núcleo inicial de acervo do antigo MAM. Por fim, a figura do industrial, colecionador, patrono das artes Riccardo Gualino, como vimos, é particularmente interessante para pensar a atuação de Matarazzo na formação do antigo MAM, pois assim como o industrial italiano, Ciccillo apresentou-se, naquele momento, como um *self-made man*, envolvendo-se com a criação de várias instituições ligadas às artes e à cultura. Mas há de se marcar uma diferença fundamental entre esses colecionadores italianos e Ciccillo Matarazzo: os Boschi-Di Stefano, Cardazzo, Barbaroux, Gian Ferari e mesmo Riccardo Gualino constituíram, desde sempre, uma relação de proximidade muito grande com os artistas que colecionavam; já Matarazzo constituiu "sua" coleção com o fim preciso de criar o MAM de São Paulo, no quadro de um projeto maior da elite paulistana, de se afirmar cultural e politicamente como ponta de lan-

---

55 Um catálogo sistemático da coleção doada foi publicado por ocasião da doação. Cf. Mercedes Precerutti Garberi (org.). Cat. exp. *50 Anni di Pittura Italiana nella Collezione Boschi-Di Stefano donata al Comune di Milano*. Milão, Palazzo Reale, 27 de maio a 20 de setembro de 1974. Observa-se ainda que a prática de colecionismo do casal advinha do pai de Mariedda, colecionador de arte italiana do século XIX – como parece ter sido o caso de outros colecionadores que, no entreguerras, se transformariam em colecionadores de arte moderna. Por fim, há uma enorme semelhança entre a formação de Antonio Boschi e a de Ciccillo Matarazzo: Boschi diplomara-se engenheiro, assim como Matarazzo, na Bélgica, e foi, até o fim da vida, diretor da Pirelli.

ça da cultura brasileira no processo de modernização do país. Nesse sentido, talvez a atitude de Matarazzo se aproxime mais da de Gualino, que de certa forma patrocinou várias ações no campo das artes para afirmar-se diante de uma elite com a qual ele não tinha laços em suas origens. Embora Matarazzo já tivesse conquistado um lugar na elite paulistana – principalmente por conta da fortuna angariada por seu tio, o conde Francesco Matarazzo –, ele parece ter se vinculado aos modernistas para também aparecer como personagem-chave do processo de modernização do país. Por fim, e diferentemente de seus contemporâneos italianos, não há dados ainda para sabermos se Ciccillo foi, ou não, um colecionador de arte moderna antes das ações de criação do antigo MAM.

As coleções por trás das aquisições Matarazzo também deixam entrever outra estratégia de divulgação da arte moderna italiana através de exposições internacionais, principalmente na primeira metade da década de 1930. A partir de 1928, e tendo à frente o escultor Antonio Maraini como secretário, a Bienal de Veneza encarregar-se-ia de uma série de mostras de arte moderna em capitais europeias;[56] paralelamente, o comissariado do Novecento Italiano (presidido por Sarfatti pelo menos até 1930) também projeta, entre 1926 e 1930, várias mostras do Novecento Italiano no exterior. É ainda nesse período que o governo italiano reativa o órgão paradiplomático Comité France-Italie para organização de exposições de arte moderna italiana na França, ao longo dos anos 1930, quando também aquele país recebe

---

56 Veja-se a comunicação de Chiara Fabi para o Seminário Internacional *Modernidade Latina...*: "Arte e propaganda: a identidade do Regime nas mostras de arte do exterior, 1935-37". Disponível em </www.mac.usp. br/mac/conteudo/academico/publicacoes/anais/modernidade/index>. html. Fabi centrou sua análise em quatro mostras em particular, procurando demonstrar as estratégias dos comissários na relação com o meio artístico das cidades nas quais as mostras aconteceram.

doações de arte moderna italiana. A mais importante delas, a doação Emmanuelle Sarmiento, inaugurou a galeria da escola italiana contemporânea do Jeu de Paume, em 1936, com setenta pinturas trazidas da Itália – atualmente pertencentes ao acervo do Musée National d'Art Moderne (Centre Georges Pompidou).[57] Essas iniciativas refletem ainda um momento em que os países que depois configurariam o eixo aliado na II Guerra Mundial mantinham boas relações diplomáticas com a Itália, vendo na política fascista uma terceira via de organização de sistema social, político e econômico, em face da crise do capitalismo

---

57 Para uma análise das atividades do Comité France-Italie e das doações feitas à França através dele, veja-se Catherine Fraixe. "L'art au service de la propagande fasciste. Les dons d'oeuvres italiennes à la France (1932-1936)". In: Catherine Fraixe; Lucia Piccioni; Christoph Poupault. *Vers une Europe latine: acteurs et enjeux des échanges culturels entre la France et l'Italie fasciste.* Bruxelas: P.I.E. Peter Lang; INHA, 2014, p. 195-214. Este trabalho resulta de sua tese de doutorado, sob orientação de Éric Michaud, bem como da exposição por ela organizada em torno dessas coleções nas galerias da École Supérieur des Beaux-Arts de Bourges, em março de 2011. Fraixe destaca duas figuras: o senador Carlo Frua de Angeli e o conde Emmanuelle Sarmiento, ambos membros do comitê, e que estiveram envolvidos em muitas outras iniciativas de divulgação da arte moderna italiana no exterior – a exemplo de obras da coleção Frua de Angeli que figuraram, inclusive, na exposição organizada pelo MoMA, em 1949. Já o conde Emmanuelle Sarmiento é uma personagem, de certo modo (e como muitos dos colecionadores privados promovidos pelo Regime Fascista), obscura. Não se sabe ao certo de onde ele saiu, mas emerge nas atividades do comitê e torna-se figura importante nos processos de doação à França. Veja-se documentação levantada pela doutoranda Maddalena Tibertelli de Pisis no Archivio dello Stato di Roma, sobre ele, para sua comunicação na *Journée d'Études L'Art italien contemporain: le fascisme vu par les artistes du Ventennio à la Seconde République*, INHA, 23 de maio de 2014. Finalmente, o galerista Vittorio Barbaroux apareceria por trás dessas doações, como no caso da primeira exposição organizada em Paris na Galeria Berheim & Cie. Cf. *22 artistes italiens modernes.* Paris: Berheim & Cie., 1932 (com texto de apresentação de Waldemar George).

(com a quebra da bolsa de Nova York em 1929 e o período da Depressão, nos Estados Unidos) e do medo do avanço do comunismo.[58] O ponto alto dessa visão reflete-se na grande exposição de arte antiga italiana que foi levada para os Estados Unidos, em 1934 – a única vez em que o famoso "Nascimento de Vênus" (1485, têmpera/tela, Galleria degli Uffizi, Florença), de Sandro Botticelli saiu de território italiano.[59] Esse cenário muda drasticamente a partir já de 1935, com a decisão de Mussolini de invadir a Etiópia e sua crescente aproximação a Hitler e ao nazismo alemão, que finalmente levariam à II Guerra. Assim sendo, a segunda metade da década, na Itália, assistiu a um grande investimento nas mostras nacionais e no apoio à formação de coleções privadas de arte moderna italiana.

A pesquisa confirmou que as obras adquiridas para formar o núcleo inicial do acervo do antigo MAM eram de artistas que tinham sido legitimados pelo sistema italiano de arte ao longo dos anos 1930 e início da década de 1940, ao mesmo tempo em que consolidaram sua legitimação no grande centro propagador do modernismo, isto é, Paris. Sua procedência e seu histórico as colocam em exposições como a Bienal de Veneza – bem como próximas a obras que circularam pela Europa através das exposições internacionais de arte italiana, organizadas pela Bienal veneziana – e as edições da Quadriennale di Roma,

---

58 Além das ambições stalinistas que começam a se mostrar mais claras na década de 1930, a queda do Império Austro-Húngaro e a instauração de experiências da social-democracia tanto na Áustria quanto na Alemanha, nos anos 1920, constituíam, para a política mais conservadora da Europa, uma ameaça da virada desses países para o comunismo. Cf. Eric Hobsbawm. *Age of Extremes – The Short Twentieth Century: 1914-1991.* Londres: Abacus, 1994, em especial o capítulo "The Age of Total War", p. 21-53.

59 Para uma análise dessa exposição, cf. Francis Haskell, "Botticelli in the Service of Fascism" In: _____.*The Ephemeral Museum. Old Master Paintings and the Rise of the Art Exhibition.* Yale: Yale University Press, 2000, p. 107-127.

e em importantes coleções da elite italiana daquele momento.[60] Para além desse contexto e a que elas serviram, essas obras estiveram de fato na ribalta dos debates artísticos que se deram na Itália e na Europa como um todo no entreguerras.

Elas ainda dão conta de constituir um panorama bastante completo da arte moderna italiana entre os anos 1920 e 1940. Nelas, estão contemplados não só o Novecento Italiano de Sarfatti (Achille Funi, Mario Sironi e Arturo Tosi), o grupo florentino em torno da noção de Strapaese (Ottone Rosai, por exemplo), mas também a chamada Scuola Romana (Mario Mafai e Scipione), o Gruppo Corrente (Aligi Sassu), a produção de artistas como Giorgio de Chirico e Massimo Campigli, que os identificou com o que se conhecia, entre 1928 e 1932, como os "italianos de Paris", entre outros. Talvez as duas grandes ausências sejam, de fato, o futurismo italiano e seus desdobramentos na década de 1930 e as primeiras experiências de abstração na Itália. Elas devem ser vistas em relação àquilo que o ambiente artístico paulista considerava relevante como prática modernista, bem como no contexto de suas aquisições no imediato pós-II Guerra. De um lado, e desde a primeira visita de Filippo Marinetti ao Brasil, em 1926, o futurismo havia sido debatido entre nossos modernistas mais como estratégia de defesa em prol da arte moderna, e menos em sua pesquisa artística.[61] Ademais, como vimos, a segunda metade da década de 1940, que mar-

---

60 A exemplo de outros dois casos. Um é o de "La strada", de Ardengo Soffici, hoje em nosso acervo, composição da qual se encontrava uma versão muito semelhante na coleção privada do Ministro da Educação Nacional, Giuseppe Bottai, nos anos 1930. Outro é o nosso "Battaglia", de Aligi Sassu, que é muito próxima a outra obra do artista, de mesmo tema, na coleção de Vittorio Barbaroux, nos mesmos anos. Cf. Fundo Giovanni Scheiwiller, Centro APICE, Dipartimento dei Beni Culturali e Ambientali, UNIMI.

61 Cf. Annateresa Fabris. *Futurismo paulista*. São Paulo: Perspectiva, 1993.

98 | Classicismo moderno

caria o resgate das vanguardas históricas na Europa,[62] tem ainda de manter uma visão distanciada da experiência futurista, por conta dos laços de seus principais representantes com o regime fascista. De outro, o projeto do antigo MAM de São Paulo havia nascido do debate artístico do ciclo de críticos como Mário de Andrade e Sérgio Milliet e suas atividades, principalmente entre 1938 e 1945, na divulgação da chamada Família Artística Paulista, em que eles ressaltavam justamente valores ligados à noção de realismo, ao domínio da prática e das técnicas tradicionais da pintura e à temática social – que encontravam ressonância na produção italiana escolhida para o acervo inicial do museu.[63] Portanto, e apesar de os Salões de Maio que se realizaram a partir de 1937 em São Paulo apresentarem alguns indícios da presença de artistas abstratos, a questão da abstração em pintura ainda encontrava resistência nesse ciclo de intelectuais e artistas. De certo modo, o abstracionismo entra por via das aquisições parisienses, como vimos, mas não contempla as experiências italianas – a não ser pela presença das obras de Alberto Magnelli.[64]

---

62   Que é a grande questão para as primeiras Bienais de Veneza depois da II Guerra, a partir já da primeira, em 1948.

63   Sobre as relações entre o ambiente paulista, sobretudo o Grupo Santa Helena, e o Novecento Italiano, veja-se Tadeu Chiarelli, "O Novecento e a arte brasileira", *Revista de Italianística*, ano III, n. 3, 1995, p. 109-134. Essa pesquisa inicial resultaria na mostra que Chiarelli e Wechsler organizaram no Palazzo Reale em Milão, em 2003. Cf. Tadeu Chiarelli & Diana Wechsler (orgs.). *Novecento sudamericano: relazioni artistiche tra Italia, Argentina, Brasile e Uruguay*. Milão: Skira, 2003. Algumas obras do acervo italiano do MAC USP foram apresentadas nesse contexto, mas também sem que se tivesse real dimensão da coleção como um todo.

64   Na Itália fascista, além do grupo de Como, apoiado pela Galleria Il Milione, na segunda metade da década de 1930, alguns artistas da segunda geração futurista exercitariam a pintura abstrata, a exemplo de Benedetta Marinetti e Enrico Prampolini – este último, inclusive, mantendo também vinculação com os artistas do Cercle et Carré, na França. Obras dos dois ar-

Assim, apesar da intermediação de Margherita Sarfatti, o que o MAC USP herdou do antigo MAM, não foi efetivamente um conjunto do grupo Novecento Italiano, mas talvez um recorte que procurava dar conta de certa ideia de Novecento Italiano num sentido mais amplo, isto é, da arte moderna italiana tal como concebida pelo contexto dos anos 1930 na Itália. Voltaremos a essa problemática depois de analisarmos mais amiúde a atuação de Sarfatti como crítica de arte, sua noção de arte moderna e se seu Novecento Italiano, afinal, teria sido bem-sucedido como arte oficial do regime fascista.

Para finalizar, apontamos outros três aspectos a serem observados nessas pinturas e que, talvez, tenham mais a ver com a leitura que se fez desse contexto no ambiente paulista. Em primeiro lugar, chama-nos atenção o fato de as aquisições concentrarem-se apenas em pinturas: nesse lote, não foram compradas obras sobre papel, tampouco esculturas, o que também destoa do panorama mais completo que se propagava da arte moderna italiana nos anos 1930. A ausência de obras de escultores como Adolfo Wildt ou Arturo Martini, e mesmo de Marino Marini nessas primeiras aquisições é, de fato, estranha ante as polêmicas enfrentadas pela escultura nesse período.[65] Também a ausência de obras sobre papel, pensando-se principalmente na gráfica

---

tistas fizeram parte das doações italianas feitas à França, ao longo da década de 1930. De Benedetta Marinetti, a cidade de Paris recebeu "Le grand X" (1925-30 ca., óleo/tela) no conjunto da Doação Sarmiento – atualmente no acervo do Musée National d'Art Moderne, Centre Georges Pompidou. E, de Enrico Prampolini, pode-se ver hoje nas salas de exposição do Musée de Grenoble "Le scaphandreur des nuages" (1933 ca., óleo/tela), também de uma doação de Emmanuelle Sarmiento de 1933.

65 Veja-se, como exemplo dessas polêmicas, o texto de Chiara Fabi sobre a escultura de Marino Marini. Cf. Chiara Fabi. "Marino Marini: Cavalo e cavaleiro". In: Ana Gonçalves Magalhães (org.). *Boletim do Seminário Internacional de Conservação de Escultura Moderna, op. cit.*

de Sironi, de Mino Maccari e mesmo de Morandi do período, é outro elemento a ser analisado.[66]

Um segundo aspecto é a recorrência de motivos e de certos gêneros pictóricos, em particular, a natureza-morta e a paisagem.[67] Esses dois gêneros certamente encontram reverberações na prática dos pintores do Grupo Santa Helena, da Família Artística Paulista e na noção de realismo, tal como entendida por Mário de Andrade e Sérgio Milliet. No ambiente italiano, por sua vez, esses gêneros têm seu momento de auge nas mostras do regime fascista, principalmente no combate às tendências do Novecento Italiano em sua face mais alegórica – por assim dizer – e na construção da identidade italiana.[68]

---

66 Nos casos de Sironi e Maccari, essa ausência certamente estava ligada ao fato de que os dois artistas haviam trabalhado para publicações fascistas – Sironi, para a revista *Gerarchia*, e Maccari, para *Il Selvaggio*. Mas, de Maccari, o MAC USP herdou das Coleções Matarazzo um retrato de Giorgio Morandi (1928), além de "Jogadores" (s.d.); e, de Morandi, uma natureza-morta de 1931, compradas posteriormente.

67 Das 71 pinturas, mais da metade é constituída de naturezas-mortas e paisagens (respectivamente, 23 e 19 obras).

68 Nesse sentido, veja-se comunicação apresentada por Lucia Piccioni, "Historiographie de l'art de la période fasciste: quelques remarques sur l'autonomie de l'art" na *Journée d'Études L'art italien contemporain: le fascisme vu par les artistes du Ventennio à la Seconde République*, INHA, 23 de maio de 2014. Embora sua apresentação se voltasse para a questão da autonomia da arte durante o regime fascista – que ela procurava colocar em xeque –, sua tese de doutorado analisa a história da crítica de arte italiana dos anos 1930, considerando, inclusive, a relevância dada aos gêneros da paisagem e da natureza-morta.
No que diz respeito à alegoria, é possível identificar, *grosso modo*, duas grandes vertentes na pintura italiana do período: uma mais pautada pela tradição artística e o estudo do *Quattrocento* italiano, que pode ser vista muito claramente em algumas obras das Coleções Matarazzo ("L'indovina" de Achille Funi, e mesmo "I pescatori" de Mario Sironi); outra mais narrativa e mais diretamente ligada à propaganda do Regime

O terceiro e talvez mais importante aspecto é o sentido que essas obras tinham para o ambiente artístico de São Paulo, uma vez que, no momento mesmo de sua aquisição, elas eram, por assim dizer, "datadas". Embora tenha havido um esforço de atualização das tendências artísticas quando se selecionou mais de uma obra de um artista – um caso claro é o de Sironi, em que temos "I pescatori" como um belo representante de suas experiências ligadas à formação inicial do grupo Novecento, "San Martino", de 1931, e "Invocazione", que nos mostra um Sironi de 1946, quase expressionista –, o conjunto das obras nos conta a história da arte italiana do *Ventennio*. Além disso, sua vinculação com o circuito de galerias e de coleções privadas também parece mostrar seu "tom", aqui. A pintura de cavalete, muito ligada ao contexto burguês, é um dado a ser considerado nesse conjunto. Finalmente, essas pinturas não serviram tanto à formação dos artistas daqui – uma vez que eles já conheciam e já haviam se debruçado sobre as questões propostas por aquele ambiente italiano. Então, seu sentido didático – pensando na finalidade do antigo MAM de São Paulo para alguém como Sérgio Milliet, por exemplo – voltava-se claramente para a construção de uma história dessa pintura italiana. Aqui, de novo, é possível sentir a influência de Sarfatti, não mais como propagandista do Novecento Italiano, mas como crítica de arte ainda atuante na América do Sul dos anos 1940.

Essas pinturas, então, nos levaram a uma investigação maior, isto é, de entender o percurso dessa personagem aparentemente obscura e que, ao contrário do propagado pelos seus estudiosos, produziu (e muito) entre a Argentina e o Uruguai.

– da qual não temos exemplos aqui, tampouco aparece, por exemplo, nas doações feitas à França.

3

Margherita Sarfatti, crítica de arte

A personagem-chave por trás das aquisições Matarazzo é digna de um romance. E não à toa foi tema de diversos estudos e ao menos de duas massivas biografias, que absorveram seus respectivos autores em anos de pesquisa.[1] Quando se fala do contexto dos anos 1920-30, era praticamente impossível não conhecê-la pelo menos de nome, como

---

1 Cf. Brian Sullivan & Phillip Cannistraro. *Il Duce's Other Woman*. Nova York: William Morrow & Company, 1993, e, mais recentemente, Françoise Liffran. *L'Égerie du Duce*. Paris: Seuil, 2009. São autores com formações diferentes que se enveredaram a estudar Sarfatti, sem necessariamente serem especialistas, propriamente. Em ambos os casos, as biografias foram encomendadas pelas respectivas editoras. Sullivan é um especialista em inteligência militar e história militar, que teve, ao longo da pesquisa, livre acesso aos arquivos do Serviço de Inteligência norte-americano, documentando os movimentos de Sarfatti, principalmente durante seu exílio. Seu colega Phillip Cannistraro (que morreu em 2005) era historiador, professor do Departamento de História da City University of New York, e foi responsável pela pesquisa histórica e das relações de Sarfatti com o ambiente artístico italiano. Já Françoise Liffran é jornalista, tradutora literária do italiano. Tanto os autores norte-americanos como a autora francesa passaram em torno de dez anos de suas vidas engajados na pesquisa para suas respectivas biografias. Sarfatti também foi objeto de estudo recente – principalmente no que concerne a sua atividade política e sua constituição de um salão intelectual em Milão – da historiadora Simona d'Urso. Cf. Simona d'Urso. *Margherita Sarfatti: dal mito del Dux al mito americano*. Veneza: Marsilio, 2003. D'Urso traça uma evolução das atividades de Sarfatti até sua primeira viagem aos Estados Unidos e a publicação de seu livro *L'America, ricerca della felicità*. Milão: 1937.

autora da primeira biografia de Mussolini, encomendada por uma editora britânica em 1922-23, e rapidamente traduzida em várias línguas.[2] Sua presença no campo das artes, ela construíra em contraposição ao mais importante salão de encontros de intelectuais socialistas, na Milão dos anos 1910, sob comando de outra mulher – Anna Kuliscioff.

Judia, socialista e feminista, depois fascista e amante de Mussolini por pelo menos vinte anos, Sarfatti de certa forma reúne, em sua história de vida, todas as contradições da primeira metade do século XX. Convertida ao catolicismo, assim como seus filhos Amedeo e Fiammetta, casa sua filha com uma das famílias católicas nobres mais antigas da Itália – os Gaetani d'Aragona, de Nápoles. Nutriu, a partir de sua viagem aos Estados Unidos em 1934, uma admiração profunda por essa nação, que ela considerava, num certo sentido, um projeto para o futuro. Foi amiga pessoal de personagens importantes nos campos da política, da sociedade e das artes, em particular. Dois anos antes de se exilar em Montevidéu, conheceu o grande historiador da arte e *connoisseur* Bernard Berenson (1865-1959), com quem dividiu, a partir de então, uma amizade que durou até a morte dele. Na França, era recebida por críticos e galeristas importantes, como Léonce Rosenberg, Paul Guillaume e Waldemar George. No que diz respeito ao mundo da arte, reivindicava ter sido a primeira pessoa a colecionar Toulouse-Lautrec na Itália, além de ser amiga pessoal não só de vários artistas italianos – entre os quais, muitos dos presentes nas Coleções Matarazzo, Boccioni – e internacionais.

Figura controversa, viveu todas as vicissitudes de suas escolhas, caindo em ostracismo depois do fim da era fascista na Itália. Sua formação é de enorme sofisticação: foi educada por preceptores (entre eles, o idealizador da Bienal de Veneza, Antonio Fradeletto); falava

---

2   Margherita Sarfatti. *The Life of Mussolini*. Londres: 1925 (1ª edição em italiano, *Dux*. Milão, 1926).

fluentemente quatro idiomas (além de seu próprio); seu amor pelos livros e pela escrita a levaram a se interessar não só por literatura, mas também por política, filosofia e ciências. Com a ascensão do fascismo na Itália, seu papel como ideóloga e eminência parda de Mussolini em pessoa – "the uncrowned queen of Italy" –[3] a levou à projeção internacional, transformando-a em porta-voz e embaixadora da Itália fascista.

Sua atividade como jornalista e crítica de arte tem início mesmo antes de sua chegada a Milão, ainda em sua cidade natal, onde ela assina, em alguns jornais locais, resenhas sobre a Bienal de Veneza sob o pseudônimo "Il Sereno".[4] Ao se casar com o advogado Cesare Sarfatti (também de eminente família judia vêneta), Margherita contrariava a vontade de seu pai e era repreendida em sua família por abraçar a causa socialista.[5]

Em 1908, o casal estabeleceu-se em Milão, ligando-se imediatamente ao ciclo de intelectuais socialistas em torno de Anna Kuliscioff

---

3   "Uncrowned queen" porque ela, de fato, não podia ser a rainha da Itália – que tinha em seu trono Vittorio Emmanuelle II e sua esposa, coincidentemente chamada Margherita. Cf. Brian Sullivan; Phillip Cannistraro, *op. cit.*, p. 245. Esse é o título que Sullivan e Cannistraro escolhem para a segunda parte da biografia de Sarfatti, que trata da ascensão do fascismo e de Mussolini.

4   Este era um trocadilho que ela criou com o apelido tradicionalmente dado à cidade de Veneza, i.e., La Serenissima.

5   Margherita orgulhava-se de dizer que tinha tomado suas posições ideológicas ainda adolescente, aos dezesseis anos. Sua escolha pelo socialismo, no entanto, deve ser analisada no contexto da unificação italiana e da cultura do Risorgimento, que levou a Itália a uma configuração política muito particular: um país monárquico, com um regime parlamentarista, cuja câmara máxima de representação, nas duas primeiras décadas do século XX, tinha membros do partido socialista. Cf. Brian Sullivan; Phillip Cannistraro, *op. cit.*, e Liffran, *op. cit.*, que lançam mão principalmente dos escritos de Renzo de Felice sobre a história italiana da primeira metade do século XX.

e Filippo Turati. Margherita procura, então, aproximar-se dos jornais e revistas ligados ao grupo, para contribuir com artigos e resenhas sobre arte. Assim, ela inicia oficialmente sua carreira de jornalista e crítica de arte colaborando com o jornal socialista *Avanti!*. As atividades de seu marido também estavam ligadas ao partido, uma vez que ele atuou muitas vezes como advogado para seus membros e tentou, numa campanha eleitoral fracassada, eleger-se representante socialista na câmara municipal de uma pequena cidade na província de Milão, na década de 1910.

Em 1912, Margherita conhece Benito Mussolini – então diretor do jornal *Avanti!*, e jovem e radical membro do partido socialista. Daqui nasce a relação amorosa entre os dois. Em 1915-16, e com a Europa já em plena I Guerra Mundial, a questão da entrada da Itália na guerra protagonizava os debates da nação e principalmente dos intelectuais socialistas. O partido havia adotado uma posição oficial pacifista, que começava a ser colocada em xeque no ambiente milanês justamente através da figura de Mussolini e outros de seus já seguidores, a favor da entrada da Itália na guerra. Essa polêmica culmina com a demissão de Mussolini do posto de diretor do jornal e a ruptura definitiva de seus seguidores com o partido socialista, entre eles Margherita e seu marido Cesare que, a partir de então, passam a apoiar Mussolini. No imediato pós-I Guerra e diante das enormes perdas da Itália nas negociações com a Grã-Bretanha e a França, ele rapidamente soube angariar as forças e a revolta dos chamados *arditi* (soldados da fronte do exército italiano, organizados em torno dos *fasci di combatimento*), tomando para si a liderança do nascente movimento fascista.

O início da era fascista corresponde ao momento da Marcha sobre Roma, em 28 de outubro de 1922, em que Mussolini toma o poder, fazendo-se presidente do parlamento italiano. Margherita marchou com ele e já colaborava, desde sua fundação, com o jornal por ele criado para divulgar suas ideias: *Il Popolo d'Italia*, que viria a ser o jornal de maior circulação da Itália fascista. Nesse momento, Margherita já gozava de enorme prestígio junto ao ambiente artístico e jornalístico. Havia criado seu próprio salão de artistas, críticos e escritores; em seu país, tinha sido das primeiras personagens a apoiar e divulgar o movimento futurista, cultivando, sobretudo, amizade e admiração por Boccioni. Escrevia regularmente sobre exposições, temas contemporâneos, livros etc. Durante a I Guerra Mundial, foi convidada a acompanhar o trabalho das enfermeiras francesas atuantes nas frontes de combate e ficou famosa por escrever um pequeno livro de divulgação do trabalho dessas mulheres. *La milicia femminile in Francia* fez um enorme sucesso, e Margherita ganhou um prêmio jornalístico-literário por ele.[6]

A partir de 1918-19, surgem seus primeiros artigos em defesa de uma nova arte para a Itália, em que ela entra no debate sobre a questão da superação do futurismo, da retomada dos valores da tradição artística, levando-a a se aproximar de um pequeno grupo de artistas que, a partir de 1922-23, ela designaria como grupo Novecento. A consolidação do Novecento se dá a partir da exposição de seis artistas na Galeria Pesaro, em Milão, em 1923. Leonardo Dudreville, Mario Sironi, Achille Funi, Piero Marussig, Gian Emilio Malerba e Ubaldo Oppi, saídos dos movimentos vanguardistas da década de 1910, haviam se reunido em torno da questão do *ritorno al mestiere*, em contraposição à ideia de "Retorno à Ordem", tal como discutida no ambiente italiano em torno da pintura de Chirico – que naquele momento expunha cópias de pinturas de mestres do passado, como é o caso de sua "La muta" (cópia do quadro homônimo de Rafael). Nesse momento, Margherita está envolvida com projetos políticos importantes, como o financiamento para a criação da revista *Gerarchia*, com a qual cola-

---

6   Margherita Sarfatti. *La milizia femminile in Francia*. Milão, 1915. O enorme sucesso alcançado pelo livro de Sarfatti deve-se ao episódio que dá origem às discussões sobre a participação da mulher na guerra: o brutal assassinato pelas tropas alemãs de uma enfermeira, notícia em todos os jornais da época.

borou até 1932. Não se tratava de uma revista crítico-literária, mas de uma compilação de artigos sobre sociologia, política e economia.[7] Além disso, ela está envolvida com a redação do livro que a tornaria famosa no mundo inteiro, isto é, a biografia de Mussolini, que viria a ser publicada, primeiro em inglês, em 1925. Assim sendo, ao protagonizar a formação do grupo Novecento, Sarfatti unia arte e política, e projetava ideias grandiosas para a Itália fascista. Já em 1924, vemo-la usar seu prestígio junto ao comissariado da Bienal de Veneza para apresentar os artistas defendidos por ela. Em 1926, realiza-se no Palazzo della Permanente de Milão a I Mostra del Novecento Italiano, em cuja inauguração Mussolini profere um discurso – redigido por ela.[8] Nesse mesmo ano, a edição da Bienal de Veneza traz uma sala especial dos artistas do grupo Novecento.

Entre 1926 e 1930, Margherita Sarfatti organiza várias mostras internacionais no exterior, como presidente do comitê do Novecento Italiano, ao mesmo tempo em que tem lugar, em Milão, a segunda edição da exposição do grupo. Esse período é marcado por uma imensa ampliação de participantes nas mostras do Novecento Italiano, que começa a ganhar um sentido mais alargado, na tentativa de impor-se como arte oficial do regime. Podemos dizer que esse ciclo se encerra com a Mostra do Novecento Italiano de Buenos Aires, que itinerou para Rosário e Montevidéu, em 1930. Ao retornar de sua primeira viagem à América do Sul, Margherita já encontra um ambiente hostil

---

7   Os números de 1929-30 também têm uma seção sobre ciências, dedicada muitas vezes às discussões de eugenia. É importante também assinalar que embora Sarfatti efetivamente coordenasse a produção da revista – que tinha em seu gabinete em casa o centro das atividades editoriais para tanto –, ela nunca foi oficialmente nomeada como diretora da revista, sendo o irmão de Mussolini, Arnaldo Mussolini a cumprir esse papel.

8   Veja-se discurso publicado na íntegra em Elena Pontiggia. *Il Novecento Italiano*. Milão: Abscondita, 2003, p. 66-68.

a suas ideias, em que começa a ser atacada por duas personagens de muito prestígio junto a Mussolini: de um lado, sua filha Edda, e, de outro, um dos líderes mais conservadores do Partido Nacional Fascista, que também se lança em projetos de arte: o diretor do jornal *Il Regime Fascista*, Roberto Farinacci.[9] Por outro lado, e mesmo nos anos de celebração da biografia de Mussolini, o chefe de Estado italiano jamais advogou em favor de uma arte oficial do regime, e já na I Mostra del Novecento Italiano, deixa isso muito claro, ao mudar o texto escrito por Margherita e afirmar a separação entre arte e Estado, enfatizando a autonomia da criação artística.[10]

Outra grande questão que demonstra a fragilidade de sua posição ante o regime, naquele momento, é seu distanciamento cada vez maior da comissão de seleção da Bienal de Veneza. A nomeação do escultor Antonio Maraini como secretário da Bienal em 1928 significou seu afastamento paulatino da organização do evento, e será outro

---

9   Edda Mussolini, ao se casar com o conde Galeazzo Ciano, ganha a confiança do pai, transformando o marido em embaixador da Itália na Alemanha. O prestígio de que passa a gozar o conde Ciano faz com que ele aos poucos substitua o papel oficioso de Margherita Sarfatti como embaixadora do regime fascista no exterior. Farinacci viria a ser o idealizador do famigerado Premio Cremona, em 1938, que, em suas três edições (1939-1941), premiava obras feitas a partir de episódios da história fascista. Já na Bienal de Veneza de 1930, intervém com a participação de artistas que apresentavam grandes pinturas baseadas em episódios do regime. É clara sua campanha anti-Sarfatti a partir de 1928, já com um tom antissemita. O ápice dos ataques vem justamente com acusações de corrupção e enriquecimento com a venda de obras de arte. Cf. G. Sommi Picenardi, "Il '900 e Le esposizioni all'estero", *Il Regime Fascista*, 13 de junho de 1931.

10 Benito Mussolini *apud* Elena Pontiggia, *Il, Novecento Italiano, op. cit*. Na coletânea organizada por Pontiggia, seguem-se ao menos dois artigos de Margherita Sarfatti, publicados durante a mostra, em que ela claramente refaz a relação entre arte e Estado, na tentativa de neutralizar o discurso de Mussolini, modificado sem que ela fosse por ele consultada.

crítico italiano a exercer seu papel: Ugo Ojetti. O mesmo ocorre com a criação da Quadriennale di Roma, em 1931. A grande mostra nacional do regime fascista, vinculada diretamente ao Sindicato Nacional de Artistas – organizando as edições da mostra por representação dos sindicados regionais –, ficaria sob a direção de Cipriano Effisio Oppo, e teria como missão inicial projetar Roma e o ambiente artístico romano como grande vitrine da arte italiana. Assim, o Novecento Italiano milanês também não cabia nesses planos. Tampouco Margherita seria ouvida, consultada ou mesmo convidada a participar da organização da grande Mostra della Rivoluzione Fascista de 1932. A grande exposição celebrava a primeira década de regime fascista na Itália e acabou se estendendo por quase dois anos. Assim, entre 1930 e 1934, Margherita Sarfatti seria alijada de todas as ações artístico-culturais do regime, perdendo sua coluna semanal de crítica de arte em *Il Popolo d'Italia* e seu posto de direção (ainda que também oficioso) da revista *Gerarchia*. Seus biógrafos falam do fim da relação entre ela e Mussolini por volta de 1934, que se agravaria com a aproximação de Mussolini a Hitler – que Margherita havia sempre entendido como desastrosa.

Com a publicação das Leis Raciais na Itália,[11] Sarfatti prepara-se para deixar seu país. Sua primeira tentativa é de conseguir um visto de permanência nos Estados Unidos – que nunca lhe foi outorgado. A demissão de seu filho Amedeo da sucursal da Banca Comerciale Italiana, em Milão, e sua possibilidade de trabalho junto a outro banco italiano em Montevidéu acabaram por definir o destino de Sarfatti.

---

11 Conjunto de decretos publicados a partir de 18 de setembro de 1938 que cerceou os direitos da comunidade judaica, na Itália. Isso significou, de imediato, para os cidadãos italianos de origem judaica, o impedimento a possuir bens, empregar não judeus, as crianças e jovens de família judaica frequentarem a escola pública, a demissão de professores de origem judaica de seus postos em universidades e escolas, o casamento de judeus com não judeus etc.

Depois de quase um ano à espera do visto norte-americano em Paris, ela chega a Montevidéu em 22 de outubro de 1939. Seu exílio platense se estende até 17 de julho de 1947, quando ela volta a sua terra natal.

Seus biógrafos pouco sabiam sobre seu exílio sul-americano, a não ser pela série de artigos publicados pelo jornal *Crítica*, de Buenos Aires, em 1944, em que ela finalmente torna pública sua relação com Mussolini e com o fascismo. Mais recentemente, um jornalista argentino procurou lançar luz sobre suas atividades entre Buenos Aires e Montevidéu.[12] De qualquer forma, até agora, a atenção maior dos estudiosos foi à Margherita Sarfatti política, amante de Mussolini e ativista fascista. Sua atividade de crítica de arte e seus escritos, mesmo os italianos, merecem ainda uma análise mais aprofundada, permanecendo sua figura estritamente vinculada ao Novecento Italiano.[13]

O que seus livros e suas atividades na América do Sul demonstram é que, ao contrário do apontado por seus biógrafos, Sarfatti parece retomar em grande estilo suas atividades de crítica de arte, atuante nos meios locais. Entre 1944 e 1947, ela publicou ao menos três livros sobre arte e, mesmo depois de seu retorno à Itália (até o início dos anos 1950), continuou a colaborar com a revista de Jorge Romero Brest,

---

12 Cf. Daniel Gutman. *El amor judío de Mussolini: Margherita Sarfatti, del fascismo al exilio*. Buenos Aires: Lumiere, 2006. Gutman chega a elencar vários artigos de Sarfatti, traz dados mais precisos sobre conferências suas na capital portenha e apresenta uma lista bastante completa de seus livros portenhos.

13 Nos anos 1990, e por iniciativa de seus herdeiros, organizou-se em Milão uma exposição com sua coleção, e o catálogo contém dois textos que ensaiam uma análise de Sarfatti como crítica de arte. Cf. Maurizio Fagiolo dell'Arco & Claudia Gian Ferrari (orgs.). Cat. exp. *Da Boccioni a Sironi: il mondo di Margherita Sarfatti*. Milão: Skira, 1997. O Novecento Italiano enquanto episódio da história da arte moderna italiana ainda tem no livro publicado por Rossana Bossaglia, nos anos 1970, o estudo mais sistemático. A relação de Sarfatti com outros grupos, com o ambiente francês, com os Estados Unidos e com a América do Sul está por ser estudada.

Ver y estimar. Ao mesmo tempo, deixou aqui uma marca indelével: o núcleo inicial de pinturas adquiridas para o acervo do primeiro museu de arte moderna sul-americano.

De certo modo, a própria Sarfatti é responsável pelo hiato em torno de seus anos sul-americanos. Ao publicar seu livro de memórias, já na Itália, em 1955 – para o qual o mercado editorial e a opinião pública aguardavam grandes revelações –, seu período portenho simplesmente inexiste. Sarfatti termina suas memórias com a viagem aos Estados Unidos em 1934.[14] Ela parece omitir, assim, sua longa relação com este continente, que não começou com seu exílio em 1939, mas data de sua primeira viagem transatlântica em 1930, como comissária da mostra do Novecento Italiano, em Buenos Aires, Rosário e Montevidéu.

Margherita Sarfatti na América do Sul
Rio de Janeiro, São Paulo e Buenos Aires, 1930

A primeira viagem de Margherita Sarfatti à América do Sul deve ser entendida no contexto de outras viagens de personalidades italianas que vieram ao continente, a partir de 1924, com a finalidade de promoção do fascismo. Para tanto, o uso da diplomacia cultural e do intercâmbio artístico é visto como estratégia eficaz de propaganda do regime, principalmente junto à comunidade de imigrantes italianos na Argentina e no Brasil. A segunda metade da década de 1920 corresponde ao período de implantação das estruturas diplomáticas fascistas entre nós, que chegarão ao extremo de linhas de financiamento de institutos, casas de cultura italiana, escolas italianas entre o Brasil e a Argentina, na década de 1930.[15] Já em 1924, tem-se notícia de uma ação

---

14 Cf. Margherita Sarfatti. *Acqua passata*. Bolonha: Cappelli, 1955.

15 Para uma análise da extensão da propaganda fascista no caso brasileiro, cf. João Fábio Bertonha. *O fascismo e os imigrantes italianos no Brasil*. Porto Alegre: EDIPUCRS, 2001.

de divulgação da arte e da cultura italianas na América Latina: trata-se da Nave Italia, que percorreu toda a costa do continente, trazendo a bordo eventos culturais que eram apresentados a cada porto em que o navio atracava – 28 no total.[16]

Em 1926, a intelectualidade do Rio de Janeiro, de São Paulo e de Buenos Aires recebeu a visita de Filippo Marinetti, que proferiu conferências nas três cidades e, de acordo com a pesquisa feita por Annateresa Fabris,[17] encontrou resistências por aqui. Os intelectuais paulistas, por exemplo, não se pronunciam a seu respeito, e um testemunho de Yan de Almeida Prado sobre o encontro entre Blaise Cendrars (também no Brasil naquela ocasião) e Filippo Marinetti versa sobre o embate político entre os dois e associa a figura de Marinetti à propaganda fascista.[18]

O primeiro membro da família Sarfatti a visitar o Brasil foi Amedeo Sarfatti, filho de Margherita. Amedeo viveu por aproximadamente seis meses entre São Paulo e o Rio de Janeiro, de novembro de 1926 a junho de 1927.[19] Como funcionário da financeira Assicurazioni Generali, havia sido enviado da Itália para organizar as sucursais da

---

16 Há três relatos publicados sobre o percurso e as atividades da Nave Italia. Cf. Piero Belli. *Al di là del mare*. Florença: Valecchi, 1925; Enrico Carrara. *28 porti dell'America Latina fra Atlantico ed Pacifico con la Regia Nave Italia*. Turim: Alberto Grani, 1925; e Manlio Miseracchi. *L'America Latina attraverso il mio oblò*. Pistoia: Grazzini, 1925. Agradeço à pesquisadora Laura Cecchi Moure pelas indicações e pelas informações sobre a Nave Italia.

17 Annateresa Fabris. *Futurismo paulista, op. cit.*

18 O testemunho de Yan de Almeida Prado é analisado e em parte reproduzido em Aracy Amaral. *Blaise Cendrars no Brasil e os modernistas*. São Paulo: Ed. 34, 1997, p. 164-171. Entretanto, deve-se observar que seu testemunho (de 1961) é bem posterior ao episódio.

19 A correspondência dele com sua mãe, Margherita, pode ser consultada no Fundo Margherita Sarfatti, Archivio del '900, MART.

empresa no Brasil. As cartas enviadas a Margherita deixam também entrever algumas iniciativas da diplomacia cultural italiana daquele momento. Amedeo assistiu às conferências proferidas pelo teórico de literatura e germanista Arturo Farinelli (1867-1948), em março de 1927, que ele menciona em carta à mãe datada de 25 de março daquele ano. Nela, Amedeo parece ter sugerido à mãe sua vinda para fazer conferências no Brasil e que ele agora desestimula pela experiência com as conferências de Farinelli:

> Pensavo in questi giorni, assistendo alle conferenze di Farinelli, che ho fato bene a sconsigliarti dal venire qui. La prima sera, non c'era male; ma poi sono rimasti una ventina di ascoltatori.[20]

A sugestão inicial de Amedeo talvez tenha vindo do fato de ele ter tentado negociar uma tradução de *Dux* (a biografia de Mussolini) para o português.[21] A ideia aparece no contexto de duas outras cartas de Amedeo à mãe, em que ele parece ter estabelecido contato com a redação do jornal *Fanfulla*, de São Paulo,[22] e em que ele aponta a inabilidade do embaixador italiano no Brasil em promover o fascismo aqui.[23] Dada a proximidade de Sarfatti a Mussolini, poderia não ter sido mera coincidência que o ano de 1927 marcasse a substituição de

---

20 "Pensava, nos últimos dias, assistindo às conferências de Farinelli, que fiz bem em desaconselhá-la a vir. A primeira noite não foi mal; mas depois ficaram só uns vinte ouvintes."

21 Cartas de 16 de dezembro de 1926 e 6 de janeiro de 1927, Fundo Margherita Sarfatti, Archivio del '900, MART.

22 Carta de Amedeo Sarfatti à Margherita Sarfatti, datada de 5 de dezembro de 1926, em que pede à mãe que envie exemplares da revista *Gerarchia* para a redação do *Fanfulla*.

23 Carta de Amedeo Sarfatti à Margherita Sarfatti, datada de 6 de dezembro de 1926.

praticamente todos os quadros diplomáticos italianos, principalmente no Brasil, na Argentina e nos Estados Unidos, para a colocação de membros do Partido Nacional Fascista em seus postos no exterior.[24]

Em apenas uma das cartas de Amedeo à mãe, temos indícios do conhecimento de Sarfatti e do Novecento Italiano no Brasil. Em 22 de abril de 1927, Amedeo envia a Margherita um pequeno recorte do jornal *Piccolo* (do dia anterior), em que se dão notícias sobre a mostra do Novecento Italiano no Kunsthaus de Zurique, e sobre a conferência proferida por ela, em que o grupo vem assim definido:

> Il grupo del '900' vuole col suo stesso titolo fare una affermazione di fede, sicché questo nostro secolo possa nella storia dell'arte universale segnare lo stesso solco che altri secoli incisero nel passato e vuole esprimere il sentimento della nostra anima, la meditazione del nostro spirito, attorno ai quali sembra di veder sorgere una nuova luce di sintesi nel mondo dell'arte.[25]

---

24 João Fábio Bertonha, *op. cit.*, fala do ano de 1927 como o momento da chegada dos embaixadores e diplomatas fascistas no Brasil, analisando especialmente o novo cônsul italiano em São Paulo naquele contexto. Segundo Bertonha, a preocupação dos fascistas italianos com as comunidades italianas no Brasil, pelo menos, é real, na medida em que a maioria dos imigrantes (classe operária) era, de fato, mais ligada ao anarquismo e ao socialismo. Ainda segundo Bertonha, a maior influência do fascismo no Brasil se daria na classe média e, principalmente, na elite.

25 "O grupo '900 quer, com esse título, fazer uma afirmação de fé, de modo que nosso século possa, na história da arte universal, deixar a mesma marca que os outros séculos deixaram no passado, e quer exprimir o sentimento de nossa alma, a meditação de nosso espírito, em torno dos quais parece surgir uma nova luz de síntese no mundo da arte." A terminologia (uso da palavra "síntese" para designar uma nova vertente artística) e o estilo empregados são muito típicos da escrita de Sarfatti e, como viria a acontecer no caso das notícias sobre sua visita ao Brasil em 1930, prova-

116 | Classicismo moderno

Portanto, a primeira visita de Margherita Sarfatti à América do Sul, além de ser antecedida por iniciativas de propaganda da Itália fascista, já a coloca como representante dessa nova Itália e líder do Novecento Italiano.

Sua primeira viagem ao Brasil e à Argentina acontece entre agosto e setembro de 1930.[26] Ela embarcara em direção ao Rio de Janeiro no navio *Conte Verde*, junto com Enio Bucchi, herói da I Guerra Mundial, ao lado de quem ela é também representante de um herói de guerra: seu filho Roberto, morto em combate aos dezesseis anos de idade, e inspirador da mais alta condecoração do regime fascista, que ela seria a primeira a receber em sua homenagem. É possível reconstituir seu percurso, não só pelas notícias dadas sobre sua viagem nos jornais, aqui e na Itália, mas também pelas anotações em seus cadernos do período do exílio. Em seu *Quaderno VIII*, esboça uma autobiografia, em que recorda sua viagem de 1930:

> [...] Fui también fundadora y presidente del Comitato del Novecento Italiano agrupación de todas las fuerzas libres, vivas y nuevas del arte moderno de vanguardia en Italia, y como tal organisé importantes exposiciones y en toda Italia [ela risca: "y cursé leciones de arte moderno

---

velmente se trata de reprodução de texto dela. A exposição de Zurique é uma das inúmeras promoções do Novecento Italiano em capitais europeias que Sarfatti realiza entre 1926 e 1930.

26 Pelos recortes de jornal em seu fundo pessoal e o cotejamento com as notícias encontradas sobre ela no jornal *Fanfulla*, podemos inferir sua chegada ao Rio de Janeiro em 20 de agosto de 1930, seu embarque para Buenos Aires (do porto de Santos) em 8 de setembro do mesmo ano – onde, no dia seguinte, ter-se-ia inaugurado a Mostra del Novecento Italiano na capital portenha – e sua partida de Buenos Aires em torno do dia 25 de setembro, uma vez que os jornais italianos noticiam sua chegada ao porto de Gênova em 6 de outubro de 1930.

en"] Alemania, Francia, Suiza, Suecia, Belgica, Holanda *y en América del Sur: en los Amigos del Arte en Buenos Aires, en Montevideo y quase inauguro con esta exposición en Brasil. Cursé tambíen conferencias y leciones en italiano frances alemán y inglés en America del Norte y en Italia, en Argentina, Uruguay, Brasil, etc.* [...]. [grifo meu][27]

E seu *Quaderno XV* abre com uma anotação intitulada "Mio primo viaggio a Buenos Aires: 1930, circa 9 o 10 settembre":

> Mio primo viaggio a Buenos Aires: 1930, circa 9 o 10 settembre: Il 6 settembre 1930, vi fu la rivoluzione a BA e io mi trovavo a Rio de J. di ritorno da un *giro a Ouro Preto e Mariana, nello stato di Minas Geraes, per vedere le chiese dell'Alejadino* [sic]. [grifo meu][28]

---

27 "[...] Fui também fundadora e presidente do Comitato del Novecento Italiano, agrupamento de todas as forças livres, vivas e novas da arte moderna de vanguarda na Itália, e como tal organizei importantes exposições e em toda Itália [ela risca: 'e dei palestras de arte moderna na'] Alemanha, na França, na Suíça, na Suécia, na Bélgica, na Holanda e na América do Sul: nos Amigos del Arte em Buenos Aires, em Montevidéu e quase inauguro com esta exposição no Brasil. Dei também conferências e palestras em italiano, francês, alemão e inglês na América do Norte e na Itália, Argentina, Uruguai, Brasil etc. [...]". Margherita Sarfatti, "Biografia mía" [datada de 10 de janeiro de 1942 e escrita em espanhol], *Quaderno VIII (Letture varie)*, p. 84-91, Sar.3.1.8, Fundo Margherita Sarfatti, Archivio del '900, MART.

28 "Minha primeira viagem a Buenos Aires: 1930, mais ou menos entre 9 e 10 de setembro: no dia 6 de setembro, ocorreu a revolução na BA e eu estava no Rio de J. de retorno de um passeio a Ouro Preto e Mariana, no estado de Minas Gerais, para ver as igrejas do Aleijadinho." *Quaderno XV*, Sar.3.1.15, p. 1-2, Fundo Margherita Sarfatti, Archivio del '900, MART.

118 | Classicismo moderno

Dessas anotações e das notícias de jornal, bem como dos textos que Sarfatti produziu nessa primeira viagem, sabemos que sua passagem pelo Brasil não havia sido apenas uma passagem. Havia se levantado a hipótese de realizar a Mostra do Novecento Italiano aqui, que deveria ter sido acompanhada de conferências (como ela de fato fez na Argentina), e ela tinha uma agenda bastante cheia: além dos eventos sociais na embaixada italiana no Rio e na Casa del Fascio de São Paulo, Sarfatti percorreu ao menos duas das cidades históricas de Minas Gerais e, nos arredores da capital paulista – precisamente em Jundiaí e Sorocaba –, visitou uma fazenda de café e uma usina de açúcar. Seu itinerário, embora acrescido das visitas a Jundiaí e a uma fazenda de café em Sorocaba, é muito semelhante ao de outras personalidades do modernismo internacional que por aqui passaram – a tomar pelo primeiro percurso de Blaise Cendrars no Brasil, acompanhado de Tarsila, Oswald e Mário de Andrade.[29]

Suas visitas resultaram em artigos para a imprensa italiana e podemos supor que é de sua viagem ao Brasil que vem o material de uma edição especial da *Rivista Illustrata del Popolo d'Italia*, de dezembro de 1930, com levantamento completo dos principais empresários italianos do estado de São Paulo, as fazendas pertencentes a italianos, os jornais em língua italiana etc. – tendo na página de abertura uma fotografia da fachada do Museu Paulista e uma fotografia do monumento à Independência.[30] Além dessa edição especial, Sarfatti publicou pelo menos dois artigos importantes: um sobre arte colonial brasileira e um dedicado à comparação da situação social, política e econômica do Bra-

---

29 Cf. Aracy Amaral. *Blaise Cendrars no Brasil e os modernistas, op. cit.*

30 "Il massimo del miracolo del lavoro italiano all'estero. Lo stato di San Paolo ed i suoi milioni d'italiani", *Rivista illustrata del Popolo d'Italia*, dezembro de 1930, p. 78-126.

sil e da Argentina.[31] Como assinalado em suas anotações, de fato, ela havia chegado à América do Sul num momento de comoção político-social. Às vésperas de seu desembarque em Buenos Aires, em 6 de setembro de 1930, o general Uriburu dá um golpe de estado, tirando o presidente Irigoyen do poder.[32] O Brasil tampouco vivia um clima de tranquilidade: as eleições presidenciais de 1º de março de 1930 davam vitória para o candidato paulista (o governador Júlio Prestes), o que desencadeou um movimento armado apoiado pelos representantes de Minas Gerais, da Paraíba e do Rio Grande do Sul. A Revolução de 1930, como ficou conhecida, culminava com um golpe de estado que, em 3 de novembro, levou Getúlio Vargas ao comando do governo provisório – tornando-se presidente, posto de onde só sairia em 1945.

O artigo de Sarfatti para a revista *Gerarchia*, portanto, serviu também de análise sobre a nova configuração política dos dois países e seus vínculos com a Itália fascista. Assim, ela considerava a revolução argentina bem-sucedida, mas a situação do Brasil ainda incerta, acentuando sempre o papel da elite paulista no desenvolvimento do país. Ela claramente havia feito a viagem com uma dupla finalidade: a promoção da Mostra del Novecento Italiano e a propaganda do regime, trazendo um diagnóstico da situação das comunidades italianas nos dois países e seus laços com a Nova Itália.

Um dado interessante é a diferença de tom entre os jornais italianos e os jornais brasileiros sobre sua viagem. Estes últimos são quase unânimes em apontá-la como uma ilustre escritora e crítica de arte. Tanto o jornal *O Paiz*, quanto o *Fanfulla* reproduzem praticamente na

---

31 Margherita Sarfatti, "L'arte coloniale nel Brasile", *Rivista Ilustrata del Popolo d'Italia*, ano IX, n. 12, dezembro de 1930, p. 32-36, e "Le povertà delle terre riche", *Gerarchia: Rivista politica*, dezembro de 1930, p. 1016-1023.

32 O general argentino era um simpatizante do fascismo.

íntegra a entrevista com ela, no Hotel Glória, no Rio de Janeiro.[33] Ela tem assim muito espaço para a promoção do Novecento Italiano:

> Procurando a distincta artista no Hotel Gloria, onde se acha, disse-nos Margherita Sarfatti, acerca da missão que vem cumprir na América do Sul, interessantes coisas, que reproduzimos abaixo.
>
> Referiu-se a nossa interlocutora ao movimento artístico que lavra na Europa, actualmente, observando-se, entretanto (o que ella chama de estranho phenomeno), o fragil conhecimento, entre os paízes da América, da arte moderna de seu paiz.
>
> Assim, pela primeira vez este anno, mao grado innumeras difficuldades a superar, o comité de 900, de Milão, de accordo com os intellectuaes de Buenos Aires, levarão a effeito uma primeira grande affirmação da arte italiana moderna.
>
> A Exposição do "900" italiano, em Buenos Aires, será de um alto interesse internacional. Foi ella creada e organizada de combinação com os "Amigos del Arte" – a mais importante associação artística da América do Sul.
>
> [...]
>
> – Para a organização do grande certamen de Buenos Aires – disse Margherita Sarfatti – apresentaram-se sérias

---

33 "Margherita Sarfatti fala-nos da missão que vem cumprir na América; Arte de hontem e de hoje – Expressões e valores – Arte italiana de 1900", *O Paiz*, 22 de agosto de 1930, e "La grande scrittrice e intenditrice d'arte, Margherita Sarfatti è giunta ieri a Rio", São Paulo, quinta-feira, 21 de agosto de 1930. O texto dos dois jornais é idêntico, um em português, o outro, em italiano.

difficuldades, como por exemplo, a Exposição Biennal de Veneza, a Triennal de Monza, a Quadriennal de Roma e várias outras. Entretanto, a boa vontade demonstrada pelo comité de Buenos Aires e a fé que depositámos nesta empresa, que para nós possui um alto valor espiritual, permittiram-nos leval-a a effeito galhardamente.

Assim – prosseguiu a nossa brilhante collega – esperamos apresentar a Buenos Aires valores estheticos e culturaes dos mais notaveis, como: Montanari, Carrà, Sironi, Tosi, Salietti, Guidi de Veneza, Soffici, Maccari, Longanesi, Donghi, Ceracchini, Sorbrero, Bevilacqua, De Chirico, Campigli, Severini, estes tres últimos estabelecidos em Paris, sendo Chirico o mais destacado delles.

Prosseguindo, disse-nos a illustre escriptora da renovação espiritual que caracteriza a nova pintura e a moderna esculptura de seu paiz, citando obras e autores com uma vivacidade admiravel.

Affirma que a arte italiana de 1900 tem linhas rígidas, particularmente confrontadas com o impressionismo que constituía representação analytica, fluctuante na incerteza da atmosphera.

– É a volta – accrescenta – ao conceito classico da linha definida, precisa, synthetica e do colorido harmonioso e calmo. A precisão do traço e a decisão da côr – eis as duas características fundamentaes da nova arte.

900 manifesta uma sensibilidade outra. É uma arte cheia de germens novos, com tendencias e aspirações hoje universaes. Os myopes, os misoneistas por sentimentalismo accusam esta corrente de Internacionalismo.

Nada é mais falso. Verdade é que essas correntes são universaes, pois que universaes são as condições materio-espirituaes da civilização moderna. Todavia são "factos" e "conceitos" de origem nitidamente mediterranea e italiana. Tanto isto é verdade que, enquanto em 1800 a Méca da arte moderna era Paris, Paris exclusivamente, na actualidade a juventude intellectual da Europa, como em 1400, 500 e 700, vai em peregrinação à Italia.

Continuando sua palestra agil, nervosa e clarissima, accrescentou ainda a Sra. Sarfatti: "A velocidade da machina e as construções rapidas, exactas, nitidas e simples a que estamos habituados, pelas próprias exigencias quotidianas de nossa vida, tornam intoleravel tudo quanto é rhetorica ociosa, banalidade, superficialidade e belleza inutil".

1900 – conclue Margherita Sarfatti – é uma affirmação de civilização e uma promessa de grandeza para o futuro.

[grifo meu] [34]

---

34 "Margherita Sarfatti fala-nos da missão...", *op. cit.* O penúltimo parágrafo parece ser quase uma confrontação com Marinetti, que em seus escritos sul-americanos, assim descreve São Paulo (citado em Annateresa e Mariarosaria Fabris, "Il Brasile visto da Marinetti", *Cadernos didáticos Língua Cultura Literatura Italianas*, nº 10, janeiro de 2000):

> [...] è una metropoli artificiale, innalzata da uno sforzo incessante, titanico, che ha saputo dedurre belle forme da un ambiente ostile. È una città costruita dalla volontà, dalla determinazione ferrea e tenace, che non conosce ostacoli e vince le circostanze. Tutta dinamismo e movimento, lavoro ed energia, San Paolo è la città moderna per eccellenza, feconda e forte, bella della *bellezza virile delle cose utili*. [grifo meu].

Os jornais brasileiros também dão notícias sobre as conferências que ela daria na Argentina, bem como sobre suas novas publicações: o romance *Il palazzone* e *Storia della pittura moderna*.[35] Mas nada sabemos da recepção dessas publicações aqui. O único indício que temos da circulação de seu ensaio sobre a pintura moderna é a presença de uma edição original na biblioteca de Paulo Rossi Osir (1890-1959) que, por sua vez, tinha tido, desde seu período de formação, uma forte ligação com o ambiente artístico milanês.[36] Por outro lado, na recepção

> [(...) é uma metrópole artificial, erguida do esforço incessante, titânico, que soube extrair belas formas de um ambiente hostil. É uma cidade construída pela vontade, pela determinação ferrenha e tenaz, que não conhece obstáculos e vence as circunstâncias. Toda dinamismo e movimento, trabalho e energia, São Paulo é a cidade moderna por excelência, fecunda e forte, bela pela beleza viril das coisas úteis.]

35 Lê-se, em "O Transatlantico 'Conte Verde' na Guanabara: A chegada ao Rio de Janeiro da illustre escriptora italiana Sra. Margherita Sarfatti", *Jornal do Brasil*, 21 de agosto de 1930:

> A Sra. Margherita Sarfatti, que é autora da mais completa biographia de Benito Mussolini, editada antes, em Londres, sob o título "Life of Mussolini" e depois na Itália, sob o título "Dux", *deu recentemente à publicidade um livro de critica de arte, que é considerado como a mais imparcial e profunda analyse da moderna pintura*. [grifo meu]

A referência é Margherita Sarfatti, *Storia della pittura moderna*. Roma: Cremonese, 1930. O romance havia sido publicado no ano anterior. Cf. Margherita Sarfatti. *Il palazzone*. Milão: Mondadori, 1929.

36 A biblioteca de Paulo Rossi Osir foi adquirida em 1966, da viúva do pintor, por iniciativa de Walter Zanini, para o MAC USP. Assim, tinha

124 | Classicismo moderno

que foi oferecida a ela na embaixada italiana no Rio de Janeiro, estiveram presentes personagens importantes ligadas às artes e à cultura: Assis Chateaubriand, Alceu Amoroso Lima, Henriqueta Lisboa e o diretor do jornal *Fanfulla*, entre outros.[37] Por fim, também noticiam-se no Brasil suas conferências na Argentina. Uma teria sido sobre a pintura moderna, na própria Associação Amigos del Arte (onde teve lugar a Mostra del Novecento Italiano); uma segunda sobre a arquitetura moderna na Universidade de Buenos Aires; e uma terceira, em local não definido, sobre Dante e Leonardo e a pintura.[38] Os cadernos de anotações de Sarfatti, bem como suas notas para conferências e palestras que hoje são consultáveis no seu fundo do Archivio del '900, no Museo di Arte Moderna e Contemporanea di Trento e Rovereto (MART), certamente contêm indícios de leituras e apontamentos sobre os temas tratados nessas conferências. Por outro lado, essas anotações parecem ser mais fichamentos de leituras, que ela utilizou em diferentes ocasiões – e, portanto, fonte constante de consulta para preparação de várias palestras e textos ao longo dos anos. Não é possível, assim, localizarmos um esquema efetivo dessas conferências.[39]

---

origem a biblioteca do museu na USP. Cf. Lauci dos Reis Bortoluci. *A biblioteca de Paulo Rossi Osir: coleção e arte*, tese de mestrado defendida em 2007, sob orientação de Daisy Peccinini Alvarado, Programa Interunidades em Estética e História da Arte.

37 "Duas reuniões na sede da Embaixada da Itália: Em honra do acadêmico da Itália, prof. Francisco Severi e da escriptora Margherita Sarfatti, e uma homenagem dos antigos combatentes italianos ao Embaixador Attolico", *Jornal do Brasil*, 22 de agosto de 1930.

38 "Conhecida escriptora italiana chegou ao Rio, a bordo do 'Conte Verde'", *Correio da manhã*, 21 de agosto de 1930.

39 Ali, encontramos as anotações para uma conferência sobre arte, que a crítica deu em Nice, em 8 de janeiro de 1933. Ela organiza a fala numa série de temas tratados nos capítulos de *Storia della pittura moderna*.

Finalmente, há duas outras estruturas talvez fruto de sua primeira visita ao Brasil. A primeira delas é a criação de uma revista homônima a sua *Gerarchia*, no Rio de Janeiro. A brasileira *Hierarquia*, criada em 1931, foi dirigida por Lourival Fontes (1899-1967), naquele momento membro da Ação Integralista Brasileira e que, entre 1934 e 1942, esteve à frente dos órgãos de propaganda e difusão cultural do governo de Getúlio Vargas.[40] Além de formato e diagramação semelhantes aos da versão italiana, os conteúdos tratados também são semelhantes, uma vez que a revista brasileira era uma revista de política, com seções sobre cultura e ciências. O volume de março/abril de 1934 traz um artigo assinado por Candido Portinari, fazendo um balanço sobre o panorama artístico italiano e o apoio recebido pelo meio artístico do governo de Mussolini:

> [...]
> Hoje Mussolini adquire obras de Modigliani e funda museus de arte moderna.
> Há na América do Sul países que consideram o movimento moderno como coisa positiva. O único paiz que não quis tomar conhecimento, apesar dos exemplos, foi o Brasil.[41]

---

40 Cf. <http://cpdoc.fgv.br/producao/dossies/AEraVargas1/biografias/lourival_fontes>. Um exemplar da revista pode ser hoje consultado no Fundo Mário de Andrade, Instituto de Estudos Brasileiros da Universidade de São Paulo (IEB USP). A revista tinha como ativo colaborador o líder do movimento integralista brasileiro Plínio Salgado. A Ação Integralista Brasileira, versão nacional de um movimento fascista, teve inicialmente (primeira metade da década de 1930, justamente) apoio, inclusive financeiro, do Partido Nacional Fascista. Cf. João Fábio Bertonha, *op. cit.*

41 Candido Portinari, "Movimento de renovação nas bellas artes", *Hierarquia*, ano I, n. 3, mar./abr. 1932, p. 188-189. [Fundo Mário de Andrade, IEB USP].

126 | Classicismo moderno

Apesar do privilégio que Portinari concede aos futuristas, de seu elogio à política fascista de apoio ao meio artístico italiano, principalmente à arte moderna, e de sua chamada para que o governo brasileiro siga o exemplo – como, segundo ele, a Argentina já havia seguido –, seu artigo é novamente um indício do conhecimento que o meio artístico modernista local tinha daquilo que se passava na Itália. O Novecento Italiano e Sarfatti estavam já fora da análise de Portinari, pois o artigo é publicado no momento em que ela deixava a direção (efetiva) da revista *Gerarchia*, teria sistematicamente banida sua participação de comissões de organização de mostras, sua coluna no jornal *Il Popolo d'Italia* já não existia mais, e ela finalmente havia sido silenciada.

Mesmo assim, Sarfatti teria outro correspondente ao longo da década de 1930, no Brasil: o médico, poeta e presidente da Academia Brasileira de Letras entre 1930 e 1951, Aloysio de Castro (1881-1959). A correspondência entre Castro e Sarfatti data de 1935-1938, momento em que o literato brasileiro esteve à frente, primeiro, do Instituto Ítalo-Brasileiro de Alta Cultura, tendo, posteriormente, sido presidente da Associação Brasileira "Amigos da Itália" –, ambos com sede no Rio de Janeiro.[42] No comando dessas duas instituições, Aloysio de Castro visitou a Itália, recebeu em Roma a Gran Croce della Corona, em abril de 1937, por suas atividades junto à Associação Brasileira "Amigos da Itália", e intermediou, afinal, a tradução da biografia de Mussolini escrita por Sarfatti para o português. Em suas visitas à Itália, Castro está sempre em contato com ela e a visita em sua casa,

---

42 O Instituto Ítalo-Brasileiro de Alta Cultura havia sido criado pelo Decreto Lei nº 24.687, em 12 de julho de 1934, pela Presidência da República – Casa Civil. De acordo com os termos do decreto, os fundos orçamentários do Instituto eram providos pelo governo federal brasileiro e pelo governo italiano (50% para cada parte). Disponível em: http://<www.planalto.gov.br/ccivil_03/decreto/1930-1949/D24687.htm>.

em Roma.[43] Ainda no quadro das atividades da Associação Brasileira "Amigos da Itália", Castro teria tentado articular mais uma visita de Margherita ao Brasil para o ano de 1937 – que não se realizou:

> [...]
> J'apprends avec plaisir que vous seriez contente de revoir le Brésil. Venez donc, vous serez la bienvenue! Les voyages sont maintenant tellement commodes et rapides.
> Je suis informé que Marpicati est en train d'organiser pour 1937 une croisière de personalités illustres, écrivains, artistes. Nous avons échangé des idées sur ce projet et il me semble que les gouvernements italien et brésilien seraient heureux à donner leur appui à une telle initiative. Si cela ne vous deplait, parlez à Marpicati, il me semble que ce serait pour vous une occasion agréable de faire ce voyage. Vraiment nous devons faire tous nos efforts pour ce rapprochement intellectuel italo-brésilien. Nos affinités de race et nos affinités culturelles s'imposent. Et puis ce conflit d'Afrique frontale a servi pour montrer que le Brésil aime vraiment l'Italie.[44]

---

43 Carta de Aloysio de Castro a Margherita Sarfatti, datada de 14 de outubro de 1935, Fundo Margherita Sarfatti, Archivio del '900, MART. Além dessa, vejam-se também as cartas por ele enviadas em 7 de abril de 1937 (em que fala de sua ida a Roma para recebimento da Gran Croce della Corona) e em 25 de fevereiro de 1938, dando esclarecimentos sobre a publicação da tradução em português de *Dux* pela editora Vecchi, no Rio de Janeiro.

44 "[...]/ Alegrou-me saber que você teria prazer em rever o Brasil. Venha, então, você será muito bem-vinda! As viagens agora são tão cômodas e rápidas. / Fui informado que Marpicati está organizando um cruzeiro de personalidades ilustres, escritores, artistas, para 1937. Trocamos algumas ideias sobre esse projeto e parece que os governos italiano e brasileiro estariam dispostos a dar apoio a uma iniciativa dessa natureza. Se não for

128 | Classicismo moderno

Assim, Margherita Sarfatti parece ter mantido vínculos com o Brasil e com os intelectuais brasileiros. Ao emigrar para a América do Sul, em 1939, ela chegava com endereços de personalidades e familiares que aqui viviam, tornando o novo continente talvez menos hostil para ela.

Entre Montevidéu e Buenos Aires – e uma passagem por São Paulo, 1939-1947

A segunda visita de Margherita Sarfatti à América do Sul seria mais longa e produtiva. Escapando das Leis Raciais na Itália, seu refúgio entre Montevidéu e Buenos Aires durante oito anos pode ter lhe parecido definitivo, sobretudo nos anos da II Guerra e pela falta de notícias da filha e dos netos entre 1943 e 1944.[45]

incômodo para você, fale com Marpicati, me parece que seria uma ocasião agradável para fazer a viagem. Com certeza devemos todos nos esforçar para essa aproximação intelectual ítalo-brasileira. Nossas afinidades de raça e nossas afinidades culturais se impõem. Ademais, esse conflito da África frontal serviu para mostrar que o Brasil realmente ama a Itália." Carta de Aloysio de Castro a Margherita Sarfatti, datada de 9 de outubro de 1936, Fundo Margherita Sarfatti, Archivio del '900, MART. Castro menciona, como organizador, o jornalista, escritor, membro da Accademia d'Italia e professor de língua e literatura italiana da Universidade de Milão, Arturo Marpicati (1891-1961). Se a expedição de intelectuais e personalidades italianas de fato aconteceu, não se sabe ao certo. De qualquer forma, em 1937, as sociedades de São Paulo, Rio de Janeiro, Buenos Aires, Montevidéu e Santiago do Chile recebem a visita do senador e "accademico d'Italia" Luigi Federzoni (1878-1967). Veja-se Luigi Federzoni. *Parole fasciste al Sud America*. Bolonha: N. Zanichelli, 1938, que é uma coletânea dos discursos do autor na América do Sul.

45 Em 1943, os alemães iniciam a ocupação da Itália, abalando assim o poder de Mussolini. A noite de 16 de outubro de 1943 foi marcada pela prisão e envio para campos de extermínio de pelo menos mil romanos de origem judaica. Fiammetta e Livio são avisados com antecedência e, com a ajuda de amigos, não são presos pelos nazistas. Os três filhos do

Inicialmente estabelecida em Montevidéu, Margherita logo se dedicou ao estudo do espanhol e procurou contribuir como crítica de arte para os jornais locais. Suas biografias atestam que a decisão por se estabelecer por mais tempo em Buenos Aires – onde ela aluga uma suíte num dos mais luxuosos hotéis da cidade, a partir de 1940 – veio justamente de sua busca por contato com o meio intelectual portenho.[46] E, num primeiro momento, o que os autores Sullivan & Cannistraro e Liffran consideram como um período de ostracismo, Daniel Gutman nos fornece elementos que deixam entrever um período muito ativo para Sarfatti.[47]

Além da publicação da tradução de *Dux* para o espanhol, Sarfatti teria dado aulas e conferências em Buenos Aires, mas, principalmente, teria publicado, de maneira concentrada, livros sobre história da arte e sobre arte moderna. Se durante sua carreira como crítica de arte e jornalista na Itália, ela havia tido uma vasta produção de resenhas e artigos de jornal e revista, sua produção livresca tinha sido, por assim dizer, pontual. De todo o seu período italiano antes do exílio, os dois volumes mais conhecidos sobre arte moderna que ela publicou

---

casal são levados para um orfanato, e Fiammetta é primeiro recebida, ao que tudo indica, numa casa de repouso. Margherita Sarfatti fica sem notícias da filha, do genro e dos netos por quase oito meses. Cf. cartas de Margherita Sarfatti à filha Fiammetta Gaetani, datadas de 1945, Fundo Margherita Sarfatti, Archivio del '900, MART.

46 Cf. Brian Sullivan; Phillip Cannistraro, *op. cit.*, p. 531. Os autores ainda mencionam o fato de que, em junho de 1940, ela esteve em Buenos Aires para lançar *Dux* em espanhol e dar uma conferência. Nessa circunstância, ela teria conhecido o crítico e editor Jorge Romero Brest, a poetisa Vitoria Ocampo e a também poetisa Gabriela Mistral (do Chile). E também, Françoise Liffran, "L'exil et l'oubli" [cap. 29], *op. cit.*, p. 671-725. Sullivan e Cannistraro tratam em dois capítulos separadamente o período do exílio e seu retorno à Itália; Liffran trata dos dois períodos num só capítulo.

47 Daniel Gutman, *op. cit.*

são *Segni, colori e luci, note d'arte* (1925) e *Storia della pittura moderna* (1930).[48] Junto à editora de Romero Brest e à casa editorial Poseidon, em Buenos Aires, Sarfatti publicou quatro livros sobre história e crítica da arte: um sobre arte moderna e três monografias sobre artistas italianos do Renascimento.[49] Isso para não mencionar um romance[50] e o fato de que ela estaria escrevendo seu livro de memórias. Esta tese é sustentada por Sullivan, que recentemente publicou uma análise sobre os catorze artigos que Margherita escreveu para o jornal *Crítica* de Buenos Aires, em 1945, logo após a execução de Mussolini, e que para ele teriam sido a base de uma autobiografia jamais publicada.[51]

---

48 Margherita Sarfatti. *Segni, colori e luci, note d'arte*. Bolonha: N. Zanichelli, 1925, e *Storia della pittura moderna, op. cit.* Sobre este último, trataremos mais adiante.

49 Margherita Sarfatti. *Giorgione, el pintor mistério*. Buenos Aires: Poseidon, 1944; *Tiziano, o de la fé en la vida*. Buenos Aires: Poseidon, 1944; *Espejo de la pintura actual*. Buenos Aires: Argos, 1947; e *Vasari y sus tempos* (1947, provavelmente da editorial Poseidon). Este último volume é citado pelos biógrafos Sullivan & Cannistraro e Gutman, mas não foi localizado.

50 Margherita Sarfatti. *Casanova: Amores de juventud*. Buenos Aires: 1943 (assinalado por Sullivan & Cannistraro e por Gutman). Ao que tudo indica, este livro serviu de base para *Casanova contro Don Giovanni*. Milão: 1950.

51 Cf. Margherita Sarfatti, "Mussolini como lo conocí", *Crítica*, em catorze partes, 18 de junho a 3 de julho de 1945. Durante a pesquisa sobre as coleções Matarazzo, a bolsista de iniciação científica Maria Angélica Beghini Morales levantou uma referência que confirmava a tradução dos artigos de Sarfatti para o português, que teriam sido publicados num dos jornais dos *Diários Associados*, com introdução do repórter Edmar Morel, que teria estado em Buenos Aires para entrevistá-la, no mesmo ano. Entretanto, não foi possível localizar os artigos em português, uma vez que seria necessária a busca junto aos arquivos dos *Diários Associados*, que não estão disponíveis para consulta. Sobre a autobiografia não escrita, veja-se Brian Sullivan (ed.). *My Fault: Mussolini as I Knew Him* [Margherita Sarfatti]. Nova York: Enigma, 2014.

Até então, as biografias de Sarfatti não tinham a real dimensão das aquisições que ela fez para Matarazzo e, quando comentaram sua intermediação na compra das obras, as informações também não eram precisas.[52] É no contexto das aquisições Matarazzo que localizamos, como vimos, sua segunda visita ao Brasil.[53] Dessa vez, é Sérgio Milliet quem nos dá notícias de sua estadia e comenta seu então recém-lança-do livro *Espejo de la pintura actual*:

> Margarida [*sic*] Sarfatti, que nos visitou há pouco tempo, acaba de publicar um livro sobre o estado da pintura no

---

52 Cf. Brian Sullivan; Phillip Cannistraro, *op. cit.*, p. 531: "Cecilio Mate-razzo [*sic*], son of a wealthy Brazilian industrialist, enlisted her advice when purchasing paintings for a museum of modern art he founded in São Paolo [*sic*]" [Cecilio Materazzo, filho de um rico industrial brasileiro, pediu sua ajuda para comprar pinturas para um museu de arte moderna fundado em São Paulo]. E Françoise Liffran, *op. cit.*, p. 713, quando men-ciona que Sarfatti teria emprestado obras para a exposição *XXth Century Italian Art*, no MoMA, e que teria recebido para tanto: "[...] Elle reçu probablement pour ce prêt une compensation en dollars et elle eut bien-tôt l'occasion d'en accumuler encore quelques-uns, lorsqu'un milliardaire brésilien lui demanda d'acheter en Italie des tableaux destinés au musée d'Art moderne de São Paulo, dirigé par Pier [*sic*] Maria Bardi". [(...) Ela provavelmente recebeu por este empréstimo uma compensação em dó-lares e ela teve, em seguida, a oportunidade de acumular mais alguns, quando um milionário brasileiro pediu sua ajuda para comprar, na Itália, quadros destinados ao museu de arte moderna de São Paulo, dirigido por Pier Maria Bardi.]

53 Ainda segundo Brian Sullivan, o deslocamento de Sarfatti de um país para outro durante seu exílio não era uma operação simples: seu passa-porte bem como seu visto de permanência na Argentina e no Uruguai haviam sido autorizados pelo governo italiano. Um visto de viagem aos Estados Unidos, por exemplo, era necessário e dependia da autorização não só do governo norte-americano, como do italiano. O mesmo acon-tecia no caso brasileiro, principalmente depois da entrada do Brasil na II Guerra, ao lado dos Aliados.

momento atual ("Espejo de la pintura"). Pela primeira vez, em obra que se apresenta como um panorama do movimento artístico mundial, dá-se ao Brasil um lugar de certa importância. Tendo permanecido em nossa terra alguns meses, tanto no Rio de Janeiro como em São Paulo e em Minas Gerais, pôde Margarida [sic] Sarfatti ver muitas coisas e compreendê-las até certo ponto. Se o relatório que publica não é sem falhas, nem, principalmente, sem omissões, os conceitos expandidos se me afiguram claros e imparciais, ainda que discutíveis muitas vezes.[54]

Milliet diz que ela teria permanecido entre nós "por alguns meses" e fala de um percurso de viagem, mais uma vez, entre Rio de Janeiro, São Paulo e Minas Gerais – assim como ela tinha feito em 1930. Então, além de uma coleta de dados e informações para seu livro publicado em 1947, podemos imaginá-la encontrando-se com a comissão organizadora do antigo MAM de São Paulo e discutindo não só sobre as aquisições italianas, mas sobre sua noção de arte moderna. Seu livro *Espejo de la pintura actual*, como veremos, encontra paralelos com publicações brasileiras e portenhas. Ademais, as monografias sobre Giorgione, Ticiano e Vasari, publicadas na Argentina, reverberam o modelo da velha diplomacia italiana para reconstruir seus laços de amizade com os países aliados – e da América do Sul, em particular –, tal como vimos com as iniciativas que trazem Bardi ao Brasil, com uma exposição de arte antiga e outra de arte moderna. Além do interesse de reativação do mercado de arte europeu no imediato pós-II Guerra, que dependia do apoio de novos colecionadores nas Américas, talvez outro ponto crucial a ser considerado é o interesse da inte-

---

54 Sérgio Milliet. "Abril, 15". In: _____. *Diário Crítico*, vol. 5. São Paulo: Edusp/Perspectiva, 1983, p. 75-77, originalmente publicado em sua coluna d'*O Estado de S. Paulo*, em 15 de abril de 1947.

lectualidade sul-americana em estabelecer seus acervos e sua tradição em história da arte. Como vimos anteriormente, os anos de criação do antigo MAM de São Paulo corresponderam, no Brasil, à criação dos primeiros cursos voltados para a disciplina (ministrados por Lourival Gomes Machado e Gilda de Mello e Souza), na USP. Mais tarde, na Argentina, isso daria efetivamente na criação do curso de graduação em história da arte na Universidade de Buenos Aires, por iniciativa do crítico e professor Julio Payró (1962). Assim sendo, o fomento à criação de acervos de arte antiga na América do Sul pode estar também associado a essa questão.

Nesse sentido, vale uma análise das monografias que Sarfatti publicou na Argentina, que parecem ter um tom muito diferente de *Espejo de la pintura actual* – em que ela se permite ter uma postura mais engajada, e embasada na crítica de arte de seu próprio tempo. Ao contrário de *Espejo...*, *Giorgione, el pintor mistério* e *Tiziano, o de la fé en la vida* faziam parte de uma série concebida pela casa editorial Poseidon de Buenos Aires, voltada para monografias sobre a vida e a obra de artistas da tradição, e possuíam uma estrutura bastante didática: os dois livros são ricamente ilustrados –[55] algumas pranchas são detalhes de obras importantes dos artistas tratados –, possuem uma bibliografia atualizada bastante precisa sobre os artistas e um elenco de obras que podem ser vistas nos principais acervos europeus e norte-americanos. Além disso, e apesar de certa liberdade na narrativa sobre a vida e aspectos anedóticos e de temperamento dos artistas tratados, Sar-

---

55 O que é um dado que merece investigação à parte: estamos falando de dois volumes publicados em plena guerra, em que a ruptura de comunicação é uma realidade, e os grandes acervos fotográficos para estudo se encontram em território europeu. Mesmo assim, a editora teve acesso a pranchas de museus como o Kunsthistoriches Museum, de Viena, a Galleria degli Uffizi, de Florença, de museus alemães, franceses e de coleções privadas nos países europeus e nos Estados Unidos.

134 | Classicismo moderno

fatti entra numa problemática muito típica de certa historiografia da arte, já bastante consolidada na Europa: a prática de *connoisseurship* e o exercício de atribuição de obras de arte. Giorgione, em particular, é o caso exemplar por conta da enorme oscilação, ainda naqueles anos, das obras a ele atribuídas e das dúvidas que pairavam entre o seu corpus de obras e aquele de Ticiano. No capítulo V do livro sobre Giorgione, ela nos revela quem é sua referência e seu interlocutor nessa empreitada:

> Una noche, comiendo justamente en casa de *Berenson*, entre el sin-número de libros y las selectas obras de arte que le rodean en su histórica villa de los Tatti sobre los cerros de Florencia, que ya perteneció a los Médicis, le pregunté a él mismo, en qué fundaba sus juicios, generalmente acertados y siempre aceptados como oráculos por los marchands y colecionistas en los cinco continentes, acerca de la autenticidad de las obras de arte. [grifo meu][56]

Sarfatti dedica, portanto, um capítulo do livro ao debate sobre a questão da autenticação e atribuição de obras de arte, invocando a mais importante autoridade no assunto: seu amigo pessoal, o eminente historiador da arte Bernard Berenson.[57] Se esse tema interessava dire-

---

56 "Uma noite, comendo justamente na casa de Berenson, entre uma infinidade de livros e as seletas obras de arte que rodeiam sua histórica Villa dos Tatti sobre as colinas de Florença, que já pertenceu aos Medici, perguntei a ele mesmo, em que se baseavam seus juízos, geralmente acertados e sempre aceitos como oráculos pelos marchands e colecionadores nos cinco continentes, acerca da autenticidade das obras de arte." Margherita Sarfatti. *Giorgione, el pintor mistério, op. cit.*, p. 36.

57 As circunstâncias que levam Berenson a entrar em contato com Sarfatti, que ele visita pela primeira vez em abril de 1936, ainda estão por serem devidamente estudadas. Cf. Claudia Chierichini. "'To the Dearest and the Youngest of My Friends': Margherita Sarfatti to Bernard Berenson, 1936-57". In: Machtet Israëls & Louis A. Waldman (orgs.). *Renaissance*

tamente ao mercado de arte antiga – certamente muito ativo no imediato pós-II Guerra – o debate da *expertise*, seu caráter científico ou não, tal como discutidos por Sarfatti pareciam dirigidos a um público específico e à formação em história da arte.

Já em *Espejo de la pintura actual*, Sarfatti parece falar para um público também especializado, mas um pouco diferente: o livro serve à divulgação da arte moderna e em particular à arte moderna da América do Sul. Ela retoma muito claramente seus argumentos do volume de 1930, *Storia della pittura moderna*, citando-o textualmente:

> En el primer bosquejo de esta historia de la pintura moderna, que publiqué en Roma en el ya tan lejano año de paz de 1930, escribí sin embargo que el arte del mundo entero me parecía acercarse a una encrucijada terminante [ou seja, a crise, o período de análise], de la que trazaba unos rasgos, para mí evidentes. Estas tendencias, que a la

Studies in Honnor of Joseph Connors (Villa I Tatti Series 29). Florença: Harvard University/Villa I Tatti, 2013, p. 723-729. Chierichini sugere, pela documentação levantada por ela nos arquivos de Berenson que, na verdade, não teria havido uma real amizade entre os dois, e que esta talvez fosse mais uma fantasia cultivada por Sarfatti. Mas, cotejando a correspondência de Berenson para Sarfatti que acaba de ser organizada pelo Archivio del '900, em Rovereto, vimos que não é bem assim e que, de fato, Berenson parece demonstrar também sua admiração por Sarfatti. Logo depois do primeiro contato entre os dois, temos uma série de cartas trocadas até a saída de Sarfatti da Itália. A correspondência é imediatamente retomada quando ela volta para a Itália, em 1947. Não teria havido, portanto, nenhum contato entre os dois nos anos em que Sarfatti está na América do Sul. Por outro lado, o livro *Italian Painters of the Renaissance* de Berenson ganha uma tradução portenha no mesmo ano em que Sarfatti publica suas monografias sobre Giorgione e Ticiano. Cf. Bernard Berenson. *Los pintores italianos del Renascimiento*. Buenos Aires: El Ateneo, 1944. As relações entre Sarfatti e Berenson serão tema de um estudo à parte.

sazón non eran sino sintomas parciales y casi locales, se han hecho ahora más generales y acentuadas, hasta alcanzar certa universalidad.[58]

Sarfatti refere-se à *Storia della pittura moderna* como "primeiro esboço desta história da pintura moderna". O livro portenho, para ela, seria um aprofundamento de sua análise da pintura moderna – agora enriquecida de sua experiência sul-americana –, e foi publicado como um dos volumes de outra série, desta vez organizada por Jorge Romero Brest, sobre a arte e os artistas modernos. Na versão de 1930, era o primeiro de dois volumes (o segundo jamais publicado) sobre pintura moderna, numa coleção intitulada "Prisma", sob sua direção, em que se previam também volumes sobre a arquitetura moderna (Marcello Piacentini), o design de interiores moderno (Gió Ponti), a moda (Alfredo Panzini), cenografia (também de autoria dela) e a escultura moderna (Antonio Maraini).[59] A edição romana era amplamente ilustrada, com mais de cem pranchas de reproduções – ao contrário da edição portenha, que se vangloriava de apresentar 25 ilustrações, mas não propriamente pranchas de reproduções.[60] Por comparação, é possível avaliar melhor a edição italiana, que parece fazer parte de um contexto maior

---

58 "No primeiro esboço desta história da pintura moderna, que publiquei em Roma no já distante ano de paz de 1930, escrevi, entretanto, que a arte do mundo inteiro parecia aproximar-se de uma encruzilhada sem saída, que tinha alguns traços, para mim evidentes. Estas tendências, que naquele momento não eram senão sintomas parciais e quase locais, se tornaram agora mais gerais e acentuadas, chegando a alcançar certa universalidade." Margherita Sarfatti, *Espejo de la pintura actual, op. cit.*, p. 163.

59 É o que se anuncia na última página do livro, em sua edição original.

60 Há que se considerar os recursos das editoras numa situação e na outra. Por outro lado, há uma escolha editorial no caso portenho, que dá mais ênfase à apresentação de reproduções de obras sul-americanas.

de publicações dedicadas ao estímulo à formação de coleções e de público para a arte moderna, nos moldes da famosa série de livrinhos da editora Hoepli de Milão, dirigida por Giovanni Scheiwiller.

Dividido em 22 capítulos, *Storia della Pittura Moderna*, de 1930, procura mapear a produção modernista por países, concentrando-se no continente europeu, mas com menções relevantes, no capítulo XII, à pintura dos Estados Unidos, da Argentina e do Japão. Um enorme destaque é dado à Itália, como modelo privilegiado de uma arte de síntese – em oposição àquela de análise –, fundamentada na tradição clássica, tal como elaborada a partir do Renascimento italiano, sobretudo o florentino. Ao todo, são sete os capítulos que Sarfatti dedica à pintura moderna na Itália, reservando um capítulo para os futuristas e outro para o grupo Novecento Italiano. É justamente em relação a esse último que ela elabora o conceito de síntese, da forma arquitetônica, bem como daquilo que ela chama de "classicità moderna": para ela, não uma imitação da pintura dos grandes mestres do Renascimento, mas sua reinterpretação guiada pelos elementos mais essenciais de constituição da forma: o desenho e sua estrutura compositiva.

Os capítulos que abrem *Storia della Pittura Moderna* parecem inspirar-se na tratadística renascentista de base vasariana – autor que é citado com certa frequência ao longo do livro – e procuram construir um conceito de estilo, muito semelhante ao que podemos apreender das *Vite* de Vasari. Sarfatti pensa a noção de estilo a partir do desenho, capaz de ver a marca do artista, suas características pessoais, por assim dizer, bem como os traços de sua vinculação a seu próprio território (as escolas de pintura, por região). Há ainda um aspecto que Sarfatti parece retomar de uma historiografia formalista, da virada do século XIX para o século XX, isto é, uma visão da evolução das formas artísticas em ciclos, sucedendo-se períodos de análise e períodos de síntese ou escolas de análise e escolas de síntese. O estilo da síntese está diretamente ligado à tradição clássica, à cultura mediterrânea e aos ter-

138 | Classicismo moderno

ritórios do sul da Europa, de predominância católica. A arte analítica é expressão de territórios afastados da tradição mediterrânea, sobretudo o norte da Europa – bárbara, anglo-saxã – e de predominância protestante. Também, o fato de ela organizar os capítulos que tratam da pintura moderna por escolas nacionais parece repetir o esquema sobre estilo da historiografia tradicional italiana, fundamentada na tratadística vasariana. Finalmente, o capítulo III desenvolve-se sobre um argumento lançado pelo *Paragone* de Leonardo, isto é, o da primazia da pintura sobre as demais formas de manifestação artística.

Há dois aspectos fundamentais aqui que são retomados em outros termos no livro portenho. Em primeiro lugar, Sarfatti procura construir uma claríssima oposição entre o século XIX e o século XX. Embora não possa deixar de reconhecer o papel pré-vanguardista do impressionismo francês no desenvolvimento da pintura moderna, ela acentua o fato de ter sido esta uma corrente de afirmação individual e que, portanto, se ligava a um estilo analítico. Para ela, o fim do período de análise se dá com a pintura de Cézanne, que se reconciliaria com a tradição mediterrânea. Os capítulos V e VI do livro são dedicados a Cézanne e seu seguidor imediato (mesmo não sendo um discípulo direto), Picasso. Nos dois casos, ela encontra estratégias fantasiosas para vincular o estilo "clássico" dos dois artistas a suas origens italianas/mediterrâneas. Cézanne é um "italo-francese", e Picasso, um "italo-spagnolo".[61] Além disso, seu tom é bem mais agressivo ao tratar das di-

---

61 Sobre Cézanne, ela diz (*op. cit.*, p. 28-29):

> Ma un francese del Sud, di sangue semi-italiano (il nonno, emigrado, aveva mutato in "Cézanne" il nome del suo paese di origine, Cesena) inspirato dalle voci ataviche e dagli aspetti della sua Provenza ellenica e romana, meglio degli altri sentì ciò che pur aveva d'incompleto la saluta-

ferenças entre a grande tradição mediterrânea – para ela, um sinônimo da tradição italiana clássica – e o que ela considera serem as tendências individualizantes, analíticas e expressionistas da Europa anglo-saxã. Aqui aparecem termos de que ela também havia lançado mão em outro texto de sua campanha em prol de uma arte fascista, publicado em 1928.[62] Uma frase como "L'arte per noi, italiani, è come un secondo nome della patria"[63] reverbera a introdução de seu ensaio de 1928:

> re [sic] e necessaria a cui partecipava. [...] E quando nel 1905 fu morto, e quando il ciclo dell'analisi fu compiuto, e alla civiltà si affaciò il compito della ricostruttiva sintesi, allora si comprese che cosa il grande vegliardo di Aix avesse veramente ricercato e raggiunto.
>
> [Mas um francês do sul, de sangue semi-italiano (o avô, emigrado, havia mudado para "Cézanne" o nome de seu vilarejo de origem, Cesena) inspirado pelas vozes atávicas e pelos aspectos de sua província helênica e romana, mais que os outros sentiu o que havia de incompleto a salutar e necessária à que participava. (...) E quando morreu, em 1905, e quando o ciclo de análise terminou, e a civilização voltou-se à tarefa da síntese reconstrutiva, então se compreendeu que coisa o grande velho de Aix tinha realmente buscado e alcançado.]

Ela também menciona antepassados italianos na família de Picasso.

62 Trata-se do ensaio "L'Arte e il Fascismo". In: Giuseppe Luigi Pomba (org.). *La civiltà fascista*. Turim: Unione Tipografica Torinese, 1928, p. 211-219.

63 "A arte para nós, italianos, é como um segundo nome da pátria." Margherita Sarfatti, *Storia della pittura moderna, op. cit.*, p. 144.

> [...] Vi era l'Italia unità ideale, eppur vera, nello spirito, nella lettera e nel genio dei nostri poeti molto, ma molto prima che nella vita e nella storia esistesse l'unità d'Italia. L'arte è stata fascista prima che esistesse il fascismo: ha preparato quel clima fascista il quale ora contribuisce a svilupparla in determinate direzioni.[64]

Além disso, no paralelo sempre traçado entre a arte italiana e a francesa, ela busca afirmar o lugar privilegiado da Itália nos debates da arte moderna – argumento naquele momento importante para a consolidação do projeto político de seu país. Assim, ela declara: "La pittura è oggi produzione occidentale, europea e sopratutto mediterranea, e l'Italia già sta per contendervi alla Francia il primato egemonico".[65] E assim termina seu livro:

> Questo libro si propone soltanto di raccogliere, per la prima volta, molte riproduzioni di modernissimi quadri italiani insieme con altre riproduzioni di modernissimi quadri stranieri, corredando e collegando le une e le altre con qualche dato di fatto e qualche idea generale, così che risulti a prima vista quali siano le tendenze comuni,

---

64 "[...] Havia, na Itália, unidade ideal, verdadeira, no espírito, nas letras e no gênio de nossos poetas muito, mas muito antes que na vida e na história existisse a unidade da Itália. / A arte foi fascista antes que existisse o fascismo: ela preparou esse clima fascista o qual agora contribui para desenvolvê-la em determinada direção." Margherita Sarfatti, "L'Arte e il Fascismo", *op. cit.*, p. 211.

65 "A pintura é hoje produção ocidental, europeia, mas, sobretudo, mediterrânea, e a Itália já está dividindo com a França o primado hegemônico." Margherita Sarfatti, *Storia della pittura moderna, op. cit.*, p. 68.

e quali i caratteri particolari delle grandi correnti della pittura d'oggi nel mondo.[66]

Ao traçar paralelos entre a pintura moderna italiana e a estrangeira – dedicando praticamente um terço de seu livro às correntes de seu país e construindo o argumento de uma tendência universal que se volta para a tradição mediterrânea –, Sarfatti está ainda em plena campanha em prol da oficialização do grupo Novecento Italiano como espelho da Nova Itália. A investigação sobre a pintura em outros territórios, no fundo, serve para comprovar suas teses sobre uma história da pintura que evolui em ciclos, com nascimento, auge e declínio, e cujo ápice (a arte de síntese) é sempre marcado pelo retorno aos valores da tradição clássica da arte, que não é outra senão a do Renascimento italiano. Ou seja, ao levantar em que medida as correntes internacionais se relacionam com essa tradição italiana, ela constrói uma noção de raiz comum da arte, cujo berço é a Itália, que se apresenta aqui como um equivalente da cultura mediterrânea, e que, ao mesmo tempo, reconstrói as fronteiras do antigo Império Romano. Nesse sentido, a França, assim como a América Latina, é, para ela, território irmão da Itália.[67]

---

66 "Este livro se propõe apenas a recolher, pela primeira vez, muitas reproduções de moderníssimos quadros italianos juntamente com outras reproduções de moderníssimos quadros estrangeiros, comparando e associando uns com os outros com alguns dados de fato e algumas ideias gerais, de modo a demonstrar quais são as tendências comuns, e quais as características particulares das grandes correntes da pintura do mundo de hoje." *Ibidem*, p. 140.

67 No capítulo XII, ao tratar da pintura nos Estados Unidos, Sarfatti coloca (*idem*, p. 65): "Se gli artisti dell'America Settentrionale in genere guardano di preferenza verso l'antica madre patria inglese, quelli dell'America latina tengono invece gli occhi fissi all'arte *dell'Europa latina*, e in particolare Parigi". [grifo meu]. [Se os artistas da América setentrional em geral olham de preferência em direção à antiga mãe pátria inglesa, os da América Latina, ao contrário, têm seus olhos fixos na arte da Europa La-

Já em *Espejo de la Pintura Actual*, embora Sarfatti retome a ideia geral do livro de 1930, seu tom muda. Os quatro capítulos iniciais são exatamente os mesmos do texto de 1930, e ela ainda procura abordar a história da pintura moderna a partir de escolas nacionais. Mas há, pelo menos, dois elementos novos em relação a *Storia della Pittura Moderna*. Em primeiro lugar, a autora incorpora novos países a sua análise, merecendo destaque os países latino-americanos, em especial o México, o Brasil e a Argentina.[68] Ademais, embora não abandone sua tese sobre a evolução da arte em ciclos de análise e síntese, é bem menos enfática ao tratar das relações da pintura moderna internacional com a Itália. Ela também não abre mão da separação entre uma arte de raiz mediterrânea, ligada à tradição italiana, e uma arte de raiz bárbara, vinculada à cultura anglo-saxã. Continua a afirmar que a grande arte de síntese é a mediterrânea, a qual se encontra

---

tina e, em particular, Paris.] Não podemos nos esquecer de que este é precisamente o momento de reflorescimento das atividades do Comité France-Italie, dentro do qual a noção de latinidade seria trabalhada para consolidar os laços entre a França e a Itália. Cf. Catherine Fraixe, Lucia Piccioni; Christoph Poupault, *op. cit.*, introdução. Essa noção seria estendida aos países da América do Sul, por exemplo, na virada diplomática fascista que marcaria o início da década de 1930.

68 À Argentina e ao Uruguai, ela dedica um apêndice final intitulado "La pintura en Río de la Plata". Seu panorama é amplo, começando pelo período colonial e vindo até o século XX. Dividido em cinco partes, o texto surpreende por alguns hiatos importantes. Na pintura moderna, ela certamente dá destaque a Emilio Pettoruti – um velho amigo dos tempos de seu salão milanês. Também menciona Lino Spilimbergo e Antonio Berni (naqueles anos envolvidos, por exemplo, com a decoração com pintura mural da Galería Pacífico). E se ela os relaciona à pintura italiana, prefere omitir a relação direta de um Pettoruti ao grupo Novecento Italiano. Outro artista que ela destaca é Joaquín Torres-García, ainda que critique nele a falta de prática da pintura e sua maior ênfase no debate conceitual em seu ateliê e junto a seus discípulos. Outro elemento importante é que o apêndice não conta com um conjunto significativo de reproduções de obras.

ameaçada por uma época, segundo ela, em que a ciência substituiu a arte. O capítulo XXVI, que ela intitula "Las siete lámparas de teniéblas de la pintura moderna", é dedicado a apontar quais os elementos que faltam para que a boa arte de síntese se desenvolva. E, no capítulo anterior, "Caracteres universales de la pintura de hoy", os mesmos elementos que no livro de 1930 serviam para embasar a *italianità*, agora reforçam a noção de que a tradição clássica da arte é universalizante. Então, arte não é mais um sinônimo da Itália como nação, mas é sinônimo de uma linguagem universal. No capítulo XIV, que antecede sua descrição desse caráter universal, ela já introduz a questão, assumindo a experiência moderna como eminentemente universalizante:

> Hay quien lamenta este aumento de unidad en ciertos aspectos del mundo. Insurgen por pereza mental, disfrazada de amor al color local o de nacionalismo. [...]
> Estos reaccionarios empedernidos se olvidan que un certo grado de solidariedade moral, social, intelectual y artística existió en el mundo desde siempre. [...] Luego Roma unificó a los pueblos entonces conocidos, cada cual en el marco de sus propias condiciones de vida, dentro del gran mosaico de su civilización.
>
> Las ruinas de Leptis en África, las de Asia, de Galia, del Rin, non son iguales entre sí; pero son igualmente ruinas de edifícios romanos, con distintas proporciones de arquitrabes y columnas, y con decoraciones parecidas de pinturas y mosaicos. Más tarde, el imperio de Constantinopla derramó doquier el arte y la pintura bizantinos. Las órdenes religiosas sucedieron al imperio. Los benedictinos del patricio romano San Benito prestigiaron con universalidad verdaderamente católica el arte románico

y los franciscanos el arte gótico, respondiendo cada uno a las costumbres y necesidades de sus diferentes épocas. Vinieron y se volcaron por el mundo los estilos del renascimiento y del barroco. Hoy mismo, en tierra nueva, la bolsa de Wall Street en Nueva York y las casas de madera colonial de Virginia lucen las órdenes paladianas de estricta obediencia. Y qué diremos del entonces lejano Brasil, o de la hermosa Santa Catalina en un repliegue olvidado de las colinas de Córdoba en Argentina, amén de las iglesias de Viena, Polonia, Méjico y cuántas tierras más, donde los jesuítas llevaron y adaptaron los dibujos y los planos de edificios inspirados en Bernini y Borromini? El rococó, el neo-clásico, el Luis Felipe y el modern style, o sea el Liberty de los principios de este siglo, el racionalismo de ahora, todas fueran olas que cruzaron montañas y oceanos, mudando lo mudable y conservando su reconocible unidad básica.[69]

---

69 "Há quem se lamente deste aumento de unidade em certos aspectos do mundo. Insurgem-se por preguiça mental, disfarçada de amor à cor local ou de nacionalismo. [...] / Estes reacionários empedernidos se esquecem de que um certo grau de solidariedade moral, social, intelectual e artística existiu no mundo desde sempre. [...] Já Roma unificou os povos de então conhecidos, cada qual com a marca de suas próprias condições de vida, dentro de um grande mosaico de civilização. / As ruínas de Léptis na África, as da Ásia, da Gália, do Reno, não são iguais entre si; mas são igualmente ruínas de edifícios romanos, com distintas proporções de arquitravas e colunas, e com decorações parecidas de pinturas e mosaicos. Mais tarde, o império de Constantinopla espalhou por toda parte a arte e a pintura bizantinas. / As ordens religiosas sucederam ao império. Os beneditinos do patrício romano São Bento prestigiaram com universalidade verdadeiramente católica a arte românica e os franciscanos a arte gótica, respondendo cada um aos costumes e necessidades de suas diferentes épocas. Vieram e espalharam-se pelo mundo os estilos do renascimento e do

Sarfatti faz uso da metáfora da viagem marítima não só para abordar a universalidade da experiência moderna, mas também para demonstrar sua consciência em relação à transferência dos modelos na história da arte e da cultura. Ela reconhece justamente o fenômeno de adaptação dos modelos às diferentes realidades locais, ao falar do exemplo dos jesuítas nas antigas colônias ibero-americanas.

Outro aspecto importante diz respeito à atualização não só da produção artística, com a menção a uma nova geração de artistas, mas também do debate artístico e de seusnovos temas. Ao mencionar artistas já conhecidos e tratados em *Storia della pittura moderna*, Sarfatti procura se aproximar de sua obra mais recente. Nesse sentido, o caso de Picasso é exemplar, pois ela escolhe reproduzir, na primeira página do livro, "Guernica" (1937, óleo/tela, Museo Reina Sofía, Madri). Além de inserir-se assim no grande evento da Paris daqueles anos – Picasso havia sido a grande estrela do *Salão do Outono da Liberação*, em 1944, e sua "Guernica" faria, a partir de 1948, o *tour* das capitais europeias –, a fotografia escolhida não é uma mera reprodução da obra: ela faz parte da série de fotografias de documentação de sua elaboração que Dora Maar havia realizado, no ateliê do artista, em 1937. A escolha por abrir seu livro portenho com "Guernica" fotografada por Dora Maar denotava, assim, duas coisas importantes: que Sarfatti, assim como a críti-

---

barroco. Hoje mesmo, em terra nova, a bolsa de Wall Street em Nova York e as casas de madeira colonial da Virgínia exibem as ordens paladianas de estrita obediência. E que diremos então do distante Brasil, ou da formosa Santa Catalina num recanto esquecido das colinas de Córdoba na Argentina, amém às igrejas de Viena, Polônia, México e quantas terras mais, aonde os jesuítas levaram e adaptaram os desenhos e projetos de edifícios inspirados em Bernini e Borromini? O rococó, o neoclássico, o Luís Felipe e o modern style, isto é o Liberty do início deste século, o racionalismo de agora, todas foram ondas que cruzaram montanhas e oceanos, mudando o mutável e conservando sua reconhecível unidade básica". Margherita Sarfatti, *Espejo de la pintura actual, op. cit.*, p. 163.

146 | Classicismo moderno

ca europeia do imediato pós-guerra, resgatava Picasso como o grande mestre modernista e como referência para a nova geração de artistas;[70] e que ela estava atenta ao debate em torno da fotografia. Embora reacionária em sua análise da fotografia como arte, Sarfatti analisa a questão que ela entende como um produto de um século XX cientificista e da vertente realista iniciada no século XIX. No capítulo XXVI, a fotografia seria apontada como um dos sintomas do declínio da arte.[71]

Outro aspecto de atualização do debate diz respeito a sua análise sobre o cinema norte-americano, em especial o cinema de animação, e ao jornalismo, que ela percebe como novas forças de criação, muito recentes, e que poderiam ainda trazer frutos importantes. No caso do cinema de animação, ela resgata os desenhos animados produzidos pelos estúdios Walt Disney na década de 1930.[72]

Sua atualização concerne também sua abordagem da pintura mural e sua relação com uma pintura de caráter social/coletivo, e em comparação à pintura de história acadêmica do século XIX. Se ela já

---

70 E Matisse, que vai aparecer no contexto de um capítulo inteiro (capítulo XXI) dedicado à Escola de Paris – que no livro de 1930, não tinha esse destaque. De fato, o ambiente italiano, por exemplo, já a partir da primeira metade da década de 1940, volta a se aproximar do modernismo francês. É o caso de um artista como Gino Severini, ou mesmo a geração mais jovem que chegaria à experiência abstrata – Renato Birolli e Afro Basaldella, principalmente.

71 Não cabe aqui aprofundarmos essa questão, mas em dois de seus cadernos de anotações, ela cola recortes de jornal, em que destaca fotografias publicadas e as compara com pinturas da tradição. No *Quaderno XII*, por exemplo, ela recorta uma fotografia de três oficiais ingleses publicada no jornal *El Día*, de Montevidéu (de 8 de março de 1941), e escreve: "Foto di giornale che emula Michelangelo o Bernini. Ricorda anche Caravaggio" [Foto de jornal que emula Michelangelo ou Bernini. Lembra também Caravaggio]. Cf. *Quaderno XII*, p. 66, Sar.3.1.12, Fundo Margherita Sarfatti, Archivio del '900, MART.

72 *Ibidem*, capítulo XXVI.

apresentara suas ressalvas ao manifesto de Mario Sironi de 1933,[73] na concepção do pavilhão da Triennale milanesa no mesmo ano, depois das experiências daquela década, Sarfatti é categórica em dizer:

> Sin embargo, la prueba de Milán me dejó más pensativa que nunca acerca del porvenir de la pintura mural. Confieso con toda sinceridade que no habría trocado el más pequeno cuadro de caballete de mi colección por ninguna de esas composiciones de muchos metros cuadrados, salidas de las mismas óptimas manos, las cuales, en su mayoría, se parecían a lienzos de ellos, pero hinchados y enfriados por el mayor tamaño y la insólita escala a que los habían llevado.[74]

Na introdução do continente americano, ela parte justamente da análise da pintura mural aqui desenvolvida, começando pelos Estados Unidos e os projetos de decoração dos edifícios públicos daquele país, para daí ir ao México e os grandes projetos de Diego Rivera. É

---

73 Questão que emerge na correspondência com Sironi, entre 1933-34, Fundo Margherita Sarfatti, Archivio del '900, MART.

74 "Entretanto, a experiência de Milão me deixou mais pensativa do que nunca acerca do porvir da pintura mural. Confesso com toda sinceridade que não teria trocado o menor quadro de cavalete de minha coleção por nenhuma dessas composições de muitos metros quadrados, saídas das mesmas ótimas mãos, as quais, em sua maioria, se pareciam às telas dos mesmos artistas, mas inchados e esfriados pelo maior tamanho e a escala insólita à qual os haviam levado." Margherita Sarfatti, *Espejo de la pintura actual, op. cit.*, p. 154. Trata-se do capítulo XXII, sobre os pintores italianos, que ela finaliza com a produção de pintura mural, com os exemplos da Triennale de Milão, bem como do Palácio de Justiça da cidade – ambos projetos monumentais para os quais artistas como Achille Funi, Gino Severini, Carlo Carrà, entre outros, trabalharam sob o comando de Mario Sironi e do arquiteto Marcello Piacentini, ao longo da década de 1930.

nesse contexto que o capítulo XV, "Terra do Brasil" (deliberadamente escrito em português, e não em castelhano), aparece. Sarfatti, assim, compara a pintura mural norte-americana e a mais recente mexicana com aquela que ela vê ser produzida no Brasil:

> El ejemplo de mecenatismo oficial, dado en América por Méjico y sus pinturas murales, arraigó en Estados Unidos, como hemos visto, y luego rebrotó en Brasil. Ya le he reprochado a la pintura mural de hoy su naturaleza artificiosa, de arboleda de copa arrogante que fluctúa según los vientos políticos y burocráticos, sin arraigo en el terruño de la realidad cotidiana.
>
> Esta posición paradójica de vértice de una pirámide sin bases, o de escalera que empieza y termina con los últimos y encumbrados peldaños de la decoración de grandes edificios públicos, resulta de mayor evidencia en Brasil por la distribución geográfica, es decir, netamente política, de su pintura mural. Hay mucha en Río de Janeiro, pero en la segunda capital de la república, San Pablo, no hay, que yo sepa, sino en el salón de Radio Tupí, pintado por Candido Portinari.[75]

---

75 "O exemplo do mecenatismo oficial, dado na América pelo México e suas pinturas murais, arraigou-se nos Estados Unidos, como vimos, e logo rebrotou no Brasil. Já repreendi na pintura mural de hoje sua natureza artificiosa, de arvorezinha de copa arrogante que flutua segundo os ventos políticos e burocráticos, sem vínculos com o chão da realidade cotidiana. / Esta posição paradoxal de vértice de uma pirâmide sem bases, ou de escadaria que começa e termina com os últimos e elevados degraus da decoração de grandes edifícios públicos, resulta de maior evidência no Brasil pela distribuição geográfica, isto é, claramente política, de sua pintura mural. Tem muita no Rio de Janeiro, mas na segunda capital da república, São Paulo, não há, que eu saiba, se não no salão da Rádio Tupi, pintada por Candido Portinari." *Ibidem*, p. 105.

O que muda substancialmente aqui na análise da pintura mural é seu engajamento ideológico, em 1947, condenado por Sarfatti. Nesse sentido, ela atenta para o perigo de a pintura cair, mais uma vez, na esterilidade da pintura de história do século XIX. Para ela, a boa pintura é, em última instância, a melhor pintura de história, ilustrando novamente seu argumento com exemplos do Renascimento italiano. Em seu capítulo XXIII, na comparação entre o século XIX e o século XX, ela afirma que a pintura de história não é nem narrativa, nem realista, como pode ser visto na liberdade de composição (alegórica) de Michelangelo, de Leonardo e mesmo de Paolo Uccello, na representação de três episódios da história florentina: as famosas batalhas de Cascina e Anghiari (para o Salão do Conselho dos 500 do Palazzo Vecchio de Florença) e de Lepanto. Os três artistas teriam, assim, alcançado a imortalidade justamente por tratarem o conteúdo a ser abordado nessas empreitadas como problemas de pintura.

Finalmente, se ela havia já apontado para a questão da abstração em pintura no livro de 1930, aqui ela começa a exprimir sua militância em favor da pintura figurativa. Em *Storia della pittura moderna*, Sarfatti dedica o capítulo VIII a diferenciar a pintura mediterrânea da pintura nórdica, e, aqui, ela associa a pintura de raiz latina ao figurativismo, e a nórdica, ao abstracionismo. De certa forma, é a cultura religiosa que parece definir essas tendências. Isto é, para a Europa católica, que privilegia o culto aos santos e às relíquias, a imagem figurativa tem função primordial; já para a Europa protestante, ascética, a imagem abstrata ganhou maior força. Para tanto, ela contrapõe as obras de Boccioni e Kandinsky, respectivamente ilustrando a arte de raiz mediterrânea e a arte de raiz nórdica. Esse argumento é retomado no capítulo VIII de *Espejo de la pintura actual*, que ela intitula "Deformación o Abstracción", assumindo, assim, uma atitude militante em favor da pintura figurativa. Entre os dois livros, ela concebe, então, a pintura ocidental na dicotomia entre norte e sul da Europa, que se desdobra nas contraposições entre Europa protestante *versus* Europa católica e, respectivamente, entre a pintura abstrata/expressionista/individualista *versus* a pintura figurativa/idealista/coletiva. Nessa perspectiva, não é o conteúdo da pintura que determina sua importância ou a grandeza do pintor, mas a composição e a boa forma.

Seu ataque ao abstracionismo se estende ainda aos surrealistas. Ao tratar da pintura francesa, no capítulo IX de *Espejo de la pintura actual*, ela condena completamente a pintura de Salvador Dalí, tomada aqui como exemplo maior da pintura surrealista. Sarfatti considera essa corrente como mera propaganda para os *yankees* – ela usa o termo expressamente.[76]

---

76 Vale observar que, não tanto por Dalí, mas que o grupo de André Breton estava, naqueles anos, em peso representado nos Estados Unidos. No caso da doação que Nelson Rockefeller fez para incentivar a criação dos museus de arte moderna no Brasil, a vertente surrealista tem presença significativa, por conta das obras de André Masson, Max Ernst e Joan Miró.

4

O Brasil visto por Margherita Sarfatti, 1930-1947

Como vimos, Sarfatti dedicou alguns textos ao Brasil, já desde sua primeira viagem à América do Sul, em 1930. Entretanto, sua atenção à arte no Brasil parece ter maior peso no momento das aquisições Matarazzo, que corresponde à publicação de *Espejo de la pintura actual*. Há vários elementos, neste último, que de fato o vinculam ao meio artístico brasileiro e à coleção reunida para a criação do antigo MAM de São Paulo, como veremos a seguir.

Se não encontramos rastros de seu contato com o meio artístico brasileiro em 1930, há alguns indícios dessas relações, se considerarmos dois aspectos. Primeiro porque Sarfatti discorre sobre a paisagem e as gentes do Brasil em dois dos três artigos publicados na imprensa italiana.[1] Nessa descrição de suas primeiras impressões sobre o país, os elementos típicos da paisagem e da população que aqui vive são determinantes, segundo ela, para a evolução da história do país. A baía de Guanabara em contraste com a mata tropical bem como as palmeiras imperiais cariocas introduzem seu leitor ao Brasil. A essa paisagem, segue-se a caracterização do brasileiro, segundo ela, oriundo de três raças (branca, indígena e negra) que deram no caboclo – "la stirpe del contadino dell'interno del Brasile" [a estirpe do camponês do interior do Brasil]. Aqui, Sarfatti é mais uma viajante a divulgar o mito da de-

---

1   Cf. Margherita Sarfatti, "Paisaggi e spiritii del Brasile", *Il Popolo d'Italia*, 13 de novembro de 1930, e "Terra do Brasil", *Nuova Antologia*, n. 277 (1421), 1931, p. 436-458.

mocracia racial brasileira: "[...] credo che non vi sia oggi paese al mondo in cui l'uomo bianco e il suo prossimo colorato vivano, non solo in completa parità legale ma cordialmente affrattelati".[2]

Além disso, a paisagem tropical brasileira vem associada à cidade do Rio de Janeiro. No artigo "Terra do Brasil", para falar dos ciclos econômicos brasileiros, Sarfatti introduz São Paulo numa subparte que ela intitula "Missione di San Paolo":

> San Paolo è la città che sta a Rio de Janeiro come Milano responde a Roma, Barcellona a Madrid, e molto più in piccolo Rosario a Buenos Aires.
>
> È curioso questo paralelismo che si riscontra in tanti paesi latini (meno la Francia accentrata a Parigi da secoli di monarchia unitaria) tra la capitale, centro politico, diplomatico, sociale ed anche intelletuale, dove si elabora il lavoro più fine nella compagine del paese, se ne raccordano le diverse file intrecciate, equilibrandone gli interessi e le attività, e la seconda città dello stato, città industriale e commerciale, di dura accanita produzione, di ricchezza solida e grassa, irrimediabilmente un po' provinciale.[3]

---

2 "(...) acredito que não exista hoje país no mundo no qual o homem branco e seu próximo de cor vivam, não só em completa paridade legal, mas cordialmente irmanados". Margherita Sarfatti, "Paesaggi e spiritii del Brasile", *op. cit.*

3 "São Paulo é a cidade que está para o Rio de Janeiro como Milão para Roma, Barcelona para Madri e, em bem menor escala, Rosário para Buenos Aires. / É curioso esse paralelismo que se encontra em tantos países latinos (menos a França, centrada em Paris há muitos séculos de monarquia unitária) entre a capital, centro político, diplomático, social e também intelectual, onde se elabora o trabalho mais fino dos destinos do país, e se realinham os diversos fios tecidos, equilibrando os interesses e as atividades, e a segunda cidade do estado, cidade industrial e comercial, de produção dura e incansável, de riqueza sólida e abundante, irremedia-

Ela retoma a mesma comparação no final do artigo "Le povertà delle terre ricche" para a revista *Gerarchia*,[4] reverberando assim outros viajantes que, como ela, percorreram esse país. Embora se tratasse de um dado real, isto é, que a cidade de São Paulo se tornava centro econômico do país e modernizava a passos largos, o binômio Rio de Janeiro/paisagem *versus* São Paulo/cidade era caro aos modernistas paulistas, que, desde a Semana de Arte Moderna de 1922, reivindicavam ser o centro da cultura e da intelectualidade brasileiras. Os antecessores de Sarfatti recebidos pelos modernistas, nos anos 1920, já haviam cristalizado essa contraposição entre São Paulo e Rio de Janeiro, como testemunham os escritos deixados por Blaise Cendrars e Filippo Tommaso Marinetti[5] que, por sua vez, pareciam ressoar Mário de Andrade de *Pauliceia desvairada*.

Há um quarto artigo de Sarfatti de sua visita ao Brasil, em 1930, que é o único em que ela trata, enfim, da arte no Brasil. "L'arte coloniale nel Brasile", publicado no mesmo dossiê sobre a indústria e a cafeicultura paulistas no número especial da *Rivista Illustrata del Popolo d'Italia*, é o registro de seu passeio entre Ouro Preto, Mariana e Congonhas do Campo, acompanhada de representantes da embaixada italiana e de José Marianno Filho (1881-1946),[6] personagem que, na-

---

velmente um pouco provinciana." Margherita Sarfatti, "Terra do Brasil", *op. cit.*, p. 10.

4 Margherita Sarfatti, "Le povertà delle terre ricche", *op. cit.*, dezembro de 1930, p. 1023.

5 Veja-se, sobretudo, o poema "Saint Paul" que Blaise Cendrars escreveu e publicou para o catálogo da primeira exposição que Tarsila do Amaral fez na Galeria Percier, em Paris, em 1926; e "Velocità brasiliane: Rio, palcoscenico del teatro oceanico" (tal como analisado por Annateresa Fabris; Mariarosaria Fabris, "Il Brasile visto da Marinetti", *op. cit*).

6 Crítico de arte e diretor da Escola Nacional de Belas Artes, no Rio de Janeiro, Marianno Filho teve papel fundamental, já na década de 1920, no resgate da arte colonial brasileira. Para um panorama recente da pro-

154 | Classicismo moderno

quele momento, se encontrava no centro de um debate sobre as raízes da arquitetura brasileira com os modernistas. Marianno Filho parece ter tido um antecessor no resgate da arte colonial brasileira, principalmente no que diz respeito à figura de Aleijadinho: Mário de Andrade, que teria sido o guia da expedição de Blaise Cendrars a Minas Gerais, em 1924.[7] Assim, Sarfatti descobria o Brasil que os modernistas brasileiros haviam inventado, tal como seu contemporâneo francês. Sua análise na figura central de Aleijadinho reflete o debate modernista, e a crítica de Mário de Andrade que veio a construir a partir de sua obra os argumentos das origens de uma arte brasileira.[8] Por outro lado, e talvez na sua preocupação em assinalar os traços de latinidade/mediterraneidade e, em última instância, *italianità* na arte brasileira, Sarfatti sugere que os modelos de Aleijadinho são italianos:

> Ma anche così, permane il mistero di questa duplice personalità artistica, quella del selvaggio scultore barbarico, quella del raffinato architetto italianizzante, come il cozzo, in lui, della sua duplice e triplice ascendenza di terra e di sangue: sangue occidentale e africano in terra

---

dução crítica de Marianno Filho, veja-se Wilson Ricardo Mingorance, "Leituras de José Marianno Filho sobre a arte, a arquitetura e a cidade do século XIX no Brasil". Revista eletrônica *19&20*, Rio de Janeiro, vol. 8, n. 1, jan./jun. 2013. Disponível em: <www.deze-novevinte.net/criticas/la_jmarianno.htm>.

7 Cf. Aracy Amaral, *Blaise Cendrars no Brasil e os modernistas, op. cit.*, p. 57-58.

8 Cf. Tadeu Chiarelli. *Pintura não é só beleza: a crítica de arte de Mário de Andrade.* Florianópolis: Letras Contemporâneas, 2007, em especial o capítulo 3. Chiarelli também observa as aproximações de Mário de Andrade ao ambiente do Retorno à Ordem, de certa noção de realismo e busca analisar sua produção crítica à luz das críticas italiana (Novecento Italiano) e alemã (Neue Sachlichtkeit) dos anos 1920.

d'America, fusi e temperati nel possente crogiuolo che vien fornito dalla civiltà classica.[9]

Sarfatti assim vê em Aleijadinho um herdeiro do barroco romano, invocando inclusive a referência a Borromini, e fazendo a ponte entre este e o escultor brasileiro através da ação colonizadora dos jesuítas. São estes últimos os propagadores dos modelos da arquitetura clássica, através de seus manuais de construção.

Dezesseis anos depois, e segundo o testemunho de Sérgio Milliet, como vimos, Sarfatti teria tido a oportunidade de explorar mais demoradamente a arte brasileira. Essa visita deixa sua marca em *Espejo de la pintura actual*, no qual o capítulo XV é dedicado inteiramente à pintura no Brasil. Este seria o único país das Américas (incluindo-se os Estados Unidos) a ser tratado em separado e no corpo do livro por Sarfatti. Embora ela tenha feito o apêndice sobre a pintura na Argentina e no Uruguai, seu tratamento aos artistas brasileiros é, de fato, especial. Além de serem comparáveis aos seus equivalentes europeus, como veremos, as ilustrações do livro (ainda que poucas em comparação ao volume de 1930) parecem privilegiar os brasileiros.

Assim, é possível pensar em três níveis de aproximação de Margherita Sarfatti ao meio artístico brasileiro a partir de *Espejo de la pintura actual*. O primeiro nível de aproximação está expresso no capítulo dedicado ao Brasil, que se intitula expressamente em português "Terra do Brasil",[10] e mapeia a produção moderna praticamente de São Paulo

---

9   "Mas, mesmo assim, permanece o mistério dessa dupla personalidade artística, a do selvagem escultor bárbaro, a do refinado arquiteto italianizante, como o impacto nele de sua dupla e tripla ascendência de terra e de sangue: sangues ocidental e africano na terra da América, fundidos e temperados no potente crioulo que vem munido da civilização clássica." Margherita Sarfatti, "L'arte coloniale nel Brasile", *op. cit.*, p. 36.

10 Como o artigo que ela havia escrito em 1931 para a *Nuova Antologia*.

– que ela chama de "segunda capital da República", e "o mais importante centro artístico do Brasil".

Iniciando pela produção de pintura mural, dá grande destaque para os projetos decorativos de Candido Portinari (1903-1962), sobretudo aquele para o Ministério de Educação e Cultura (atual Palácio Gustavo Capanema), no Rio de Janeiro. Este seria, para ela, o bom exemplo de pintura mural, porque não se detém na propaganda ideológica, tal como Rivera, por exemplo. Mas o que ela enfatiza é o Portinari da Série Bíblica da Rádio Tupi de São Paulo (conjunto de sete telas, 1943-44, têmpera/tela, Masp), na qual ela valoriza os elementos que o brasileiro teria aprendido com a "Guernica" de Picasso, por conta do emprego dos cinzas, pretos e brancos como zonas de luz e sombra.[11]

Em seguida, e na apresentação de outros artistas brasileiros, ela introduz o caráter primitivo da arte brasileira que, para ela, se aproximaria da arte universal, pois aqui os artistas teriam sabido dosar o elemento primitivo com o aprendizado europeu.[12] Assim, ela chega à

---

11 Sarfatti não é de todo generosa com Portinari: ela afirma que ele experimentou as boas escolas da pintura moderna, mas ainda não encontrou o seu estilo.

12 Cf. Margherita Sarfatti, *Espejo de la pintura actual*, *op. cit.*, p. 108-109:

> [...] Precisamente porque se empaparon hasta la médula en el arte moderno y europeo, pudieron volver a mirar su país con ojos sabios y ingenuos. [...] La ignorancia es propia de los bárbaros y produce barbarie. El arte brasileño se fué más allá de la semignorancia bárbara hasta dar con algo genuinamente salvaje.
>
> [(...) Precisamente porque se empaparam até a medula de arte moderna e europeia, puderam voltar a olhar seu país com olhos sábios e ingênuos. (...) A ignorância é própria dos bárbaros e produz barbárie. A arte brasileira

obra de Emiliano di Cavalcanti (1897-1976), um exemplo dessa síntese entre o clássico e o primitivo, segundo ela, tal como Aleijadinho havia alcançado na arte colonial brasileira. Depois, trata da pintura de Lasar Segall (1891-1957), mencionando suas obras mais recentes (isto é, final da década de 1930 e início da década de 1940), em particular "Navio de emigrantes" (1939, óleo/tela, Museu Lasar Segall) e "Guerra" (1942, óleo/ tela, Masp). Para terminar, trata dos pintores do grupo Santa Helena, sobretudo Paulo Rossi Osir e Alfredo Volpi (1896-1988). No caso de Rossi Osir, ela destaca as atividades do ateliê Osirarte, que, no seu entender, se inspira na *bottega* de artista do Renascimento. Já Alfredo Volpi é, para ela, um artista de maior relevância. Ele aparece aqui e no capítulo sobre a pintura italiana contemporânea e, nos dois momentos, é comparado à figura de Carlo Carrà, por seu domínio do *métier* e pela retomada de técnicas tradicionais da pintura:

> [...] Como ya tuve ocasión de decir, al hablar del pintor brasileño Alfredo Volpi, Carlo Carrà es heredero directo de los deleitables secretos de los antigos, por intermédio de su primer oficio de albañil y pintor de brocha gorda. [13]

foi mais longe da semi-ignorância bárbara até chegar a algo genuinamente selvagem.]

Este excerto ainda sugere que ela possa estar se referindo à fase Pau-Brasil e à Antropofagia do grupo em torno de Oswald de Andrade e Tarsila do Amaral – que, ademais, nos anos de promoção dessas iniciativas na França, circularam no mesmo meio que ela, Sarfatti.

13 [...] Como já tive a ocasião de dizer, ao falar do pintor brasileiro Alfredo Volpi, Carlo Carrà é herdeiro direto dos deleitáveis segredos dos antigos, por intermédio de seu primeiro ofício de pedreiro e pintor de pincel largo [ou pintor de paredes]. *Ibidem*, p. 146.

158 | Classicismo moderno

A predileção pelo ciclo de artistas paulistas em torno de Paulo Rossi Osir vem de encontro às ideias que Sarfatti tem sobre a boa pintura de cavalete, pelo menos desde seus anos de atuação como líder do Novecento Italiano. Tais artistas, como sugerido pelo próprio Rossi Osir, haviam resgatado valores da tradição artística italiana também apreciados pelos partidários do Novecento Italiano. Além do mais, Rossi Osir, juntamente com o italiano emigrado para o Brasil Vittorio Gobbis (1894-1968), teve sua formação no ambiente milanês do auge do Novecento Italiano.[14] No entanto, e para além da ênfase sobre a pintura paulista, as escolhas de Sarfatti no discurso sobre a arte brasileira parecem ser pautadas por aquilo que os críticos Mário de Andrade e Sérgio Milliet entendiam como a boa pintura brasileira. Começar por Portinari e chegar a Segall e ao grupo paulista é a estratégia que Mário de Andrade, por exemplo, constrói na defesa daquilo que ele – por sugestão de Rossi Osir – chama de "Família Artística Paulista",[15] em 1939, no momento em que ele aponta para a existência de uma "escola paulista" de pintura. Ademais, Sérgio Milliet já vinha escrevendo sobre

---

14 Sobre o Grupo Santa Helena e a pintura paulista, veja-se Walter Zanini. *A arte no Brasil nas décadas de 1930-40: o Grupo Santa Helena*. São Paulo: Nobel; Edusp, 1991 – que permanece o estudo mais atualizado levado a cabo sobre esse ambiente. Sobre as relações desses artistas com o Novecento Italiano, veja-se Tadeu Chiarelli; Diana Wechsler (orgs.), *op. cit.*, e Tadeu Chiarelli, "O Novecento e a arte brasileira", *op. cit.* E sobre Paulo Rossi Osir e sua aproximação ao ambiente milanês dos anos 1920/30, veja-se Niura Ribeiro. *Rossi Osir: artista e idealizador cultural*, dissertação de mestrado sob orientação de Walter Zanini, ECA USP, 1995.

15 Cf. Mário de Andrade, "Esta paulista família", *O Estado de S. Paulo*, 2 de julho de 1939. Além disso, no caso específico de Lasar Segall, as obras mencionadas por Sarfatti tinham sido objeto privilegiado de análise por Mário de Andrade no ensaio que ele publica de introdução à exposição de Lasar Segall, primeiro no Museu Nacional de Belas Artes, no Rio de Janeiro, em 1942, e, depois, para a primeira individual do artista nos Estados Unidos, em 1943.

alguns dos artistas do grupo e, em sua coluna de crítica para o jornal *O Estado de S. Paulo*, começa a formular aquilo que depois ele consolida em pelo menos três livros importantes já no início da década de 1940.[16] É essa "escola paulista", defendida naquele momento pelos dois críticos modernistas, que Matarazzo primeiro doa ao antigo MAM de São Paulo – junto com as aquisições italianas. Por fim, são esses mesmos personagens que estão em contato, nos mesmos anos, com o ciclo de Romero Brest, em Buenos Aires. O próprio Romero Brest seria autor da primeira monografia em língua espanhola sobre a pintura brasileira, para a qual seu interlocutor, no Brasil, havia sido Sérgio Milliet.[17]

O segundo nível de aproximação ao meio artístico brasileiro e, em particular, às aquisições Matarazzo para o antigo MAM, pode ser observado no capítulo que Sarfatti dedica justamente aos pintores italianos contemporâneos (capítulo XXII). Ela inicia o texto abordando os italianos que atuaram no ambiente da Escola de Paris, principalmente Massimo Campigli, Gino Severini e Giorgio de Chirico, bem como Amedeo Modigliani – analisado por ela no capítulo anterior, e a quem ela dá destaque. Em seguida, divide a produção italiana em cinco escolas, respectivamente: Florença, Roma, Veneza, Turim e Milão. A primeira e a última parecem refletir sua teoria sobre o estilo e a intepretação da tradição clássica da arte: nesse esquema, Florença é a raiz de todo bom estilo de pintura e Milão é a ponta de lança da produção modernista mais internacional, que foi responsável por disseminar es-

---

16 Cf. Sérgio Milliet. *Pintura quase sempre, op. cit.; Idem. Pintores e pinturas.* São Paulo: Martins Fontes, 1940; *Idem. Marginalidade da pintura moderna.* São Paulo: Coleção "Departamento de Cultura" XXVIII, 1942, ao qual voltaremos adiante.

17 Jorge Romero Brest. *La pintura brasileña contemporánea.* Buenos Aires: Poseidon, 1945. Veja-se correspondência de Sérgio Milliet e Jorge Romero Brest, Fundo Jorge Romero Brest, Biblioteca Julio Payró do Departamento de História da Arte da Universidade de Buenos Aires. Milliet faria, inclusive, uma resenha sobre o livro de Romero Brest.

ses ideais, em especial através do Novecento Italiano. Os artistas escolhidos para Matarazzo são sistematicamente mencionados e, na página 80 do livro, ela reproduz "Ponte de Zoagli", de Arturo Tosi, como vimos. Sua análise da pintura de Giorgio de Chirico está baseada menos na fase metafísica do artista e mais nas obras da década de 1930. Ao falar do artista como "[...] un arqueólogo que puebla las ruinas con criaturas míticas, con caballos de inmensas melenas, rosadas, azules y verdes",[18] como não pensar em "Cavalli in riva al mare" (1932/33, óleo/tela) e nas duas versões sobre o tema dos gladiadores ("I Gladiatori", c. 1930/31, óleo/tela; e "Gladiatori coi loro trofei", 1930/31, óleo/tela), da coleção Matarazzo, hoje no acervo do MAC USP? Retomando a pintura metafísica de Chirico e de Carrà, Sarfatti destaca o período dos dois artistas em Ferrara e a pintura que ela chama de "Realismo Mágico", da qual Achille Funi é um expoente, como no caso patente de "L'indovina" (1924, óleo/madeira), também da coleção do MAC USP.

Também os casos de Ardengo Soffici, Ottone Rosai (como representantes da pintura florentina) e Felice Casorati (como único e mais alto representante da pintura de Turim) merecem uma análise. Sarfatti associa a produção de Soffici e Rosai ao contexto das revistas *La Voce* e *Lacerba* (das quais Soffici, ao lado de Giovanni Papini e Giuseppe Prezzolini, era editor) e à noção de *strapaese*, em oposição a *stracittà*, ou seja, o retorno à vida da província e à cultura da província contra a absorção das grandes cidades monopolizadoras. "La strada" (1908, óleo/papelão), de Ardengo Soffici, e "Paesaggio" (1938, óleo/tela) e "Il bottegone" (1932, óleo/tela), de Ottone Rosai, parecem ilustrar essa pintura florentina, tal como concebida por Margherita Sarfatti.[19] Além do mais, no caso da paisagem de Soffici, ela a cita

---

18 "(...) um arqueólogo que povoa as ruínas com criaturas míticas, com cavalos de imensas melenas, rosadas, azuis e verdes". *Ibidem*, p. 139.

19 As obras de Soffici, de fato, estão diretamente ligadas ao contexto de sua colaboração com La Voce e Lacerba, mas Sarfatti, efetivamente, toma

textualmente, descrevendo-a como "[...] blanca y calmosa entre los grises ciprestes y olivos de las colinas".[20] E se não menciona especificamente as obras de Rosai adquiridas para o antigo MAM, descreve assim a pintura do artista: "busca las escenas de Pueblo, per las que huelen a callejuelas y plazuelas ciudadanas donde blasfema, trabaja y juega una gente plebeya y fuerte, que él transfigura por cierto halo lucido e irisado, como si fuera de acero".[21] As cenas do povo pintadas em formas de "cierto halo lucido e irisado, como si fuera de acero" fazem pensar na composição de "Il Bottegone", como podemos ver nas formas cilíndricas e sintéticas das duas figuras de costas e nos elementos igualmente sintéticos do ambiente e da paisagem ao fundo.

Em relação ao turinense Felice Casorati, embora também não cite especificamente nenhuma das quatro obras adquiridas por Matarazzo, ao definir as características de sua pintura, Sarfatti parece tê-las visto:

> [...] el más notable de los torineses. Menos plástico, menos preocupado del tono y del cuerpo, más lineal y esquemático que los demás italianos, Casorati traza con mano firme y con color vivo y frío los rasgos morales de sus personajes y ahonda con pérfida curiosidad la pesquisa psicológica a través de los rasgos físicos acentuados y hasta grotescos.[22]

---

uma enorme liberdade na abordagem delas ao vinculá-las à noção de *strapaese*. Tal noção permeia a pintura de Rosai, mas não de Soffici.

20 "(...) branca e calma entre os ciprestes cinzas e olivais das Colinas." *Ibidem*, p. 148.

21 "(...) busca as cenas de vilarejo, que cheiram a ruazinhas e pracinhas nas quais blasfema, trabalha e joga uma gente plebeia e forte, que ele transfigura em certo halo iluminado e irisado, como se fossem de aço." *Idem, Ibidem.*

22 "[...] o mais notável dos turinenses. Menos plástico, menos preocupado com a modelação e com o corpo, mais linear e esquemático que os demais

Ao falar da curiosidade do artista pela pesquisa psicológica por via de traços físicos acentuados, vêm-nos à mente as figuras femininas de "Nudo incompiuto" (1943, óleo/tela) e "Maternità" (1947, óleo/tela), ambas também marcadas por essa contraposição de cores vivas e frias.[23]

Assim, *Espejo de la pintura actual* enquanto versão atualizada de suas teses de *Storia della pittura moderna* não só parece acompanhar o debate artístico dos anos 1940, mas se pauta pelo que se constituiu como acervo para o primeiro museu de arte moderna da América do Sul. Os paralelos entre a narrativa da pintura moderna que Sarfatti desenha e as obras reunidas por Matarazzo para o antigo MAM continuam, ainda, na seleção que ela faz de artistas e obras em território francês, também. O capítulo que antecede o que trata da pintura italiana moderna é novo, como vimos, em relação ao volume de 1930, e dedicado à Escola de Paris. Ele tem duas funções primordiais: a primeira é a de reafirmar a capital francesa como centro artístico internacional – elemento-chave na percepção de Paris nos anos 1940, especialmente a partir da liberação (1944) em que a crítica francesa já falava numa segunda Escola de Paris – e, dessa forma, Sarfatti revisa o capítulo XV de *Storia della pittura moderna* para, agora, analisar as obras de Kandinsky e Chagall nesse ambiente internacional. Ao falar desses dois artistas, ela se refere a suas pinturas mais recentes, evocando, assim, as aquisições que Matarazzo fizera em Paris via Alberto Magnelli.

---

italianos, Casorati traça com mão firme e com cor viva e fria os traços morais de suas personagens e aprofunda com pérfida curiosidade a pesquisa psicológica através dos traços físicos acentuados e até grotescos." *Ibidem*, p. 150.

23 Para uma análise de "Nudo incompiuto", veja-se Ana Gonçalves Magalhães (org.). *Classicismo, realismo, vanguarda: pintura italiana no entreguerras, op. cit.*, p. 70-74. Assinalamos, inclusive, que a preparação da base da tela tem uma camada de vermelho sobre a qual Casorati pinta com azul.

O terceiro nível de aproximação de Sarfatti ao meio artístico brasileiro deve ser discutido à parte, pois diz respeito à produção crítica de Sérgio Milliet dos anos 1940, principalmente seu ensaio *Marginalidade da pintura moderna*, que veremos a seguir.

A pintura moderna como crise: Margherita Sarfatti, Sérgio Milliet e uma história cíclica da pintura

Como vimos, os dois livros de Margherita Sarfatti que consolidam o que seria, para ela, uma narrativa da pintura moderna baseiam-se numa visão da história da arte em ciclos, em que as formas artísticas nascem, amadurecem e morrem. Também como já mencionado, essa não é uma visão inventada por ela, mas se inspira na historiografia tradicional da arte, na Itália, e talvez tenha, nos escritos de alguns historiadores da arte das primeiras décadas do século XX, uma versão renovada, na medida em que essas teses propunham uma narrativa da evolução das formas artísticas por um sistema de comparações formais.[24] Nessas teorias, também é recorrente a ideia de que a matriz clássica, fundamentada na interpretação da arte greco-romana pelo Renascimento, exprimiria valores estéticos que se vinculariam a valores sociais.

O que é curioso no caso de Sarfatti, e que encontra reverberações muito claras na crítica modernista brasileira, é, primeiramente, o

---

24 Uma das principais teorias nessa direção encontra-se em Heinrich Wölfflin. *Conceitos fundamentais da história da arte*. São Paulo: Martins Fontes, 1989 (1ª edição *Kunstgeschichtliche Grundbegriffe*. Alemanha, 1915). No caso francês, a figura de Élie Faure parece ter papel importante para a disseminação de uma história da arte em ciclos de apogeu e crise, principalmente considerando-se que foi ele um médico diletante e professor de história da arte em cursos de extensão para universidades francesas. Cf. <www.inha.fr/fr/ressources/publications/dictionnaire--critique-des-historiens-de-l-art/ faure-elie.html>.

tema do descompasso da arte moderna com seu público, e certa terminologia crítica que ela compartilha, principalmente com Sérgio Milliet. Assim, ao cotejarmos *Storia della pittura moderna* e *Espejo de la pintura actual* de Margherita Sarfatti, com *Marginalidade da pintura moderna* de Sérgio Milliet, constatamos que os argumentos, a terminologia e a estrutura de texto dos dois autores são muito semelhantes. Outro aspecto é que, talvez em vista de uma prática jornalística e ensaística, tanto Sarfatti quanto Milliet nos ajudam muito pouco com seus referenciais, pois quase não citam suas fontes.[25]

Considerando que os quatro primeiros capítulos do livro portenho de Sarfatti praticamente retomam o cerne de suas teses sobre a evolução da pintura, tal como ela havia delineado no livro de 1930, podemos dizer, então, que ela antecede Sérgio Milliet. Este último, por sua vez, sintetiza as resenhas e artigos por ele escritos como colunista do jornal *O Estado de S. Paulo*, pelo menos a partir de 1938, e seu *Marginalidade da pintura moderna*, originalmente publicado em 1942, apareceria depois numa coletânea de resenhas que praticamente explicam sua origem.[26] Milliet introduz seu ensaio tematizando a ruptura da pintura moderna com seu tempo, isto é, ele se questiona por que, afinal, o homem moderno não se reconhece na pintura moderna. Essa mesma questão, Sarfatti tenta responder ao final de seu livro portenho e, assim como Milliet, busca argumentos dados a partir do contexto

---

25 Sarfatti não faz nenhuma referência a autores, precisamente. De passagem, ela menciona o historiador da arte francês Élie Faure e John Ruskin, por exemplo. Faure é também uma das referências de Milliet, e o brasileiro, embora não dê uma bibliografia, cita alguns autores e respectivos textos para construção de seu argumento. É daqui que se pode analisar a ponte que ele faz com as ciências sociais e econômicas. Cf. Lisbeth Rebolo Gonçalves (org.). *Sérgio Milliet: 100 anos*. São Paulo: ABCA, 2006, onde se reedita *Marginalidade da pintura moderna*.

26 Refiro-me a *Pintura quase sempre, op. cit.*, que tem como anexo final *Marginalidade da pintura moderna*.

histórico e social do século XX.[27] Assim, se Milliet usa a terminologia de Everett Stonequist do "homem marginal" para estendê-la à pintura (e falar em "pintura marginal"), Sarfatti também está falando da "marginalidade da pintura moderna", em outros termos.

Por outro lado, os cinco capítulos iniciais do livro portenho de Sarfatti correspondem aos temas tratados por Milliet em seus seis primeiros capítulos, isto é, os dois autores constroem uma história da pintura que começa no Renascimento – que inaugura a tradição clássica, uma arte de síntese (e aqui os dois autores usam os mesmos termos) – e se degenera numa arte de análise que tem seu ápice com a pintura impressionista – arte analítica por excelência para ambos. Milliet apresenta, já em seu capítulo II, dois gráficos que representariam esses ciclos de decadência e auge – que ilustram muito bem as teses de Sarfatti.[28] Os termos a partir dos quais Sarfatti e Milliet definem o impressionismo e a retomada do classicismo por Cézanne nos dão a dimensão da proximidade existente entre os dois autores.

Como em Sarfatti, para Milliet, os períodos de síntese se caracterizam pela retomada do desenho, da boa forma e de alguns elementos reinterpretados a partir da tradição clássica da arte. O segundo, vincula-se às noções de coletividade e individualidade, isto é, a boa

---

27 Cf. Margherita Sarfatti, *Espejo de la pintura actual, op. cit.*, capítulo XXVI. O título do capítulo é uma referência a John Ruskin. Sarfatti faz praticamente um trocadilho com o título do famoso livro *The Seven Lamps of Architecture* do autor inglês. Sobre a influência dos escritos de Ruskin em Sarfatti, veja-se Maurizio Fagiolo dell'Arco; Claudia Gian Ferrari (orgs.). *Da Boccioni a Sironi. Il mondo di Margherita Sarfatti, op. cit.*

28 Cf. Sérgio Milliet, *Marginalidade da pintura moderna, op. cit.*, p. 11 e 14. O segundo gráfico é mais detalhado e corresponde apenas à era moderna até o século XX, em que se assinalam os picos clássicos: renascimento, neoclassicismo, Cézanne e a nova pintura (para ele, a de vertente figurativa, voltada para esses valores clássicos – o exemplo que ele dá é o do muralismo mexicano).

pintura é aquela que se fundamenta na dimensão humana da vida e cujo "grau de comunicabilidade" (para usar uma expressão de Milliet) com seu público é efetivo e legítimo; o contrário, ou seja, a expressão de individualidade na pintura corresponde aos momentos de crise – de marginalidade, para Milliet –, em que a pintura distancia-se de seu público. Essa noção está diretamente ligada ao binômio síntese/análise, em que a expressão da coletividade se manifesta na pintura de síntese, e a da individualidade, na pintura de análise.

Além disso, sua aproximação às ideias disseminadas por Sarfatti também emerge de sua condenação do impressionismo francês e na ênfase sobre a pintura de Cézanne como aquela que resgatou a tradição clássica da arte:

> [...] O que nos interessa hoje em Fra Angelico é exatamente o que, como expressão religiosa, menor importância tinha na sua pintura: *o espírito geométrico da composição*. Observe-se em sua "Anunciação" a estrutura ogival que seria retomada por numerosos pintores, esquecida mais tarde *e finalmente redescoberta por Cézanne na sua revolução construtiva contra o impressionismo*. [grifos meus][29]

Embora Milliet não se refira a Sarfatti ou à crítica italiana que apoiou as tendências do Novecentismo, há indícios dessa aproximação processados em *Marginalidade da pintura moderna*, e principalmente nos escritos do crítico brasileiro que antecederam sua redação. Termos como "análise" e "síntese" são recorrentes em seu vocabulário crítico; Milliet fala de um Cézanne "neoclássico", mas que está em sintonia com a visão de Sarfatti sobre o artista como um mestre da retomada do clássico; na descrição das vertentes surrealistas, assim como Sarfatti, ele emprega "superrealismo"; e em uma resenha sobre a escultura

---

29 Sérgio Milliet, *Marginalidade da pintura moderna, op. cit.*, p. 38.

moderna, Milliet fala no resgate da tradição clássica – que, no caso brasileiro, ele vê na obra de Victor Brecheret (1894-1955).[30]

Em "Alguns perfis" – que em *Pintura quase sempre* antecede *Marginalidade da pintura moderna* –, Milliet seleciona um conjunto de resenhas sobre alguns artistas e suas obras que ele teria escrito anteriormente. A escolha dos artistas para dar origem a essa versão publicada das resenhas parece lançar os argumentos em favor da pintura de síntese (para usar um termo caro a ele e a Sarfatti).[31] Milliet inicia por um texo sobre a pintura de Renoir e Monet, mestres do impressionismo francês, por sua vez corrente fundadora da pintura moderna – para Sarfatti, "la gran grieta" do século XIX. O segundo perfil que ele intitula "Dois centenários" é dedicado a Cézanne,[32] que ele assim define:

> [...] Mais tarde o impressionismo em luta contra os salões oficiais contou-o entre seus adeptos. Era, porém, um companheiro difícil, pouco ortodoxo, de prudentes afinidades. Nunca esteve muito à vontade dentro desse grupo *analista por excelência*, e dispersivo. *Sua força sintética* empurrava-o para a periferia do movimento e muito breve o levaria a decididas manifestações de oposição às teorias em voga.
>
> [grifos meus][33]

---

30 Sérgio Milliet, "Volta ao classicismo", *O Estado de S. Paulo*, 18 de janeiro de 1939.

31 Sérgio Milliet. "Alguns Perfis". In: _____. *Pintura quase sempre, op. cit.*, p. 231-276.

32 Na verdade, os dois centenários são dos nascimentos de Cézanne e Alfred Sisley. Mas o segundo artista é quase uma desculpa para Milliet falar, afinal, de Cézanne.

33 *Ibidem*, p. 242-243.

168 | Classicismo moderno

A partir daqui, Milliet introduz a contribuição brasileira, começando por Almeida Júnior, e chegando justamente no grupo de pintores paulistas com Aldo Bonadei e Francisco Rebolo. A trajetória vai do pintor paulista do século XIX, passa por Lasar Segall, Tarsila do Amaral e Emiliano di Cavalcanti, bem como pelo italiano radicado no Brasil, Ernesto de Fiori. Nesse sentido, o crítico paulista reverbera as ideias de seu conterrâneo Mário de Andrade, sobretudo no primeiro artigo que este último havia feito sobre a Família Artística Paulista.[34]

A resenha sobre Tarsila, em que Milliet trata de sua produção dos anos 1930, parece servir a outro argumento caro à crítica de Sarfatti, isto é, a questão do assunto na pintura e sua função social, por assim dizer. Ao falar de "Operários" (1933, óleo/tela, Acervo Artístico dos Palácios do Governo do Estado de São Paulo) e "Segunda classe" (1933, óleo/tela) da artista, Milliet atenta para os perigos de se cair na pintura de propaganda: "Mas, empolgada pelo assunto, acontece-lhe um pouco o que ocorreu a Diego Rivera: sua arte perde em penetração pictórica o que adquirira em humanização".[35] Tarsila e o problema do assunto fazem a passagem à pintura de Di Cavalcanti, em que Milliet toca na mesma questão por outra via, isto é, a do assunto brasileiro:

> [...] A Europa, para nós, americanos, pode ser excelente escola mas não deve em hipótese alguma, assimilar-nos. Se o artista ganha em técnica e malícia na convivência dos homens de França, da Alemanha e da Itália, por exemplo, arrisca-se a perder em inocência e humanidade. Seu caráter nacional, sujeito à pressão de internacionalis-

---

34 Mário de Andrade, "Esta paulista família", *op. cit.*

35 *Ibidem*, p. 165-166. Veja-se nota 74 do capítulo 3 que trata de Margherita Sarfatti e seu *Espejo de la pintura actual*, e sua visão do assunto na pintura – ela está tratando da pintura mural, mas a questão central é a mesma.

mo e da moda, corre também o risco de uma lenta deli-
qüescência [sic].[36]

Sarfatti parece retomar exatamente a mesma questão ao tratar
das tendências que ela chama de "indigenistas" no continente latino-
-americano que, para ela, são um desdobramento do primitivismo.[37]

Se existiu uma efetiva troca entre os dois autores, não sabemos
ao certo. Há pelo menos dois autores citados por eles e que lhes são comuns: Élie Faure e Roger Fry. No caso de Élie Faure, Sarfatti e Milliet
são explícitos em indicar seu volume sobre a arte moderna.[38] Fry é uma
referência implícita, para Sarfatti, e Milliet o cita muito brevemente ao
tratar da função da arte.[39] De Faure, é possível que Sarfatti (ainda na
Itália) e Milliet tenham emprestado a questão dos ciclos de síntese e
análise, e a do descompasso entre a arte moderna e seu tempo. No caso
de Fry, suas ideias parecem se reverberar na preocupação que tanto
Sarfatti quanto Milliet têm em relação à função social da arte e o papel
do assunto da pintura nessa problemática – que é alguma coisa trata-
da pelo crítico britânico, sobretudo nas duas conferências proferidas
na Associação de Intelectuais Socialistas de Londres, publicadas no
volume *Vision and Design*. A menção a Faure e Fry é especialmente
interessante porque estamos falando de dois autores que, em primeiro
lugar, veem na obra de Cézanne a questão emblemática da arte moder-

---

36 *Ibidem*, p. 269.

37 Veja-se nota 12 do capítulo 4.

38 Cf. Élie Faure. *Art Moderne*. Paris: Georges Crès et Cie., 1924. O livro
era o quarto volume de uma série que Faure havia começado a publicar
em 1909, intitulada *Histoire de l'Art*.

39 Que Fry aborda principalmente nos ensaios reunidos em sua famosa
coletânea *Vision and Design*. Cf. Roger Fry. *Vision & Design*. Harmondsworth: Pelican, 1920. Sarfatti centra sua análise da pintura moderna
britânica, principalmente no livro *Storia della pittura moderna* no grupo
em torno de Fry – ainda que tenha suas restrições a ele.

na – de sua relação com a tradição artística. Além do mais, Faure e Fry estiveram ligados a projetos, se não socialistas, talvez simpáticos aos socialistas de seus respectivos países.[40]

Ademais, percebemos em vários momentos dos textos publicados por Sarfatti e por Milliet uma semelhança que chega, em certas passagens, às raias do parafraseamento. Isso é evidente na leitura que ambos fazem de Cézanne e os impressionistas, e no panorama da arte brasileira, tal como Milliet o cristalizou naqueles anos 1940.

Finalmente, há dois personagens que podem ter feito a ponte entre eles. Como já dito anteriormente, na redação de seu panorama da pintura brasileira, o crítico Jorge Romero Brest tem em Sérgio Milliet um interlocutor e um leitor privilegiado, nos mesmos anos em que o crítico argentino é anfitrião de Margherita Sarfatti em Buenos Aires, e os dois estão lado a lado contribuindo para as publicações de arte da casa editorial Poseidon.[41] Outra ponte importante é Paulo Rossi Osir. Mais

---

40 Faure atua como professor das universidades populares, na França, por sua ligação com o socialismo francês e, em 1934, é membro do comitê de intelectuais antifascistas naquele país. Fry, embora distante do socialismo, fez parte de um grupo de intelectuais não conformistas, que haviam, no início do século XX, questionado as direções tomadas pela economia capitalista e o advento das guerras imperialistas. Sua morte prematura, em 1934, não deixa margem para sabermos seus posicionamentos diante do avanço do nazi-fascismo na Europa. De qualquer forma, tanto Faure quanto Fry parecem ter buscado uma compreensão da arte na perspectiva de sua evolução formal, ao mesmo tempo preocupados com seu papel na sociedade. Esse binômio, de fato, está no cerne dos ensaios de Sarfatti e de Milliet.

41 Não nos esqueçamos também de que, segundo levantamento feito por Walter Zanini (*A arte no Brasil nas décadas de 1930-40...*, *op. cit.*, p. 179-182), há ao menos dois artigos sobre a pintura paulista publicados na imprensa portenha, naqueles anos. Cf. Mário de Andrade, "El pintor Clóvis Graciano", *Correo Literario*, Buenos Aires, p. 5, 15 de novembro de 1944, e Ruben Navarra, "La pintura contemporánea en el Brasil", *Sur*, n. 96, Buenos Aires, novembro de 1942.

uma vez, se não há documentação específica que comprove a colaboração ensaística e crítica entre o pintor e o crítico paulistas,[42] as afinidades entre as teses dos dois sobre arte são apontadas por seus contemporâneos.[43] Mais tarde, e depois da passagem de Sarfatti pelo Brasil para as aquisições Matarazzo, Sérgio Milliet dá notícias sobre a elaboração de um vocabulário artístico para o português, para o qual Rossi Osir aconselha a necessidade de tradução dos melhores críticos italianos.[44] O projeto parece não ter sido realizado, mas que essa preocupação tenha vindo no momento em que São Paulo abria as portas de seu museu de arte moderna, com uma coleção excepcional de pintura italiana, ao mesmo tempo com a presença de Sarfatti e seu recém-publicado livro sobre a pintura moderna, dá margens a pensarmos em trocas entre Milliet e ela.

Assim, a crítica de Sarfatti e de Sérgio Milliet constituiu o núcleo inicial de acervo para o antigo MAM de São Paulo, que estava baseado nas experiências plásticas da década de 1930 e no contexto dos ciclos debruçados na retomada da tradição clássica da pintura, de raiz mediterrânea/italiana, em que os conceitos de desenho, estilo, escola ainda exprimiam a realidade desses grupos de artistas. Olhando para a coleção italiana oriunda da doação Matarazzo, é essa imagem da pintura moderna que temos: o que Margherita Sarfatti chamou de "classicità moderna", e Sérgio Milliet, de "classicismo despido", em livros que os dois publicaram naqueles anos.

---

42 Para uma análise das relações entre Milliet e Rossi Osir, veja-se Niura Ribeiro. "Rossi Osir e a crítica de arte". In: Annateresa Fabris; Lisbeth Rebolo Gonçalves. *Crítica e modernidade*. São Paulo: ABCA; Imprensa Oficial, 2005, p. 55-67.

43 Cf. Luiz Amador Sánchez, "Paulo Rossi e Sérgio Milliet", *O Estado de S. Paulo*, 25 de março de 1943. O diplomata e literato espanhol está justamente comentando *Marginalidade da pintura moderna* e menciona a semelhança entre as teses de Milliet e a visão de Rossi Osir sobre a pintura moderna.

44 Sérgio Milliet, "Terminologia artística", *O Estado de S. Paulo*, 11 de fevereiro de 1948.

5

"Novecento Brasiliano":
A pintura italiana vista pelo Brasil

Um elemento importante a ser discutido no contexto das Coleções Matarazzo é o que exatamente elas apresentam como Novecento Italiano. Mais que isso, será preciso discutir, afinal, como as obras italianas aqui reunidas dialogam, e em que medida, com a tradição clássica da arte – e com qual tradição clássica. Propomos abordar essa questão por duas vias. Em primeiro lugar, apresentando o que era o Novecento Italiano inicialmente e seus desdobramentos na Itália dos anos 1930. E, em segundo lugar, mostrando como as exposições de arte moderna italiana que aqui circularam trabalharam com certa noção alargada de Novecento Italiano e apresentaram para a América do Sul artistas que, no contexto italiano, tinham emergido como antinovecentistas, mas foram assimilados à noção, talvez, por seu diálogo com a tradição artística e por trabalharem ainda com uma pintura figurativa, ligada a certos aspectos realistas e com gêneros também tradicionais da prática artística.

No contexto italiano, então, já podemos localizar três momentos bem distintos na disseminação do Novecento Italiano, nos anos 1920 e 1930. O termo fora inicialmente reivindicado por Margherita Sarfatti para designar um grupo de artistas que havia retomado valores fundamentais da arte clássica mediterrânea, mediante a reinterpretação de alguns mestres importantes do Renascimento italiano.[1]

---

1 Já em 1925-26, há uma disputa entre Sarfatti e Lino Pesaro, galerista que promoveu a primeira mostra dos seis artistas que viriam a configurar o grupo Novecento, sobre quem teria sido o autor da ideia – se ele ou Sar-

174 | Classicismo moderno

Do grupo inicial de seis artistas expostos na Galleria Pesaro (entre os quais estavam Achille Funi e Mario Sironi, talvez os mais associados a Sarfatti), que se autodesignava grupo Novecento, já em 1926 reconfigurar-se-ia de outra forma: na *I Mostra del Novecento Italiano*, no Palazzo della Permanente de Milão. O termo agora incorporava o dado de nacionalidade dos artistas do grupo e englobava algumas centenas de artistas, de formações bastante diversificadas, mas que, na visão de Sarfatti, compartilhavam do cerne comum de uma arte figurativa, de raiz mediterrânea, respeitosos e continuadores da tradição clássica da arte. A questão da relação desse novo estilo – porque era exatamente disso que se tratava para Sarfatti – com a dimensão política da Itália fascista marcaria o segundo momento de atividades e exposições do Novecento Italiano. O convite a Mussolini para fazer um discurso na abertura da mostra, com um texto inicialmente preparado pela própria Sarfatti, e explicitamente falando de uma arte de Estado, era a tentativa de transformá-lo na expressão da sociedade italiana que nascia com o fascismo. Há, aqui, uma série de elementos que se relacionam no projeto de Sarfatti do Novecento Italiano como arte oficial do regime. Tomar a frente do grupo de artistas que havia exposto na galeria de Lino Pesaro – e que já frequentava seu salão milanês – vinha no momento em que ela se lançava como personagem político, isto é, publicava a biografia de Mussolini e era membro importante da comissão de organização da Bienal de Veneza. Além disso, Sarfatti havia assumido sozinha o comissariado do pavilhão italiano para a Exposição Internacional de Artes Decorativas de Paris, em 1925.[2] No ano seguinte, seria responsável pela sala especial dedicada ao Novecento Italiano na Bienal de Veneza, depois da realização da primeira exposição no Pa-

---

fatti. Isso teria resultado no rompimento entre a crítica e o galerista. Cf. Elena Pontiggia. *Il Novecento Italiano, op. cit.*

2   No qual o convite ao arquiteto Antonio Bragaglia para desenhar o pavilhão e artistas apresentados refletiam sua noção de Novecento Italiano.

lazzo della Permanente, em Milão. Assim, entre 1924 e 1926, Sarfatti tem o objetivo claro de fazer de seu Novecento Italiano a arte oficial do regime fascista. O famoso busto de Mussolini que Adolfo Wildt havia concebido em 1923, além de ter figurado na capa da biografia do ditador escrita por Sarfatti em sua edição italiana, estaria exposto no pavilhão italiano em Paris, em 1925, e seria peça fundamental da *I Mostra del Novecento Italiano* e de outras exposições organizadas por ela no exterior.[3] Ao busto de Mussolini, ademais, seguiu-se um *pendant*: o retrato de Margherita Sarfatti em mármore, feito por Wildt em 1929.

Essa intensa campanha que Sarfatti inaugura em seu país na promoção do Novecento Italiano desdobra-se numa série de exposições internacionais do grupo. Na biblioteca de Sarfatti,[4] encontramos outros exemplares de catálogos de mostras de artistas do chamado Novecento Italiano, realizadas entre 1926 e 1930, no exterior. Elas levam desde o nome mais genérico de *Esposizione d'Arte Moderna Italiana in Olanda* (no Stedelijk Museum de Amsterdã, em 1926) e *Exhibition of Italian Modern Art* (na Italian American Society de Nova York, em 1926), até o título *Novecento Italiano* (caso do catálogo da mostra do Kunsthalle de Hamburgo, em 1927). O que é importante observar é que, ainda no contexto da segunda metade da década de 1920, Sarfatti condividia, por vezes, com seu posterior opositor Ugo Ojetti, com Barbaroux e com personagens como Carlo Frua de Angeli e Senatore Borletti, o comissariado dessas exposições. Como vimos, na década seguinte e ao lado de Emmanuelle Sarmiento, Frua de Angeli e Borletti viriam a ser membros ativos do Comité France-Italie e estiveram na

---

3   O busto deveria, inclusive, ter sido exposto na *Mostra del Novecento Italiano* em Buenos Aires e, por decisão de Emilio Pettoruti e certa animosidade no ambiente intelectual argentino, não é exibido – o que enfurece Sarfatti. Cf. Emilio Pettoruti. *Un pintor ante el espejo.* Buenos Aires: Solar, Hachette, 1966.

4   Fundo Margherita Sarfatti, Archivio del '900, MART.

base das doações de arte moderna italiana para a França, em colaboração com Vittorio Barbaroux. Talvez isso fizesse parte da estratégia de Sarfatti de tentar consolidar o Novecento Italiano como expressão maior da Itália fascista. Como visto, seu poder sobre o ambiente internacional – não só por via de suas relações artísticas, mas também por conta de sua aproximação à diplomacia estrangeira – soou ameaçador à cúpula fascista, que começa uma campanha para desqualificá-la como porta-voz de uma arte de regime. De um lado, Sarfatti criou inimizades e confrontações ao ambicionar poder absoluto sobre as iniciativas artísticas e ao enfrentar a hegemonia dos sindicatos de artistas. De outro, começava a emergir na política fascista a ideia da centralização do território em Roma que, ao longo dos anos 1930, levaria às reformas urbanas das cidades italianas e ao desenvolvimento do mito da *romanità*, para o qual não interessava a primazia e o brilho de Milão como capital moderna italiana.

Essa questão se faz sentir em *L'Arte e il Fascismo*, que Sarfatti publica em 1928.[5] Aqui, ela fala de uma unidade da Itália, que já podia se perceber, antes que o país fosse unificado de fato. Essa unificação é dada pela arte que, segundo ela, era fascista antes que o fascismo existisse. Isto é, ela afirma que o Estado fascista é uma expressão de *italianità*, por sua vez, território unido por uma raiz latina comum, e que adiante Sarfatti lembra ser "imperial" e, portanto, universal, pois que circulara e circulava através dos territórios e dos séculos, influenciando gerações e gerações de artistas. Aqui ela efetivamente começa a elaborar uma teoria da arte que refletisse ou explicasse as práticas artísticas do Novecento Italiano como aquelas que melhor exprimiam a Nova Itália: os termos empregados por ela – de *italianità* e *romanità*, sobretudo – respondem diretamente à política de centralização da vida cultural italiana em Roma. Esse é o momento, inclusive, de sua

---

5   Margherita Sarfatti, "L'Arte e il fascismo", *op. cit.*

mudança para Roma, onde ela aluga um apartamento perto da Villa Torlonia – residência de Mussolini. Para fazer valer suas teses no ambiente da crítica de arte, sua operação é justamente de marcar essa *italianità* como "universal", resgatando a raiz mediterrânea da arte italiana e sua tradição renascentista – daí o uso do termo *Novecento*, dando continuidade às escolas artísticas renascentistas, tal como formuladas a partir da tratadística do Renascimento, retomada pela historiografia da arte do final do século XIX e início do século XX.

Mas a partir de 1930, com a realização da última mostra por ela organizada, em Buenos Aires, depois de intensa campanha em várias capitais europeias, seu projeto passa a ser atacado pela alta cúpula fascista. Sarfatti declina a passos galopantes e aos poucos sua participação é negada nas comissões de organização de todas as mostras oficiais do regime. Na reestruturação do sistema de exposições de arte, naquele momento, que culminou com a criação da Galleria d'Arte di Roma (do Sindicato Nacional dos Artistas Fascistas), em 1930, e da Quadriennale di Roma, em 1931, Sarfatti foi excluída, como também o foi na exposição mais importante do *Ventennio*: a *Mostra della Rivoluzione Fascista*, de 1932, para a qual ela não teria sido nem convidada para a abertura.[6] Ela teria, como já dito, na figura de Farinacci seu principal inimigo que, por sua vez, também tinha seus projetos de uma arte oficial – como ele consolidaria mais tarde com o Prêmio Cremona.[7]

---

6   Cf. Françoise Liffran, *op. cit.*

7   Já na Bienal de Veneza de 1930, Farinacci introduz alguns artistas que faziam uma pintura explicitamente de propaganda, como no caso de Arnaldo Carpanetti e seu quadro "Incipit novus ordo", apresentado num concurso dos *fasci* na Bienal daquele ano. Para uma análise da obra, veja-se Paolo Rusconi, "'Les grimaces mesquines'. L'iconogaphie du marchand d'art Pietro Maria Bardi dans l'Italie fasciste", comunicação apresentada na *Journée d'Études L'art italien contemporain: Le fascisme vu par les artistes du Ventennio à la Seconde République*, INHA, 23 de maio de 2014. Outro argumento importante, segundo os biógrafos de Sarfatti, diz respeito ao

Aquilo que Sarfatti defendia como a grande arte italiana dessa nova era não tinha uma relação direta com uma arte de propaganda, de citação mais evidente aos temas e personagens políticos. Um caso exemplar parece ser o de nossa "L'indovina", de 1924, do pintor Achille Funi, da fase do chamado Realismo Mágico do artista, momento em que ele se volta para reinterpretar a tradição clássica da arte, fazendo sobretudo referência à pintura do *Quattrocento* italiano, em particular àquela do ciclo de Ferrara, sua terra natal.

Ao mesmo tempo, e no contexto da criação da exposição nacional oficial do regime fascista (a Quadriennale di Roma), bem como nas mostras promovidas a partir de 1929 pelo regime no exterior, o termo Novecento Italiano circula e é usado para designar a nova arte italiana, certamente, mas em sentido muito mais frouxo que incluía, por exemplo, uma participação de aerofuturistas (de quem Marinetti permanecia sempre como porta-voz). Isso fica claro no texto de apresentação de Waldemar George para a exposição *22 Artistes Italiens Modernes*, na Galeria Bernheim de Paris, em 1932.[8] Exposição que a historiografia reconhece, ainda hoje, como marco fundamental da divulgação da arte moderna italiana no centro dos debates modernistas, ela reuniu artistas de tendências diversificadas, que iam de Funi – um legítimo representante do Novecento Italiano – a Scipione, representante da Scuola Romana, criada justamente para confrontar-se com o Novecento Italiano. George fala de um Novecento Italiano que encontra uma unidade em sua "mediterraneidade". Os artistas italianos são para ele: "[...] les frères enemmis des peintres du Nord [da Europa], leur art prouve, une fois de plus, que la romanité ou italianité sont synony-

---

ativismo antissemita de Farinacci, que começava a ganhar força a partir de 1927. Assim, para ele e seu grupo, Mussolini ligar-se a uma judia era um problema.

8   *22 artistes italiens modernes, op. cit.*

mes de l'universalité".[9] Seu argumento, embora retome a estratégia de Sarfatti em seu *L'Arte e il Fascismo*, tem de ser lido dentro do quadro das atividades do Comité France-Italie – sob a égide do qual se faria a primeira doação de obras italianas modernistas para o Jeu de Paume –, promotor de uma união da Europa via sua raiz mediterrânea/latina. Mas, apesar das relações entre Sarfatti, Barbaroux (que emprestou as obras para a realização dessa exposição) e George, não é mais a "dama do Novecento" (como ela é muitas vezes chamada) que está na comissão de organização da exposição.

A década de 1930 seria marcada, assim, por certa ideia do Novecento Italiano como sinônimo de arte moderna italiana, em que sua raiz latina/mediterrânea a distinguia do ambiente mais internacional da capital francesa, por exemplo. De fato, nessa polaridade entre os "estrangeirismos" da Escola de Paris e a afirmação da identidade/unidade nacional italiana, construiu-se a promoção da arte moderna produzida na Itália. Aqui, é necessário distinguir dois momentos na afirmação dessa arte "clássica" e "latina/mediterrânea", entre as décadas de 1930 e 1940. Num primeiro momento, parece haver um investimento significativo de promoção da nova arte italiana internacionalmente, por via das inúmeras mostras organizadas pelas instituições oficiais do país – tal como a Bienal de Veneza, que é responsável por uma série delas e que resultariam em doações oficiais importantes. O segundo momento, já no contexto de uma Itália associada à Alemanha hitlerista e inimiga dos aliados, caracterizou-se por uma política de incentivo interno à formação de coleções privadas de arte moderna italiana. Tanto no caso das mostras organizadas pela Bienal de Veneza, nos anos 1930, quanto no incentivo à formação de coleções privadas de arte moderna italiana, circula a noção de Novecento Italiano, que se confunde sim-

---

9 "(…) os irmãos inimigos dos pintores do Norte, sua arte prova, mais uma vez, que a romanidade ou a italianidade são sinônimos de universalidade." Waldemar George, *op. cit.*, s.p.

plesmente com a ideia de arte italiana do Novecento (entendido como equivalente de "século XX"), ou arte moderna italiana. Que o termo Novecento continue a ser empregado serve, neste contexto, para enfatizar a Itália como berço da cultura mediterrânea e latina, o que, por sua vez, reforçava o mito da *italianità* e da supremacia da arte italiana ante as tendências que se apresentavam, naquele momento, no ambiente parisiense – tomado como centro propagador das ideias modernistas. Nesse sentido, as palavras de Waldemar George, mais uma vez, parecem selar o destino do Novecento Italiano:[10]

> [...] Un art réaliste, un art idéaliste? La peinture italienne échappe, dans une certaine mésure, à ces catégories. Peinture métaphysique, elle confère aux formes les plus banales, aux termes usuels eux-mêmes, un sens plus pur et une plus haute portée. Le Français, amateur de vie individuelle, s'interesse aux cas particuliers. L'italien s'interesse à l'homme en général. Il le défend et il le magnifie. Alors même qu'il aborde les thèmes prolétariens qui s'écartent de ses normes, il les ennoblit et il les poétise.
>
> Dans son ensemble le groupe du Novecento a rompu les liens qui unissent la peinture italienne à l'art du siècle dernier. Ce n'est pas qu'il conteste l'apport de l'Ottocento. Mais il reconnait que ce siècle orienté vers le Nord a dilapidé, a désagrégé, détruit le patrimoine plastique d'Italie. Pour vivre et pour remplir sa tâche, l'art italien s'écartera, désormais, des voies tracées par le verisme et par l'impressionnisme. Il ne sera ni un art d'expression dramatique qui montre l'homme aux prises avec lui-même, ni un art naturiste qui abboutit à l'effacement

---

10 *Ibidem.*

de l'homme, qui nie sa primauté, qui en fait un pigment chromatique, une tache, une arabesque. L'esprit critique et l'esprit d'examen, au sens moderne et protestant du mot, ne sont pas son domaine.[11]

Sob a égide de Novecento Italiano, apresentam-se, assim, artistas como Massimo Campigli, Gino Severini, Renato Paresce e Filippo de Pisis, naqueles anos promovidos como os Italianos de Paris – que não têm uma vinculação direta com o Novecento Italiano sarfattiano, por exemplo. Ou ainda Scipione, um antinovecentista, como visto. O que os une, segundo George, é seu espírito de síntese, testemunho, em suas palavras, "d'une certaine unité de culture" [de uma certa unidade de cultura]. É também aqui que se reforça a relação da arte italiana com a arte clássica, sinônimo de arte mediterrânea, quando ele opõe norte e sul do território europeu.

Essa exposição marcaria a primeira doação de pintura moderna italiana feita à França, que mais tarde se repetiria em duas ocasiões

---

11 "Uma arte realista, uma arte idealista? A pintura italiana escapa, em certa medida, a essas categorias. Pintura metafísica, ela confere às formas mais banais, aos termos mesmo usuais, um sentido mais puro e de mais alta portada. O francês, amador de vida individual, se interessa pelos casos particulares. Ao italiano, interessa o homem em geral. Ele o defende e o torna magnífico. Mesmo quando aborda os temas proletários que se afastam das normas, ele os nobiliza e os poetisa. / No conjunto, o grupo do Novecento rompeu os laços que unem a pintura italiana à arte do século passado. Não porque ele conteste a conquista do Ottocento. Mas ele reconhece que esse século orientado ao Norte dilapidou, desagregou, destruiu o patrimônio plástico da Itália. Para viver e cumprir sua tarefa, a arte italiana, assim, se afastou das vias traçadas pelo verismo e pelo impressionismo. Ela não será uma arte de expressão dramática que mostra o homem absorto em si mesmo, nem uma arte naturista que acaba por apagar o homem, que nega sua primazia, que faz um pigmento cromático, uma mancha, um arabesco. O espírito crítico e o espírito de exame, no sentido moderno e protestante do termo, não são o seu domínio."

(como vimos) e para as quais um conjunto de obras francesas foi adquirido em paralelo. Nesses casos, Catherine Fraixe argumentou que as aquisições francesas pareciam contribuir para entafizar a melhor qualidade das obras italianas doadas, e também, como sempre, figurando em menor número.[12] Vemos assim essa noção de Novecento Italiano ser empregada na promoção da arte moderna italiana, naquilo que ela guarda de seu caráter nacional. Ainda que George insista na universalidade da arte italiana (sinônimo de arte latina/mediterrânea), é nela mesma que a cultura italiana se afirma como identidade – e certamente em oposição ao "internacionalismo" da Escola de Paris.

A vinculação da arte moderna italiana à tradição de seu país é outro aspecto homogeneizante e que acaba por apagar, principalmente no ambiente das mostras do regime e em sua promoção internacional, as diferenças entre os grupos de artistas apresentados. Assim, a história da arte italiana é apreendida como uma vertente única de continuidade entre a antiguidade greco-romana, a experiência do Renascimento e do barroco. O exemplo mais interessante é o da Scuola di Via Cavour – também ampliada para a noção de Scuola Romana e que faria frente à primazia milanesa do Novecento Italiano em sua conformação nos anos 1920. Tomando-se seus principais artistas, isto é, Mafai e Scipione, estamos diante de uma pintura que se debruça sobre aspectos da pintura da Roma barroca, ao mesmo tempo em que se procura aproximar da pintura expressionista. No caso das obras adquiridas por Matarazzo, se "Ragazzo" (1935 ca., óleo/cartão) de Mario Mafai encontra reverberações no retrato renascentista, o tratamento das superfícies é mais matérico, com pinceladas marcantes e ondulantes – aproximando-o, assim, aos mestres "da cor". "Oceano indiano" (1930, óleo/madeira) de Scipione foge totalmente à matriz clássica, de fato, ao criar uma imagem feérica e tão absurda que o

---

12 Catherine Fraixe, *op. cit.*

aproximaria dos surrealistas, ainda que fundamentado na sua investi-gação da Roma barroca.

Outro grupo que foge a essa tradição classicizante é justamente o dos artistas mais jovens, ligados ao grupo Corrente. Aqui, inclusive, estamos falando de algumas personagens que redescobrem a pintu-ra francesa do século XIX, o impressionismo e outras experiências vanguardistas. Se observarmos atentamente "Battaglia" (1938, óleo/tela) de Aligi Sassu, adquirida por Matarazzo, percebemos quanto sua pincelada e sua sobreposição de vermelhos e verdes devem à pintura de Delacroix – que ele descobrira depois de uma viagem a Paris em 1935. Isso sem considerarmos o fato de que o início dos anos 1940 já marcaria, entre alguns artistas italianos, uma reaproximação às corren-tes parisienses, principalmente nas figuras de Picasso e Matisse – um caso exemplar é o de Gino Severini numa obra como "La femme et l'arlequin" (1946, óleo/tela), do acervo do MAC USP.[13]

Finalmente, há uma espécie de "esperanto metafísico" que per-meia, de algum modo, as formas de expressão plástica da pintura mo-derna italiana que se produziu entre 1920 e 1940. Certos elementos de um vocabulário metafísico parecem ser recorrentes, que vão desde a conjunção de objetos e figuras díspares até certas estruturas abstratas presentes nas composições. No caso das coleções Matarazzo, veja-se, por exemplo, "Bagnanti in piscina" (1931, óleo/tela), de Giuseppe Ca-pogrossi, e "Natura morta" (1941, óleo/ madeira), de Pio Semeghini: artistas ligados a grupos bastante distintos na Itália dos anos 1920-30, com carreiras também muito diferentes, não é possível não observar aqui elementos de uma pintura metafísica, no tratamento das super-fícies, na disposição das figuras e objetos e, principalmente, na con-

---

13 Para a comparação com Matisse, veja-se Renata Dias Ferraretto Rocco, *op. cit.* Em 1946, Severini, além de escrever o primeiro volume de sua autobiografia, dedicaria um livro a Matisse.

traposição entre antigo e moderno. De certo modo, é essa gramática metafísica que dá o tom da pintura moderna italiana.

A questão é que o Novecento Italiano como sinônimo de pintura moderna italiana subsistiu, mesmo no imediato pós-guerra – e talvez à revelia das releituras das vanguardas e do ambiente francês que já estava ocorrendo desde a segunda metade da década de 1930. Entre 1946 e 1947, exposições que ocorreram em São Paulo e Buenos Aires são vistas à luz do Novecento Italiano, tal como formulado ao longo dos anos 1930. A primeira teve lugar entre Santiago do Chile e Buenos Aires e propunha, na verdade, um panorama atualizado da arte moderna italiana. Não se tratava só de apresentar pintura, mas também escultura e obras sobre papel, e, nos textos introdutórios e de análise dessa larga produção, evitava-se uma aproximação ao Novecento Italiano e buscava-se construir uma história da arte moderna italiana que começava no século XIX.[14] Resenhada por Jorge Romero Brest em sua passagem pela Galeria Peuser, de Buenos Aires, a exposição ganha outro tom, uma vez que o crítico argentino se lamenta da ausência de alguns artistas ligados ao Novecento Italiano.[15] Além disso, Romero Brest se questiona sobre a possibilidade de se considerar a pintura de Modigliani como manifestação do Novecento Italiano, ou não, apontando elementos que ele entende como "italianistas" na obra do artista.

Em 1947, outras duas exposições de pintura moderna italiana voltar-se-iam para o Novecento Italiano, na América do Sul. Vittorio Barbaroux apresenta uma seleção de sua coleção na Galeria Müller, em

---

14 Cf. Pietro Zuffi (org.). *Arte contemporâneo italiano*. Santiago de Chile: Talleres Zig-Zag, 1946. Com textos de Gualtieri di San Lazzaro e Libero de Libero, a exposição talvez fosse uma iniciativa do grupo em torno da Galleria Cometa, de Roma. O catálogo é bilíngue, em espanhol e português, o que sugere uma itinerância pensada para o Brasil.

15 Jorge Romero Brest, "De Chirico, Carrà y la Pintura Italiana del Novecientos", *Histonium*, ano VIII, n. 87, agosto de 1946, p. 487-494.

Buenos Aires;[16] e Bardi organiza, no Rio de Janeiro, uma exposição de pintura italiana moderna, no Ministério de Educação e Saúde. No caso da exposição da coleção de Barbaroux, tanto o texto de apresentação do catálogo, quanto uma resenha crítica de Julio Payró sobre a mostra, interpretam as obras apresentadas na chave do Novecento Italiano. O texto de apresentação de Marino Bonini fala de uma pintura que, superado o futurismo, trabalha com um vocabulário metafísico, fundamentado na tradição clássica da arte. Julio Payró, embora tenha clara posição de antagonismo ao Novecento Italiano (pautando inclusive suas vinculações políticas), fala da coleção de Barbaroux como um bom exemplo da pintura que se produziu no entreguerras na Itália, marcada por um modernismo retrógrado e conservador, expressa justamente pelo Novecento Italiano.[17]

A exposição que Bardi organizou no Ministério de Educação e Saúde, no mesmo ano e que antecede a vinda da coleção Barbaroux para Buenos Aires, além de ser quase explícita no diálogo que parece tentar criar com as aquisições que naquele mesmo momento se faziam para Matarazzo e para o antigo MAM, volta à ideia de uma pintura italiana fundamentada na tradição renascentista,[18] ao afirmar que nenhum pintor italiano pode ser chamado de moderno se não tiver "assimilado a lição de Cézanne (o Giotto dos tempos novos, como o definiu Élie Faure)" e justamente trabalhar com uma noção ampliada de Novecento. Ao listar os artistas desse "neoclassicismo contemporâneo italiano", aparecem os nomes de Guidi e de Casorati, por exemplo.

---

16 *Artistas italianos de hoy*. Buenos Aires: Galería Müller, julho de 1947 (Colección Victor Manuel Barbaroux).

17 Julio Payró, "Orientación de la pintura italiana contemporánea", *Sur*, n.157, 1947, p. 143-151.

18 *Exposição de Pintura Italiana Moderna*. Rio de Janeiro: Studio di Arte Palma, maio de 1947. O texto não é assinado, mas tudo leva a crer que seja de autoria de Pietro Maria Bardi.

Embora tivessem paticipado das mostras do Novecento Italiano desde 1926, estes, assim como outros artistas, não são propriamente novecentistas. Mas a mostra de Bardi, assim, alinhava-se com as aquisições Matarazzo, ao mesmo tempo em que propunha um panorama da pintura moderna italiana muito próximo ao apresentado por Sarfatti em seu livro, publicado no mesmo ano.[19] Algumas das obras exibidas na mostra carioca são praticamente análogas às obras compradas por Matarazzo, a exemplo de "Cavalos e cavaleiros" (1930, óleo/tela, coleção particular, Florença), de Giorgio de Chirico, reproduzido na capa do catálogo: como o nosso "Cavalli in riva al mare", a obra selecionada por Bardi ressoa o De Chirico descrito por Sarfatti em seu livro portenho. O mesmo ocorre com "A partidinha" de Ottone Rosai, uma "Menina adormecida" de Casorati, ou ainda uma vista de Veneza, de Filippo de Pisis, todas expostas na mostra de Bardi.

Há que se considerar aqui alguns pontos para que o ambiente brasileiro – e principalmente o paulista – recebesse essas obras italianas na chave do Novecento Italiano. Em primeiro lugar, não podemos desprezar a relevância dessa noção na construção da pintura paulista, e a presença efetiva de artistas que haviam se vinculado ao ambiente milanês, os principais deles sendo Paulo Rossi Osir e Vittorio Gobbis (como já apontado). Além deles, a participação de Hugo Adami na *I Mostra del Novecento Italiano* e sua formação italiana; Fulvio Pennacchi e seu aprendizado junto a Pio Semeghini, no momento em que este último estudava a pintura de Piero della Francesca; e a chegada de Ernesto de Fiori a São Paulo. Embora sua carreira tivesse se desenvolvido na Alemanha, e isso tivesse inclusive comprometido sua participação na primeira exposição do Novecento Italiano, De Fiori também parece trabalhar a partir de alguns valores propagados por essa noção e pelos

---

19 Margherita Sarfatti, *Espejo de la pintura actual, op. cit.*

escritos de Sarfatti.[20] A própria presença da crítica italiana na América do Sul, nos anos 1940, deve ser um fator importante na recepção das obras que por aqui passaram, na medida em que Sarfatti ainda se esforça por lê-las dentro dos preceitos defendidos por ela. Isso fica evidente na maneira como ela elabora seu panorama da pintura moderna, estabelecendo os paralelos entre a pintura italiana e a do continente americano, em seu livro portenho. Além do mais, seus argumentos fortaleciam os partidários da figuração na cruzada contra a abstração, naqueles primeiros anos de fim da guerra.

Finalmente, deve-se entender a nova (velha) investida de divulgação da arte moderna italiana, no imediato pós-guerra, a partir de um espectro maior, que emprestava um modelo já estabelecido nos anos

---

20 À exceção de Fiori, em seu artigo sobre o Novecento Italiano e a arte brasileira, Tadeu Chiarelli ("O Novecento e a arte brasileira", *op. cit.*) é o primeiro a apontar para esses artistas como assimiladores das noções do grupo milanês. No caso de Ernesto de Fiori, a conexão italiana parece ser menos estudada. De qualquer forma, duas cartas escritas pelo artista a Sérgio Milliet, no início dos anos 1940, nos permitem entrever seu comprometimento com uma pintura figurativa, voltada para o estudo da tradição artística, para o domínio técnico e de sua função social. Cf. W. P., "Documentos inéditos da arte brasileira", *Habitat I*, out./dez.1950, p. 77-78.
Sobre Hugo Adami, veja-se Ivana Soares Paim. *Por enxergar demais: a pintura de Hugo Adami*, dissertação de mestrado, sob orientação de Tadeu Chiarelli, Departamento de Artes Visuais, ECA USP, defendida em 2002.
Sobre Fulvio Pennacchi, veja-se Tadeu Chiarelli (org.). *Fulvio Pennacchi: 100 anos*. São Paulo: Pinacoteca do Estado de São Paulo, 2007. Ver também Neville Rowley, "Entre Quattrocento e Novecento: Piero della Francesca, Pio Semeghini e Fulvio Pennacchi". In: Ana Gonçalves Magalhães, Paolo Rusconi; Luciano Migliaccio (orgs.). *Modernidade latina. Os italianos e os centros do modernismo latino-americano, op. cit.* Disponível em: <www.mac.usp.br/mac/conteudo/acade-mico/publicacoes/anais/modernidade/index.html>.

1930: a combinação de exposições de arte moderna italiana com exposições de arte antiga daquele país. Este foi o modelo adotado pelos órgãos diplomáticos italianos que enviaram Bardi e seu Studio di Arte Palma ao Brasil, em 1946. Assim, a exposição de pintura moderna italiana de maio de 1947 é antecedida pela *Exposição de Pintura Italiana Antiga*, no mesmo Ministério de Educação e Saúde, em novembro de 1946. Nesse modelo, não existe século XIX italiano – ao contrário das mostras italianas que já haviam passado por São Paulo nas duas primeiras décadas do século XX.[21] A mostra trazida por Bardi cobria do século XIII ao século XVIII, traçando justamente os caminhos da tradição clássica. Algumas das obras, como apontado anteriormente, também permaneceram por aqui, no acervo do Masp que, em seus primeiros anos de atividade, funcionou no mesmo prédio do antigo MAM. Os dois museus constituíram, assim, uma história da arte internacional para o país alinhada com os debates críticos do período.

---

21 Uma delas, inclusive, organizada por Paulo Rossi Osir. Cf. Lauci dos Reis Bortoluci, *op. cit.*

CONSIDERAÇÕES FINAIS

Iniciamos uma revisão da história do acervo de arte moderna do MAC USP através do estudo dessa significativa coleção de pinturas italianas do entreguerras, em princípio, para reavaliar criticamente os modos de documentação das obras do museu. O projeto que, em 2008, previa a publicação de novo catálogo geral do acervo do MAC USP acabou se transformando num estudo de caso bastante complexo e nos permitiu propor outras reflexões sobre a história do museu e suas coleções.

A primeira dessas reflexões diz respeito aos processos de formação do acervo de arte moderna do antigo MAM de São Paulo que o MAC USP herdou. O estudo aprofundado das compras italianas realizadas entre 1946 e 1947 é apenas uma fresta que se abriu para um universo maior de relações que os modernistas paulistas haviam constituído, na verdade, desde os anos heroicos de defesa da arte moderna na década de 1920. O estudo da coleção italiana angariada por Matarazzo para a criação do antigo MAM de São Paulo deverá, ainda, ser cotejado com a contrapartida francesa e os outros conjuntos de aquisição realizados entre 1951 e 1952, e ao longo da década de 1950. Assim, já encaminhamos a pesquisa nessa direção, com pelo menos dois trabalhos complementares: o estudo das doações Rockefeller e o estudo das aquisições brasileiras.[1] Eles nos permitiram apontar algu-

---

1 Esses conjuntos foram temas de pesquisa de minha orientanda de mestrado Carolina Rossetti de Toledo (como dito anteriormente) e de minha ex-orientanda de iniciação científica, Maria Lívia Góes.

190 | Classicismo moderno

mas características do núcleo inicial do acervo do antigo MAM. Considerando-se os três conjuntos, mais as aquisições francesas, podemos inferir que todos eles são datados, isto é, refletem o ambiente dos debates artísticos do imediato pós-II Guerra, tanto no Brasil quanto no exterior. Embora essa afirmação pareça uma obviedade, ao compararmos com a formação de outros acervos de arte moderna, principalmente na França e nos Estados Unidos, nos mesmos anos, damo-nos conta de que esses últimos inicialmente pareciam, naquele mesmo momento, querer refletir outra coisa. Nesse sentido, o resgate das experiências vanguardistas era, nesses dois ambientes, uma palavra de ordem, e os mesmos artistas italianos aqui presentes, em acervos norte-americanos e franceses, veriam, a partir de então, suas obras do período entreguerras serem legadas às reservas técnicas daquelas instituições. O antigo MAM, ao contrário, alinhava-se com a Itália: a grande mostra da liberação italiana, realizada pela Galleria Nazionale d'Arte Moderna de Roma, em 1944, apresentava um panorama da arte moderna italiana da primeira metade do século, em que todas as vertentes presentes hoje no acervo do MAC USP eram também ali exibidas.[2] Se pensarmos nas escolhas feitas por James Thrall Soby e Alfred Barr para o catálogo da exposição *XXth Century Italian Art*, em 1949, esses artistas também foram legados a segundo plano, e a mostra nova-iorquina deu o tom de como a narrativa da arte italiana do século XX deveria ser contada a partir dali.

Ter um acervo datado significou, nesse contexto, coletar, para o antigo MAM, o que o debate artístico sedimentava nos anos, efetivamente, do imediato pós-II Guerra, isto é, entre 1945 e 1948. Assim, a seleção italiana, como visto, relacionava-se às questões dos anos 1930

---

2   Cf. Maristella Margozzi (org.), *op. cit.* A exposição para a qual este catálogo foi feito mostrava, depois de muitas décadas, enormes cartões de estudo de projetos de pintura mural de Mario Sironi, por exemplo, que certamente não se viam nas galerias do museu depois da década de 1950.

– década na qual havia se formado a "escola paulista de pintura" – e atualizava o debate italiano dos primeiros anos da década de 1940. As doações Rockefeller, bem como as aquisições francesas e brasileiras, também procuraram cristalizar o debate artístico dos respectivos países na primeira metade da década de 1940. No caso francês, por exemplo, quando Léon Dégand falava em uma seleção da Escola de Paris feita por Alberto Magnelli,[3] não se tratava tanto das experiências artísticas parisienses dos anos 1920, mas, de fato, de uma forte presença da chamada Segunda Escola de Paris, de artistas como Le Moal, Manessier, Bazaine, que haviam partido para uma prática de abstração de raiz colorista (por assim dizer) e que havia se organizado nos anos de guerra e de resistência à França ocupada (entre 1942 e 1944). A produção brasileira desse primeiro núcleo das Coleções Matarazzo está diretamente ligada às práticas do Grupo Santa Helena, aos artistas ligados ao Sindicato então recém-criado em São Paulo e ao ambiente das experiências figurativas das edições do Salão de Maio. As catorze obras doadas por Rockefeller em 1946 refletem, elas também, as atividades do MoMA ligadas às iniciativas aliadas de guerra, envolvendo, assim, a projeção da jovem arte norte-americana, de um lado, e a produção dos artistas europeus exilados em Nova York, de outro.[4] Enfim, esse acervo datado era, em 1948 (quando o antigo MAM foi fundado), um acervo absolutamente contemporâneo.

Entender o que se passava no ambiente modernista entre 1945 e 1950 nos ajudou a reavaliar e a reinterpretar outros acervos de arte moderna, estes mais cristalizados e bastante comentados pela historiografia internacional da arte, mas que não deixam ver seus processos de

---

3   Veja-se passagem citada no capítulo 2.

4   Como demonstra claramente a pesquisa realizada por Carolina Rossetti de Toledo, identificando dois conjuntos precisos de obras, ligados, respectivamente, às curadorias de Dorothy Miller e Alfred Barr no MoMA na primeira metade da década de 1940.

formação. Nada mais elucidativo que a recente exposição do acervo do Musée National d'Art Moderne no Centro Georges Pompidou e seu projeto curatorial de aspirar (ainda) a uma história universal da arte moderna, e perceber, ao mesmo tempo, como estamos também diante de um acervo datado.[5] Ao tentar dar conta da história da arte do século XX como um todo, o "nouvel accrochage" do acervo permanente de arte moderna da França nos demonstra que essa não é uma tarefa possível. Mais que isso, é uma tarefa que anula a força de um acervo como o do Pompidou e acaba por apagar as reais questões de sua constituição. Por outros indícios, como a cronologia apresentada logo no início da exposição e a seleção de catálogos das exposições realizadas na fase inicial de consolidação do acervo de arte moderna nacional francês, podemos perceber os elementos que também o vinculam diretamente a seu território e aos artistas que ali atuaram na constituição das práticas modernistas. Nomes como os de Picasso, Matisse, Chagall e Kandinsky pululam, e não há como colocá-los em segundo plano, uma vez que são esses os artistas vivos que, naqueles anos de imediato pós-guerra, fazem doações significativas para fomentar o museu de arte moderna francês. Sua sede inicial, no famoso Palais de Tokyo, erguido para a Exposição Universal de Paris de 1937, também diz muito sobre as experiências modernistas dos imediatos pré e pós-guerra. Em outras palavras, foi a convivência com um acervo de arte moderna formado em um país periférico, como o Brasil ainda é dentro da historiografia da arte ocidental, que nos proveu de outro olhar sobre acervos já cristalizados. Isto é, as novas práticas da história da arte, que envolvem hoje o estudo da recepção dos objetos artísticos, a história das exposições, a

---

5 Trata-se da exposição *Modernités plurielles*, Musée National d'Art Moderne, Centre Georges Pompidou, 23 de outubro de 2013 a 26 de janeiro de 2015. Veja-se o texto da curadora, Catherine Grenier no site: <www.centrepompidou.fr/cpv/resource/ccARK9/rq8Gbj>. Ela fala em "história mundial da arte" e "universalidade".

ideia da biografia dos objetos e sua relação com as instituições artísticas têm produzido excelentes frutos entre nós e nos instrumentalizaram a propor novos problemas para temas aparentemente esgotados – neste caso, a história da arte moderna, que deixa cada vez mais a esfera das questões formais e ganha novos contornos ao ser reinterpretada à luz dos processos de institucionalização, divulgação e tradução/transposição de práticas artísticas em outros territórios. Esperamos que o que ensaiamos aqui seja uma contribuição possível nessa direção.

Para que esse estudo seja, de fato, uma contribuição possível para uma nova história da arte moderna, outra reflexão importante a ser perseguida é justamente uma revisão do modernismo que possa dar conta de como as práticas artísticas modernistas se relacionaram com um sistema das artes pautado pelo advento de estados autoritários. Se as relações entre arte e política já têm sido tema relevante nas duas últimas décadas na historiografia da arte, ainda seria preciso abrir o debate em duas direções. A primeira diz respeito à incorporação das experiências modernistas mais conservadoras – como é o caso das poéticas do "Retorno à Ordem", da volta ao domínio da pintura, de certa noção de realismo e de um novo debruçar-se sobre a tradição artística – como intrínsecas da história da arte moderna. Ainda temos, ao que parece, uma visão bastante dicotômica, em que se contrapõem as práticas vanguardistas àquelas desenvolvidas nos anos 1920 e 1930 em vários contextos. As práticas vanguardistas ainda servem de base à caracterização da arte moderna por excelência. Por outro lado, esse segundo momento mais "conservador" não significou o abandono de todo das experiências vanguardistas, primeiramente, tampouco corre em paralelo ao grande debate artístico – ao contrário, ele é o grande debate artístico naquele momento. Ademais, em certa medida, é ele que de imediato é institucionalizado como arte moderna. Não estamos tão longe, portanto, da noção de um sistema das artes que, como já apontava Marcel Duchamp com suas ações, mimetizava o esquema erguido no século XIX com os museus de belas-artes e salões, e que, afinal, se transformou no mais eficiente mecanismo de circulação e institucionalização da arte – podemos dizer, inclusive, até o século XXI e por via da constituição dos museus de arte contemporânea e mostras internacionais de tipo bienal. Esse poderoso sistema foi se moldando às pautas artísticas e sobreviveu às ameaças que lhe pareciam ser inflingidas pelas experiências pré-modernistas do século XIX, atravessando o século XX e chegando ao século XXI.

A segunda direção a ser considerada é a da popularização da arte moderna ao longo do século XX, que deveu muito aos novos meios de comunicação de massa – principalmente a imprensa. A arte moderna como notícia de jornal é um grande tema a ser tratado. Sua disseminação – por via do cinema, da moda, da decoração, do grande avanço das técnicas gráficas de reprodução da primeira metade do século XX – foi possível a partir do processo de modernização da vida e das sociedades, que em alguns territórios se implantou com um sistema político autoritário e dentro de estados de exceção. Nesse sentido, o caso italiano é exemplar: a Itália modernizou-se mais nos vinte anos do regime fascista que em qualquer outro período desde o advento da unificação do país em 1865. E, contrariamente aos seus sempre correlatos alemão e soviético, projetou sua arte moderna sem assumir uma linha só e com um discurso de abertura para todas as tendências.[6] O exemplo italiano parece ser particularmente interessante para pensarmos o processo de modernização e implantação da arte moderna no Brasil, já que, ao que tudo indica, emprestamos aqui muitas das estruturas testadas lá.

Ainda outra reflexão que emergiu na confrontação com as aquisições italianas de Matarazzo diz respeito à crítica de arte moderna

---

6   Fala-se, no caso italiano, na grande questão do consenso, rompido com a entrada da Itália na guerra ao lado dos alemães. Até lá, a historiografia italiana lida com o problema da tolerância do regime de Mussolini em relação às várias vertentes artísticas e culturais em geral.

e seu papel na formação de acervos e na escrita mesmo da narrativa de arte moderna. Esse não é propriamente um tema novo, mas, na tentativa de comparação dos escritos de Margherita Sarfatti e Sérgio Milliet, procuramos ensaiar o que poderia ser um estudo pontual das referências dos nossos autores, e como os modernistas aqui também iam pautando os modernistas de lá, ao serem a fonte que esses últimos tinham para ler uma experiência como a do Brasil. Além disso, resta um estudo a ser feito de quem são os interlocutores da história da arte europeia com os nossos modernistas. Como levantado aqui, Élie Faure, Roger Fry e Bernard Berenson, que talvez nos parecessem tão distantes, poderiam elucidar muitas passagens da escrita modernista feita entre o Brasil e a Argentina, por exemplo.

Não devemos nos esquecer de que, em seu caderno de anotações das aquisições de 1946-1947, Yolanda Penteado documentava outro tipo de aquisição: molduras e livros, catálogos, monografias de artistas e revistas, adquiridos em Paris. A pequena anotação das compras de livros e revistas feitas por Alberto Magnelli na capital francesa parece vincular-se a um conjunto maior de publicações que Matarazzo havia adquirido, em princípio, para sua biblioteca pessoal. A notícia da existência dessa biblioteca veio à tona entre agosto e setembro de 2013, quando um rico industrial de Fortaleza adquiriu dos herdeiros de um ex-advogado de Ciccillo um conjunto de pelo menos 3 mil volumes que formavam essa biblioteca.[7] Sua consulta revelou algumas surpresas, que mais uma vez confirmam o processo de aquisição de 1946-47 como

---

7   Veja-se Biblioteca Francisco Matarazzo Sobrinho, hoje pertencente à Universidade de Fortaleza (Unifor). Até então, o que se sabia é que Matarazzo havia doado sua biblioteca para a USP, nos anos 1960. Os volumes doados por ele, naquele momento, encontram-se hoje na biblioteca da ECA USP, e a parte mais significativa compõe-se de catálogos dos salões parisienses do século XIX, com um ou outro catálogo relevante de artistas hoje no acervo do MAC USP.

parte do projeto do antigo MAM: os volumes ali presentes são publicações de época de praticamente todos os artistas adquiridos naquele momento. As publicações italianas são abundantes e reaparecem exemplares de séries italianas importantes, como a editada pela Galleria Il Milione, *Arte contemporanea italiana*, em edição original dos anos 1940. Mais do que documentar a coleção, essa biblioteca poderá nos ajudar a chegar nos interlocutores da crítica modernista no Brasil, e deverá ser comparada a ao menos duas outras bibliotecas importantes: a de Mário de Andrade (IEB USP) e a de Paulo Rossi Osir (MAC USP).

Finalmente, o conjunto de pinturas italianas do entreguerras hoje no acervo do MAC USP é um dos muitos acervos estrangeiros no Brasil. Em seu processo de deslocamento de seu ambiente original para outro território, eles ganharam outra dimensão. Em alguns casos – como ocorreu aqui –, foram legados ao total ostracismo. Em outros, alcançaram o patamar de obra-prima, como é o caso de algumas obras isoladas dentro do acervo do MAC USP. É o caso, por exemplo, de "Autoritratto" de Amedeo Modigliani e dos dois gessos de Umberto Boccioni: obras referenciais aqui e fora, elas são ilustres desconhecidas e ainda mereceriam pesquisa atenta. Tal iniciativa deveria pontuar sua recepção no ambiente brasileiro, que, a exemplo do que já foi feito com Gino Severini, será capaz de também revelar algumas contradições importantes.[8] Em última instância, esses acervos são parte integrante da história da arte no Brasil e certamente têm ainda uma enorme contribuição a dar para a compreensão da arte brasileira, não dentro de premissas convencionais da transferência de modelos, mas de como poéticas artísticas internacionais foram entendidas aqui – como no

---

8   Cf. Renata Dias Ferraretto Moura Rocco. *Poéticas de Gino Severini no Acervo do MAC USP*, *op. cit.*, que revelou a amizade de Severini com Murilo Mendes, ao mesmo tempo em que demonstrou como a crítica modernista brasileira fazia referência a seus escritos – mais do que a suas obras.

caso das pinturas italianas aqui abordadas, lidas na chave de certa noção de Novecento Italiano.

REFERÊNCIAS

ALAMBERT, Francisco; CANHÊTE, Polyana. *As bienais de São Paulo, da era dos museus à era dos curadores (1951-2001)*. São Paulo: Boitempo, 2004.

ALMEIDA, Fernando Azevedo de. *O franciscano Francisco*. São Paulo: Pioneira, 1976.

ALTSHULER, Bruce. *Salon to Biennial: Exhibitions that Made Art History*. Londres: Phaidon, 2007. (vol. 1: 1863-1959).

ALVARO, Corrado. *Tutto è accaduto*. Milão: Bompiani, 1961.

AMARAL, Aracy (org.). *Perfil de um acervo: Museu de Arte Contemporânea da Universidade de São Paulo*. São Paulo: MAC USP, TECHINT, 1988.

_____. *Blaise Cendrars no Brasil e os modernistas*. São Paulo: Editora 34, 1997.

_____. *Textos do Trópico de Capricórnio: Artigos e ensaios (1980-2005)*. São Paulo: Ed. 34, 2006. 3 v.

ANDRADE, Mário de. *A escrava que não é Isaura*. Rio de Janeiro: Nova Fronteira, 2010.

ARGAN, Giulio Carlo. *L'arte moderna, 1770-1970*. Florença: Sansoni, 1970.

BARBOSA, Ana Mae (org.). *MAC: Catálogo geral das obras, 1963-1991*. São Paulo: Universidade de São Paulo, 1992.

BARDI, Pietro Maria. *The Arts in Brazil: A New Museum at São Paulo*. Milão: Edizione del Milione, 1956.

BASSANI, Giorgio. *Il giardino dei Finzi-Contini*. Milão: Mondadori: 2007 (1ª edição, 1962).

BELLI, Piero. *Al di là del mare*. Florença: Valecchi, 1925.

BERENSON, Bernard. *Los pintores italianos del Renascimiento*. Buenos Aires: El Ateneo, 1944.

BERTOLINO, Giorgina; POLI, Francesco. *Catalogo Generale delle Opere di Felice Casorati*. Turim: Allemandi, 1995. 2 v.

BERTONHA, João Fábio. *O fascismo e os imigrantes italianos no Brasil*. Porto Alegre: EDIPUCRS, 2001.

BOSSAGLIA, Rossana. *Il Novecento Italiano*. Milão: Charta, 1995 [1ª ed. 1976].

BRAUN, Emily. *Mario Sironi and Italian Modernism: Art and Politics under Fascism*. Cambridge: Cambridge University Press, 2000.

BREST, Jorge Romero. *La pintura brasileña contemporánea*. Buenos Aires: Poseidon, 1945.

CARDAZZO, Angelica (org.). *Caro Cardazzo... Lettere di artisti, scrittori e critici a Carlo Cardazzo dal 1933 al 1952*. Veneza: Edizione del Cavallino, 2008.

CARDUCCIO, L. *Casorati*. Turim: Teca, 1964.

CARLI, Carlo; PONTIGGIA, Elena. *La grande Quadriennale del 1935: La nuova arte italiana*. Milão: Mondadori, 2006.

CARRÀ, Carlo. *Le neo-classicisme dans l'art contemporain.* Roma: Valori Plastici, 1921.

CARRÀ, Massimo (org.). *Carrà: tutta l'opera pittorica.* Milão: Edizione dell'Annunciata, 1967. 2 v.

CARRARA, Enrico. *28 porti dell'America Latina fra Atlantico ed Pacifico con la Regia Nave Italia.* Turim: Alberto Grani, 1925.

CARRIERI, Raffaele. *Campigli.* Veneza: Edizione del Cavallino, 1945.

_____. *Disegno italiano contemporâneo.* Milão: Enrico Damiani, 1945 (Collezione i disegnatori italiani diretta da Ugo Galetti, vol. II).

_____. *Pittura scultura d'avanguardia in Italia (1890-1950).* Milão: Edizione della Conchiglia, 1950.

Catálogo geral do MAC USP. São Paulo: Banco Safra, 1990.

CHIARELLI, Tadeu. *Pintura não é só beleza: a crítica de arte de Mário de Andrade.* Florianópolis: Letras Contemporâneas, 2007.

CHIERICHINI, Claudia, "'To the Dearest and the Youngest of My Friends': Margherita Sarfatti to Bernard Berenson, 1936-57". In: ISRAËLS, Machtet; WALDMAN, Louis A. (orgs.). *Renaissance Studies in Honor of Joseph Connors (Villa I Tatti Series 29).* Florença: Har vard University/Villa I Tatti, 2013.

COLOMBO, Nicoletta. *Achille Funi.* Milão: Leonardo d'Arte, 1996. Catalogo ragionato dei dipinti, vol. 2.

COLOMBO, Nicoletta; GIAN FERRARI, Claudia; PONTIGGIA, Elena. *Piero Marussig: catalogo generale.* Milão: Silvana, 2006.

COSTA, Helouise Lima. "Da fotografia como arte à arte como fotografia: a experiência do Museu de Arte Contemporânea da USP na década de 1970", *Anais do Museu Paulista*, São Paulo, vol. 16, n. 2, jul./dez. 2008, p. 131-173.

D'URSO, Simona. *Margherita Sarfatti: dal mito del Dux al mito americano*. Veneza: Marsilio, 2003.

FABRIS, Annateresa. "A travessia da arte moderna". In: *História e(m) movimento: atas do Seminário MAM 60 Anos*. São Paulo: MAM, 2008.

_____. *Futurismo paulista*. São Paulo: Perspectiva, 1993.

_____ (org.). *Modernidade e modernismo no Brasil*. Porto Alegre: Zouk, 2010 (2ª edição).

FABRIS, Annateresa; GONÇALVES, Lisbeth Rebolo (orgs.). *Crítica e modernidade*. São Paulo: ABCA; Imprensa Oficial, 2005.

FANTONI, Antonella. *Il Giocco del paradiso*. Veneza: Edizione del Cavallino, 1996.

FARIAS, Agnaldo (org.). *Bienal 50 anos*. São Paulo: Fundação Bienal de São Paulo, 2001.

FAURE, Élie. *Art Moderne*. Paris: Georges Crès et Cie., 1924.

FEDERZONI, Luigi. *Parole fasciste al Sud America*. Bolonha: N. Zanichelli, 1938.

FERRARIO, Rachelle. *Margherita Sarfatti: la regina dell'arte nell'italia fascista*. Milão: Mondadori, 2015.

FOUCAULT, Michel. *L'Archéologie du Savoir*. Paris: Gallimard, 2008 (1ª edição, 1969).

FRAIXE, Catherine; PICCIONI, Lucia; POUPAULT, Christoph. *Vers une Europe latine: acteurs et enjeux des échanges culturels entre la France et l'Italie fasciste*. Bruxelas: P.I.E. Peter Lang; INHA, 2014.

FRANCHI, Raffaello. *Modigliani*. Florença: Centro Editoriale Librario, 1944.

FREIRE, Maria Cristina Machado (org.). *Walter Zanini: escrituras críticas*. São Paulo: Annablume, 2013.

FRY, Roger. *Vision & Design*. Harmondsworth: Pelican, 1920.

GEORGE, Waldemar. *Arturo Tosi: peintre classique, peintre rustique*. Paris; Milão: Chroniques du Jour; Hoepli, 1933.

_____. *Filippo de Pisis* (Maîtres de l'Art Étranger). Paris: Chroniques du Jour, 1928.

GIAN FERRARI, Claudia. *Fausto Pirandello: catalogo generale*. Milão: Mondadori Electa, 2009.

GIAN FERRARI, Claudia; NEGRI, Antonello (orgs.). *Capolavori del Novecento Italiano dalla Collezione Gian Ferrari al FAI*. Milão: Skira, 2006.

GIANI, Giampiero (org.). *Mario Sironi*. Milão: Edizione della Conchiglia, 1944 (Pittori e scultori italiani contemporanei, vol. V).

GIUNTA, Andrea; COSTA, Laura Malosetti (orgs.). *Arte de pós-guerra: Jorge Romero Brest y la Revista Ver y Estimar*. Buenos Aires: Paidós, 2005.

GONÇALVES, Lisbeth Rebolo (org.). *Sérgio Milliet: 100 anos*. São Paulo: ABCA, 2006.

GUALINO, Riccardo. *Frammenti di vita*. Turim: Aragno, 2007 [1ª edição, Milão: Mondadori, 1931].

GUTMAN, Daniel. *El amor judío de Mussolini: Margherita Sarfatti, del fascismo al exilio*. Buenos Aires: Lumière, 2006.

HASKELL, Francis. *Past and Present in Art and Taste: Selected Essays*. Yale: Yale University Press, 1987.

_____. *The Ephemeral Museum: Old Master Paintings and The Rise of the Art Exhibition*. New Haven/Londres: Yale University Press, 2000.

HOBSBAWM, Eric. *Age of Extremes: The Short Twentieth Century: 1914-1991*. Londres: Abacus, 1994.

LIFFRAN, Françoise. *L'Égerie du Duce*. Paris: Seuil, 2009.

LOURENÇO, Maria Cecília. *Museus acolhem moderno*. São Paulo: Edusp, 1999.

LYNES, Russell. *Good Old Modern: An Intimate Portrait of the Museum of Modern Art*. Nova York: Atheneum, 1973.

MACHADO, Lourival Gomes. *Retrato da arte moderna no Brasil*. São Paulo: Departamento de Cultura, 1947.

MACIEL, Ana Carolina de Moura Delfim. *"Yes, nós temos bananas": cinema industrial paulista: a companhia cinematográfica Vera Cruz, atrizes de cinema e Eliane Lage (Brasil, 1950)*. São Paulo: Alameda, 2011.

MALTESE, Corrado. *Storia dell'Arte in Italia: 1785-1943*. Turim: Einaudi, 1992 (1ª ed. 1960).

MARAINI, Antonio; BAZZONI, Romolo *et alli*. *La Biennale di Venezia: Storia e statistiche*. Veneza: Ufficio Stampa dell'Esposizione, 1932.

MISERACCHI, Manlio. *L'America Latina attraverso il mio oblò*. Pistoia: Grazzini, 1925.

Modigliani. Texto de Franco Russoli e prefácio de Jean Cocteau. Paris; Milão: Fernand Hazan Éditeur; Silvana Editoriale d'Arte, 1958.

Modigliani: Masterpieces of French Painting. Texto de Maurice Raynal. Paris; Genebra; Nova York: Albert Skira, s.d.

NEGRI, Antonello; PIROVANO, Carlo. *Aligi Sassu: Catalogo Generale della pittura*. Milão: Electa, 2011-2012. 2 vols.

NICHOLAS, Lynn. *The Rape of Europe: The Fate of Europe's Treasures in the Third Reich and the II World War*. Nova York: Alfred A. Knopf, 1994.

O novo edifício Sul América Terrestres, Marítimos e Acidentes – Sucursal do Rio de Janeiro, 1949.

PACHIONI, Gugliemo. *Carlo Carrà*. Milão: Edizione del Milione, 1945.

PEDROSA, Mário. *Textos escolhidos*. Organização de Otília Arantes. São Paulo: Edusp, 1994. 4 v.

PENTEADO, Yolanda. *Tudo em cor-de-rosa*. São Paulo: Nova Fronteira, 1976.

PETTORUTI, Emilio. *Un pintor ante el espejo*. Buenos Aires: Solar Hachette, 1966.

POMIAN, Krzysztof. "Colecção". In: *Enciclopédia Einaudi*. Porto: Imprensa Oficial – Casa da Moeda, 1985. (v. 1: Memória-História)

PONTIGGIA, Elena (org.). *Felice Casorati*. Scritti, Interviste, Lettere. Milão: Abscondita, 2004.

_____. *Il Novecento Italiano*. Milão: Abscondita, 2003.

PREZIOSI, Donald. "Collecting / Museums". In: NELSON, Robert S.; SHIFF, Richard (orgs.). *Critical Terms for Art History*. Chicago: The University of Chicago Press, 1996.

READ, Herbert. *A Concise History of Modern Painting*. Londres: Thames & Hudson, 1959.

206 | Classicismo moderno

SALVAGNINI, Sileno. *Il sistema delle arti in Italia, 1919-1943*. Bolonha: Minerva, 2000.

SULLIVAN, Brian; CANNISTRARO, Phillip. *Il Duce's Other Woman*. Nova York: William Morrow & Company, 1993.

SULLIVAN, Brian (ed.). *My Fault: Mussolini as I Knew Him* [Margherita Sarfatti]. Nova York: Enigma, 2014.

WEIBEL, Peter; BUDDENSIEG, Andrea (orgs.). *Contemporary Art and the Museum: a Global Perspective*. Ostfildern: Hatje Cantz, 2007.

WIELAND, Karin. *Margherita Sarfatti, l'amante del Duce*. Milão: UTET, 2006.

ZANINI, Walter. *Museu de Arte Contemporânea da Universidade de São Paulo: Catálogo geral das obras*. São Paulo: USP, 1973.

_____ (org.). *História geral da arte no Brasil*, vol. 2. São Paulo: Instituto Moreira Salles, 1983.

_____ (org.). *A arte no Brasil nas décadas de 1930-40: o Grupo Santa Helena*. São Paulo: Nobe; Edusp, 1991.

Escritos de Margherita Sarfatti

SARFATTI, Margherita. *La milizia femminile in Francia*. Milão, 1915.

_____. *Segni, colori e luci, note d'arte*. Bolonha: N. Zanichelli, 1925.

_____. *The Life of Mussolini*. Londres: 1925 (1ª edição em italiano, *Dux*. Milão, 1926).

_____. "L'Arte e il Fascismo". In: POMBA, Giuseppe Luigi (org.). *La civiltà fascista*. Turim: Unione Tipografica Torinese, 1928.

_____. *Il palazzone*. Milão: Mondadori, 1929.

_____. *Storia della pittura moderna*. Roma: Cremonese, 1930.

_____."Paisaggi e spiritii del Brasile". *Il Popolo d'Italia*, 13 de novembro de 1930.

_____."L'Arte coloniale nel Brasile". *Rivista Ilustrata del Popolo d'Italia*, ano IX, n. 12, dezembro de 1930.

_____. "Le povertà delle terre riche". *Gerarchia. Rivista politica*, dezembro de 1930.

_____."Terra do Brasil", *Nuova Antologia*, 277 (1421), 1931.

_____. *L'America, ricerca della felicità*. Milão, 1937.

_____. *Casanova: amores de juventud*. Buenos Aires, 1943.

_____. *Giorgione, el pintor mistério*. Buenos Aires: Editorial Poseidon, 1944.

_____. *Tiziano, o de la fé en la vida*. Buenos Aires: Poseidon, 1944.

_____."Mussolini como lo conocí". *Crítica*, em catorze partes, 18 de junho a 3 de julho de 1945.

_____. *Espejo de la pintura actual*. Buenos Aires: Argos, 1947.

_____. *Vasari y sus tempos*. Buenos Aires, 1947.

_____. *Casanova contro Don Giovanni*. Milão, 1950.

_____. *Acqua passata*. Bolonha: Cappelli, 1955.

Escritos de Sérgio Milliet

MILLIET, Sérgio. *Diário crítico*. São Paulo: Edusp; Perspectiva, 1983. 10 v.

_____."Volta ao classicismo". *O Estado de S. Paulo*, 18 de janeiro de 1939.

_____. *Pintores e pinturas*. São Paulo: Martins Fontes, 1940.

_____. *Marginalidade da pintura moderna*. São Paulo: Coleção "Departamento de Cultura", XXVIII, 1942.

_____. *Pintura quase sempre*. Porto Alegre: O Globo, 1944.

_____. "Museu de Arte Moderna de São Paulo: comunicado da comissão organizadora desse estabelecimento cultural em organização", *O Estado de São Paulo*, 7 de dezembro de 1946.

_____., "O Museu de Arte Moderna", *O Estado de São Paulo*, 3 de março de 1948.

_____. "Terminologia artística". *O Estado de S. Paulo*, 11 de fevereiro de 1948.

Tarsila do Amaral [apresentação de Sérgio Milliet]. São Paulo: MAM, 1953.

Série *Arte Moderna Italiana* (Collana Scheiwiller)

BECCARIA, Arnaldo. *Gianfilippo Usellini*. Milão: Ulrico Hoepli, 1942 (Arte Moderna Italiana, n. 39).

_____. *Giorgio Morandi*. Milão: Ulrico Hoepli, 1939 (Arte Moderna Italiana, n. 32).

BERNASCONI, Ugo. *Arturo Tosi*. Milão: Ulrico Hoepli, 1ª edição, 1925; 2ª edição, 1944 (Arte Moderna Italiana, n. 1).

CAMPIGLI, Massimo. *Massimo Campigli*. Milão: Ulrico Hoepli, 1ª edição, 1931; 2ª edição, 1944 (Arte Moderna Italiana, n. 20).

COURTHION, Pierre. *Gino Severini*. Milão: Ulrico Hoepli, 1ª edição, 1930; 2ª edição, 1941; 3ª edição, 1946 (Arte Moderna Italiana, n. 17).

Ana Gonçalves Magalhães | 209

DE CHIRICO, Giorgio. *Achille Funi*. Milão: Ulrico Hoepli, 1940 (Arte Moderna Italiana, n. 4).

FRANCHI, Raffaello. *Disegni di Ottone Rosai*. Milão: Ulrico Hoepli, 1942 (Arte Moderna Italiana, n. 42).

GALVANO, Albino. *Felice Casorati*. Milão: Ulrico Hoepli, 1ª edição, 1940; 2ª edição, 1947 (Arte Moderna Italiana, n.º 5).

GATTO, Afonso. *Virgilio Guidi*. Milão: Ulrico Hoepli, 1947 (Arte Moderna Italiana, n. 47).

GIOLLI, Raffaello. *Felice Casorati*. Milão: Ulrico Hoepli, 1925 (Arte Moderna Italiana, n.º 5).

LO DUCA. *Giorgio de Chirico*. Milão: Ulrico Hoepli, 1945 (Arte Moderna Italiana, n. 10).

LONGHI, Roberto. *Carlo Carrà*. Milão: Ulrico Hoepli, 1937 (Arte Moderna Italiana, n. 11).

MARAINI, Antonio. *Felice Carena*. Milão: Ulrico Hoepli, 1930 (Arte Moderna Italiana, n. 16).

MARCHIORI, Giuseppe. *Scipione*. Milão: Ulrico Hoepli, 1939 (Arte Moderna Italiana, n. 31).

NEBBIA, Ugo. *Alberto Salietti*. Milão: Ulrico Hoepli, 1ª edição, 1925; 2ª edição, 1942 (Arte Moderna Italiana, n. 2).

NICODEMI, Giorgio. *Adolfo Wildt*. Milão: Ulrico Hoepli, 1935 (Arte Moderna Italiana, n. 13).

PAPINI, Giovanni. *Ardengo Soffici*. Milão: Ulrico Hoepli, 1933 (Arte Moderna Italiana, n. 24).

PARRONCHI, Alessandro. *Ottone Rosai*. Milão: Ulrico Hoepli, 1941 (Arte Moderna Italiana, n. 21).

SARFATTI, Margherita. *Achille Funi.* Milão: Ulrico Hoepli, 1925 (Arte Moderna Italiana, n. 4).

SARTORIS, Alberto. *Mario Sironi.* Milão: Ulrico Hoepli, 1946 (Arte Moderna Italiana, n. 18).

SCHEIWILLER, Giovanni. *Amedeo Modigliani.* Milão: Ulrico Hoepli, 1ª edição, 1927; 2ª edição, 1932; 3ª edição, 1950 (Arte Moderna Italiana, n. 8).

_____. *Mario Sironi.* Milão: Ulrico Hoepli, 1930 (Arte Moderna Italiana, n. 18).

SOFFICI, Ardengo. *Carlo Carrà.* Milão: Ulrico Hoepli, 1928 (Arte Moderna Italiana, n. 11).

SOLMI, Sergio. *Filippo de Pisis.* Milão: Ulrico Hoepli, 1ª edição, 1931; 2ª edição, 1944 (Arte Moderna Italiana, n. 19).

SZITTYA, Emilio. *Ernesto de Fiori.* Milão: Ulrico Hoepli, 1927 (Arte Moderna Italiana, n. 9).

TERNOVETZ, Boris. *Giorgio de Chirico.* Milão: Ulrico Hoepli, 1928 (Arte Moderna Italiana, n. 10).

TITTA ROSA, Giovanni. *Alberto Salietti.* Milão: Ulrico Hoepli, 1952 (Arte Moderna Italiana, n. 2).

VITALI, Lamberto. *Disegni di Modigliani.* Milão: Ulrico Hoepli, 1ª edição, 1929; 2ª edição, 1936 (Arte Moderna Italiana, n. 15).

VOLTA, Sandro. *Ottone Rosai.* Milão: Ulrico Hoepli, 1931 (Arte Moderna Italiana, n. 21).

Série *Arte Italiana Contemporanea* (Edizione del Milione)

BARBAROUX, Vittorio; GIANI, Giampietro (orgs.). *Arte Italiana Contemporanea*. Milão: Edizione del Milione, 1940.

12 opere di Amedeo Modigliani. Pittori Italiani Contemporanei. Milão: Edizioni del Milione, 1947.

12 opere di Piero Marussig / con scritto di Raffaele Carrieri. Milão: Edizioni del Milione, 1942.

12 opere di Virgilio Guidi / presentate da Afonso Gatto. Milão: Edizioni del Milione, 1944.

12 tempere di Mario Sironi / presentate da Massimo Bontempelli; con dichiarazioni dell'artista. Milão: Edizioni del Milione, 1943.

TORRIANO, Piero. *Achille Funi*. Milão: Edizione del Milione, 2ª ed., 1946.

Artigos

"Conhecida escriptora italiana chegou ao Rio, a bordo do 'Conte Verde'". *Correio da Manhã*, 21 de agosto de 1930.

"Distinguished Visitors". *The Bulletin of the Museum of Modern Art*, vol. 1, n. 9, maio de 1934.

"Duas reuniões na sede da Embaixada da Itália: Em honra do acadêmico da Itália, prof. Francisco Severi e da escriptora Margherita Sarfatti, e uma homenagem dos antigos combatentes italianos ao Embaixador Attolico". *Jornal do Brasil*, 22 de agosto de 1930.

"É hospede do Rio uma festejada escriptora italiana". *O Jornal*, 21 de agosto de 1930.

"Il massimo del miracolo del lavoro italiano all'estero. Lo stato di San Paolo ed il suo milioni d'italiani". *Rivista illustrata del Popolo d'Italia*, dezembro de 1930.

"JUNDIAHY (Brasile): La visita di Margherita Sarfatti". *Legionario*, Roma, 11 de outubro de 1930.

"La grande scrittrice e intenditrice d'arte, Margherita Sarfatti è giunta ieri a Rio". São Paulo, quinta-feira, 21 de agosto de 1930.

"Le impressioni di Margherita Sarfatti sull'America del Sud". *Popolo di Roma*, 8 de outubro de 1930.

"Margherita Sarfatti fala-nos da missão que vem cumprir na América; Arte de hontem e de hoje – Expressões e valores – Arte italiana de 1900". *O Paiz*, 22 de agosto de 1930.

"Museu de Arte Moderna de S. Paulo: Comunicado da comissão organizadora desse estabelecimento cultural em organização". *O Estado de S. Paulo*, 7 de dezembro de 1946.

"Museu de Arte Moderna – Programa da Semana". *O Estado de S. Paulo*, dezembro de 1949.

"Novissimi pittori nostri a Venezia". *Corriere Padano*, Ferrara, 13 de junho de 1926.

"O Transatlantico 'Conte Verde' na Guanabara: A chegada ao Rio de Janeiro da illustre escriptora italiana Sra. Margherita Sarfatti". *Jornal do Brasil*, 21 de agosto de 1930.

"RIO DE JANEIRO: La visita di Donna Margherita Sarfatti". *Legionario*, Roma, 18 de outubro de 1930.

ANDRADE, Mário de. "Esta paulista família". *O Estado de S. Paulo*, 2 de julho de 1939.

ANTLIFF, Mark. "Fascism, Modernism, and Modernity". *The Art Bulletin*, vol. 84, n. 1, março de 2002.

BOSSAGLIA, Rossana; MACLEAN, Howard Rodger. "Iconography of the Italian Novecento in the European Context". *The Journal of Decorative and Propaganda Arts*, vol. 3, inverno de 1987.

BOTTAI, Giuseppe. "Fronte dell'Arte". *Le Arti*, 1939.

BREST, Jorge Romero. "De Chirico, Carrà y la Pintura Italiana del Novecientos". *Histonium*, ano VIII, n. 87, agosto de 1946.

BRUGHETTI, Romualdo. "Una nueva muestra de pintura contemporanea italiana". *Lyra*, n. 98-100, 1951.

BUCHLOH, Benjamin. "Figures of Authority, Ciphers of Regression: Notes on the Return of Representation in European Painting", *October*, vol. 16, primavera de 1981.

CHIARELLI, Tadeu. "A arte, a USP e o devir do MAC". *Revista do Instituto de Estudos Avançados*. São Paulo: Instituto de Estudos Avançados, vol. 25, n. 73, 2011.

_____. "O Novecento e a arte brasileira". *Revista de Italianística*, ano III, n. 3, 1995.

CLOUGH, Rosa Trillo. "La pittura moderna italiana e la critica d'arte". *Italica*, vol. 25, n. 4, dezembro de 1948.

CORRADINI, Juan. "Dos generaciones de pintura italiana". *Histonium*, setembro de 1957.

CRESPI, Attilio. "Alla Galleria di Roma: Afro, Castelli, Mirko, Peyrot, Purificato e Rizzo". *Meridiano di Roma*, 8 de fevereiro de 1942.

_____. "La collezione Cardazzo (con 9 illustrazioni). *Emporium: Rivista mensile illustrata d'arte e di cultura XCIII* (6), ano XLVII, junho de 1941.

DELLA PORTA, A. F. *Polemica sulle '900*. Milão: Edizioni del Risorgimento Artistico italiano, 1930.

DE PISIS, Filippo. "Note su Arturo Tosi". *Stile*, Milão, abril de 1942.

DESBIOLLES, Yves Chevrefils. "Le critique d'art Waldemar George. Les paradoxes d'un non-conformiste". *Archives Juives*, n. 41, 2008.

FABRIS, Annateresa; Mariarosaria. "Il Brasile visto da Marinetti". *Lingua Cultura Literatura Italianas*, n. 10, janeiro de 2000.

FRANCHI, Raffaello. "Massimo Campigli". *L'Illustrazione*, Florença, janeiro de 1943.

G. G. "Una perdita per l'arte italiana: Si è spento il collezionista Carlo Cardazzo". *Avanti!*, Roma, 19 de novembro de 1963.

GIACON, Danka. "Cortina, 1941". *Rivista L'Uomo Nero: Materiali per una storia delle arti della modernità*, v. 3, n. 2, setembro de 2005.

INNOCENTI, Mauro. "Prosa e Poesia di un Mercante Collezionista". *Rotosei*, Roma, 28 de janeiro de 1963.

JACOBBI, Ruggero. "Alla Galleria di Roma". *Roma Fascista*, 29 de janeiro de 1942.

MILLIET, Sérgio. "O Museu de Arte Moderna". *O Estado de S. Paulo*, 4 de março de 1948.

_____. "O Museu de Arte Moderna". *O Estado de S. Paulo*, 10 de setembro de 1948.

M. R. "Mostra degli artisti moderni". *Corriere mercantile*, Gênova, 27 de maio de 1941.

OJETTI, Ugo. "Pittori italiani all'esposizione di Venezia". *Corriere della Sera*, Milão, 26 de abril de 1926.

PAUL, Catherine E.; ZACZEK, Barbara M. "Margherita Sarfatti and Italian Cultural Nationalism". *Modernism/Modernity*, vol. 13, n. 1.

PAYRÓ, Julio. "Orientación de la pintura italiana contemporánea". *Sur*, n. 157, 1947.

PEDROSA, Mário. "O CORE da USP". *Risco. Revista de Pesquisa em Arquitetura e Urbanismo* [Programa de Pós-Graduação em Arquitetura e Urbanismo, Escola de Engenharia de São Carlos – EESC USP], n. 1-2, 2003.

PEREZ C., Patricio. "El Novecento Italiano entre la vanguardia y el realismo". *Pharos*, Santiago do Chile, vol. 5, n. 1, mai./jun. 1998.

PICENARDI, G. Sommi. "Il '900 e Le esposizioni all'estero". *Il Regime Fascista*, 13 de junho de 1931.

PORTINARI, Candido. "Movimento de renovação nas bellas artes". *Hierarquia*, ano I, n. 3, mar./abr. 1932.

Revista de Estudos Avançados, São Paulo, v. 8, n. 22, 1994.

RUSCONI, Paolo. "Aggiunte agli scritti di Renato Birolli per gli anni 1930-33". *L'Uomo Nero: Materiali per una storia delli arti della Modernità*. Milão: CUEM, 2004, vol. 2.

SÁNCHEZ, Luiz Amador. "Paulo Rossi e Sérgio Milliet". *O Estado de S. Paulo*, 25 de março de 1943.

TRAPANI, Francamaria; GAETANI, Fiammetta, "Mia madre Margherita Sarfatti". *Gente*, 10, 17 e 24 de setembro de 1982.

VENTUROLI, Marcello. "Casorati, De Pisis e Carrà nella Collezione Furlotti". *La Bottega dei 4*, Milão, 26 de outubro de 1945.

W. P. "Documentos inéditos da arte brasileira". *Habitat I*, out./-dez. 1950.

216 | Classicismo moderno

Catálogos de exposição

MAC USP

AJZENBERG, Elza (org.). *Ciccillo: Acervo MAC USP – Homenagem a Francisco Matarazzo Sobrinho, Ciccillo*. São Paulo: Museu de Arte Contemporânea da Universidade de São Paulo, 2006.

AMARAL, Aracy *et alli*. *Artistas italianos na Coleção do MAC*. São Paulo: MAC USP, 1985.

MAC USP 40 anos. São Paulo: MAC USP, 2003.

ZANINI, Walter. *Homenagem a Francisco Matarazzo Sobrinho*. São Paulo: MAC USP, 1977.

Novecento Italiano

Catalogo della prima mostra del Novecento Italiano, Milano, Palazzo della Società per le Belle Arti ed Esposizione Permanente. Milão: Arti Grafiche Enrico Gualdoni, 1926.

Exhibition of Modern Italian Art. Nova York: Italian American Society, 1926.

Première Exposition à Paris d'un Groupe de Peintres du 'Novecento Italiano'. Paris: Galerie Carminati, 17 de maio a 12 de junho de 1926.

Esposizione d'Arte Italiana in Olanda. Amsterdã: Stedelijk Museum, 22 de outubro a 20 de novembro de 1926.

Exposition d'Artistes Italiens Contemporains. Genebra: Museu Rath, fevereiro de 1927.

Novecento Italiano. Hamburgo: Kunsthalle Hamburg, 15 de junho a 14 de julho de 1927.

21 Artistes du Novecento Italien: Deuxième Exposition d'Artistes du Novecento Italien. Genebra: Galerie Moos, junho-julho de 1929.

Mostra del Novecento Italiano. Buenos Aires: Amigos del Arte, setembro de 1930.

22 Artistes Italiens Modernes. [texto de apresentação de Waldemar George] Paris: Bernheim & Cie, 1932.

Seconda mostra del Novecento Italiano [introdução Margherita Sarfatti]. Milão: Tipografia Gualdoni, 1929

Biennale di Venezia

XV Esposizione Internazionale d'arte della città di Venezia. Milão: Grandi Edizioni d'Arte, 1926.

XVI Esposizione Internazionale d'arte della città di Venezia. Veneza, 1928.

XVIIa Esposizione Internazionale d'arte. Veneza: C. Ferrari, 1930.

XVIII Esposizione Internazionale d'arte. Veneza, 1932.

XIX Esposizione Internazionale d'arte di Venezia. Veneza: C. Ferrari, 1934.

XX Esposizione Biennale Internazionale d'arte. Veneza, 1936.

XXI. Esposizione Biennale Internazionale d'arte. Veneza, 1938.

XXIIa. Esposizione Biennale Internazionale d'arte. Veneza, 1940.

La XXIIIa Biennale d'arte di Venezia. Florença: Casa Editrice Dott. Carlo Cya, 1942.

XXIV Biennale di Venezia. Veneza: Serenissima, 1948.

XXV Biennale di Venezia. Veneza: Alfieri, 1950.

XXVI Biennale di Venezia. Veneza: Alfieri, 1952.

218 | Classicismo moderno

Quadriennale di Roma

Prima Quadriennale d'Arte Nazionale. Roma: Enzo Pinci, 1931.

Seconda Quadriennale d'Arte Nazionale. Roma: Tumminelli & C., 1935.

III Quadriennale d'Arte Nazionale. Catalogo generale. Roma: Domus, 1939.

IV Quadriennale d'Arte Nazionale. Roma: Casa Editrice Mediterranea, 1943.

Outros catálogos

Achille Funi: 28 dicembre 1929-11 gennaio 1930, Galleria Milano [texto de G. Nicodemi]. Milão: Galleria Milano, 1930.

Artistas italianos de hoy. Buenos Aires: Galería Müller, julho de 1947 (Colección Victor Manuel Barbaroux).

BARBERO, Luca Massimo (org.). *Carlo Cardazzo: una nuova visione dell'arte.* Milão: Electa, 2008.

BENZI, Fabio; MERCURIO, Giani; PRISCO, Luigi. *Roma 1918-1943.* Roma: Chiostro di Bramante, 29 de abril a 12 de julho de 1998.

BRAUN, Emily; SILVER, Kenneth *et alli* (orgs.). Cat. Exp. *Chaos and Classicism: Art in France, Italy, and Germany, 1918-1936.* Nova York: Guggenheim Museum, 2011.

Carlo Carrà, Achille Funi, Piero Marussig, Alberto Salietti, Mario Sironi, Arturo Tosi del 900 milanese: Galleria Bellenghi. Florença: Giuntina, 1928.

CHIARELLI, Tadeu (org.). *Fulvio Pennacchi: 100 anos.* São Paulo: Pinacoteca do Estado de São Paulo, 2007.

CHIARELLI, Tadeu; WECHSLER, Diana (orgs.). *Novecento sudamericano: relazioni artisti che tra Italia, Argentina, Brasile e Uruguay.* Milão: Skira, 2003.

CINELLI, Barbara (org). *Dipinti, sculture e disegni del Novecento: esperienze di collezionismo nelle Raccolte della Banca Monte dei Paschi di Siena e della Fondazione Banca Agricola Mantovana.* Milão: Skira, 2012.

51.-52. mostra della Galleria di Roma con opere della collezione dell'avv. R. Valdameri. 51. dal 27 gennaio al 10 febbraio, 52. dal 14 al 28 febbraio 1942 [texto de Massimo Bontempelli; curadoria da Confederazione fascista professionisti e artisti]. Milão: Tipografia Esperia, 1942.

COLOMBO, Nicoletta. *Achille Funi: Mitologie del Quotidiano.* Milão: Giorgio Mondadori, 2009.

COWLING, Elizabeth; MUNDY, Jennifer. *On Classic Ground:* Picasso, Léger, De Chirico and the New Classicism 1910-1930. Londres: Tate Gallery Publications, 1990.

DAVERIO, Philippe; DELL'ARCO, Maurizio Fagiolo; VESPIGNANI, Netta. *Roma tra expressionismo barroco e pittura tonale 1929-1943.* Milão: Mondadori, 1984.

DELL'ARCO, Maurizio Fagiolo (org.). *Scuola Romana: artisti tra le due guerre.* Milão: Mazzotta, 1988.

DELL'ARCO, Maurizio Fagiolo; GIAN FERRARI, Claudia (orgs.). *Da Boccioni a Sironi: il mondo di Margherita Sarfatti.* Milão: Skira, 1997.

Diez años de pintura italiana. Buenos Aires: Museo Nacional de Bellas Artes, ago./set. 1957.

Do figurativismo ao abstracionismo [textos de Sérgio Milliet e Léon Dégand]. São Paulo: Museu de Arte Moderna, 1949.

Donation Emmanuele Sarmiento. Paris: Petit Palais, 1936.

Ernesto de Fiori [com o apoio do Instituto de Arquitetos do Brasil], outubro-novembro de 1945, São Paulo.

Exposição de Pintura Italiana Antiga. Rio de Janeiro: Studio di Arte Palma, novembro de 1946.

Exposição de Pintura Italiana Moderna. Rio de Janeiro: Studio di Arte Palma, maio de 1947.

Exposição de Pintura Paulista. Rio de Janeiro: Ministério de Educação e Saúde, julho de 1949.

Exposição do Art Club de Roma. São Paulo: MAM, junho-julho de 1950.

Exposition d'art moderna italien. Paris: Musée National d'Art Moderne, maio-junho de 1950.

GARBERI, Mercedes Precerutti (org.). *50 Anni di Pittura Italiana nella Collezione Boschi-Di Stefano donata al Comune di Milano.* Milão, Palazzo Reale, 27 de maio a 20 de setembro de 1974.

GIAN FERRARI, Claudia (org.). *Sironi. Gli anni '40 e '50: dal crollo dell'ideologia agli anni dell'apocalisse.* Milão: Electa, 2008.

HULTEN, P. (org.). *Les Réalismes, 1919-1939.* Paris: Centre Georges Pompidou, 1980.

MARGOZZI, Mariastella (org.). *Palma Bucarelli: il museo come avanguardia* [Galleria Nazionale d'Arte Moderna di Roma, 26 de junho a 1º de novembro de 2009]. Milão: Electa, 2009.

Modern Italian Art: An Exhibition of Paintings and Sculptures under the Auspices of the Amici di Brera and the Italian Institute. Londres: The Arts Council of Great Britain, 1950.

Mostra del pittore Felice Casorati alla Galleria del Cavallino di Venezia, julho de 1943. Veneza: Edizioni del Cavallino, 1943.

Mostra di Modigliani, aprile – maggio 1946. Milão: Associazione fra gli Amatori e Cultori delle Arti Figurative, 1946.

Mostre di Carlo Carrà (pittore), Romano Romanelli (scultore), Ardengo Soffici (pittore), Galleria Pesaro, Milano, gennaio-febbraio 1933. Milão: Galleria Pesaro, 1933.

Mostre personali: Adolfo Wildt, scultore, Achille Funi, Mario Sironi, Arturo Tosi, pittori. Livorno: Bottega d'arte, 1930.

NEGRI, Antonello (org.). *Anni Trenta: Arti in Italia oltre il Fascismo.* Milão: Giunti, 2012.

Omaggio a Carrà. Roma: Studio d'Arte Campaiola, 2001.

OSORIO, Luiz Camillo; FABRIS, Annateresa (org.). *MAM 60 anos.* São Paulo: Museu de Arte Moderna de São Paulo, 2008.

Patrimônio do MAM. Rio de Janeiro, agosto de 1966.

PONTIGGIA, Elena; COLOMBO, Nicoletta. *Milano anni trenta, l'arte e la città* [Spazio Oberdan, 2 de dezembro de 2004 a 27 de fevereiro de 2005]. Milão: Mazzotta, 2004.

PONTIGGIA, Elena; COLOMBO, Nicoletta; GIAN FERRARI, Claudia. *Il Novecento milanese: Da Sironi ad Arturo Martini* [Spazio Oberdan, 19 de fevereiro a 4 de maio de 2003]. Milão: Mazzotta, 2003.

Prima Mostra di Pittori Italiani residenti a Parigi: Campigli, De Chirico, De Pisis, Paresce, Savinio, Severini, Tozzi, 14-26 gennaio 1930 [texto de apresentação de Waldemar George]. Milão: Galleria Milano, 1930.

1º Salão de Arte Moderna da SPAM – Sociedade Pró-Arte Moderna. São Paulo, 1933.

SCHWARCZ, Jorge (org.). *Da antropofagia a Brasília: Brasil, 1920-1960.* São Paulo: Cosac Naify, 2001.

SOBY, James Thrall; BARR JR., Alfred. *XX Century Italian Art.* Nova York: MoMA, 1949.

VENTURI, C. *Painting in Post-War Italy, 1945-1957.* Apresentação de Lionello Venturi. Nova York: The Casa Italiana of Columbia University, 1957.

WOLBERG, Klaus. *Massimo Campigli: Mediterraneità und moderne.* Darmstadt: Institut Mathildeshöhe, 2003.

XLIII mostra della Galleria di Roma con opere della raccolta di Carlo Cardazzo, Venezia. Roma: Galleria d'Arte di Roma, abril de 1941.

ZUFFI, Pietro (org.). *Arte contemporâneo italiano.* Santiago de Chile: Talleres Zig-Zag, 1946.

Teses

ARAUJO, Marcelo Mattos. *Os modernistas na Pinacoteca: o Museu entre a vanguarda e a tradição.* Tese (Doutorado em História da Arte e Arquitetura) – FAU USP, São Paulo, 2002.

BARROS, Regina Teixeira de. *Revisão de uma história: a criação do Museu de Arte Moderna de São Paulo, 1946-1949.* Dissertação (Mestrado em História e Crítica da Arte) – ECA USP, São Paulo, 2002.

Ana Gonçalves Magalhães | 223

BORTOLUCI, Lauci dos Reis. *A biblioteca de Paulo Rossi Osir: coleção e arte*. Dissertação (Mestrado em Estética e História da Arte) – PGEHA USP, São Paulo, 2007.

FERNANDES, Ana Cândida Franceschini de Avelar. *Por uma arte brasileira: modernismo, barroco e abstração expressiva na crítica de Lourival Gomes Machado*. Tese (Doutorado em História e Crítica da Arte) – ECA USP, São Paulo, 2012. Publicado como: *A raiz emocional. Arte brasileira na crítica de Lourival Gomes Machado*. São Paulo: Alameda Editorial, 2015.

FRAIXE, Catherine. *Art français ou art européen? L'histoire de l'art moderne en France: culture, politique et récits historiques, 1900-1960*. Tese (Doutorado e História da Arte) – EHESS, Paris, 2011.

NASCIMENTO, Ana Paula. *MAM: Museu para a metrópole*. Tese (Doutorado em História da Arte e Arquitetura) – FAU USP, São Paulo, 2003.

PAIM, Ivana Soares. *Por enxergar demais: a pintura de Hugo Adami*. Dissertação (Mestrado em História e Crítica da Arte) – ECA USP, São Paulo, 2002.

POZZOLI, Viviana. *L'arte italiana contemporânea a Mosca 1926-1936: Il carteggio Boris Ternovec – Giovanni Scheiwiller*. Monografia (Especialização em História da Arte) – UNIMI, Milão, 2009.

RIBEIRO, Mariana Karina. *A viagem do argonauta. As poéticas de Giorgio de Chirico no acervo do MAC USP*. Dissertação (Mestrado em História da Arte e da Cultura) – IFCH Unicamp, Campinas, 2009.

RIBEIRO, Niura. *Rossi Osir: artista e idealizador cultura*. Dissertação (Mestrado em História e Crítica da Arte) – ECA USP, São Paulo, 1995.

Sites

www.scuolaromana.it
www.quadriennalediroma.org
www.labiennale.org
www.bienal.org.br
www.globalartmuseum.de
www.mam.org.br
www.masp.art.br
www.mart.tn.it
www.moma.org
www.treccani.it
www.acervo.estadao.com.br
www.lapermanente.it
http://www.artivisive.sns.it/galleria/ [Revista italiana *Emporium* on-line, 1895-1964]
www.cpdoc.fgv
www.archividelnovecento.it

Arquivos e bibliotecas

APICE, UNIMI, Milão
Archivio Biblioteca, Quadriennale di Roma
Archivio del Cavallino, Veneza
Archivio del '900, MART, Rovereto
Arquivo do Itamaraty, Rio de Janeiro
Archivio Felice Casorati, Turim
Archivio Mario Sironi, Milão

Arquivo Histórico Wanda Svevo, Fundação Bienal de São Paulo

Arquivo MAC USP, São Paulo

Arquivo MAM, Rio de Janeiro

Arquivo Museus Castro Maya, Rio de Janeiro

Arquivo Nacional, Rio de Janeiro

Arquivo SPHAN, IPHAN, Rio de Janeiro

ASAC, Biennale di Venezia

Biblioteca d'Arte, Milão

Biblioteca, Dipartimento dei Beni Culturali e Ambientali, UNIMI, Milão

Biblioteca do Instituto de História da Arte, UBA, Buenos Aires

Biblioteca INHA, Paris

Biblioteca MAM, São Paulo

Biblioteca Sormani, Milão

Biblioteca Trivulziana, Castello Sforzesco, Milão

Bibliothèque Kandinsky, Centre National Georges Pompidou, Paris
Centro di Documentazione, Galleria Nazionale d'Arte Moderna di Roma

Fondación Espigas, Buenos Aires

Fundo Mário de Andrade, IEB USP, São Paulo

Seção de Catalogação MAC USP, São Paulo

ANEXO

Trabalhos publicados em torno das Coleções Matarazzo

Aqui, destacamos todos os trabalhos publicados e as dissera-
ções defendidas acerca das Coleções Matarazzo entre 2009 e 2015.
Ele inclui os trabalhos da autora, bem como trabalhos publicados por
seus orientandos.

Publicações

MAGALHÃES, Ana Gonçalves. "O debate crítico no Edifício Sul
América, Rio de Janeiro, 1949". In: CONDURU, Roberto; SI-
QUEIRA, Vera Beatriz (orgs.). *Anais do XXIX Colóquio do
Comitê Brasileiro de História da Arte*. Rio de Janeiro: CBHA,
2009, p. 120-128. Disponível em: <http://cbha.art.br/colo-
quios/2009/anais/pdfs/anais_coloquio_2009.pdf>.

_____. "Margherita Sarfatti e o Brasil: A Coleção Francisco Mata-
razzo Sobrinho enquan-to Panorama da Pintura Moderna". In:
CONDURU, Roberto; SIQUEIRA, Vera Beatriz (orgs.). *Anais
do XXX Colóquio do Comitê Brasileiro de História da Arte: Arte
> Obra > Fluxos*. Rio de Janeiro: PPGARTES /UE RJ, 2010, p.
256-266. Disponível em: <http://cbha.art.br/coloquios/2010/
anais/site/pdf/cbha_2010_Magalhaes_Ana_art.pdf>.

_____. "As coleções Matarazzo no acervo do MAC USP e a Pintura
Moderna no Brasil". In: FARIA, Breno; LOPES, Fanny *et alli*
(orgs.). *Atas do VI Encontro de História da Arte "A história da arte*

e suas fronteiras" na Universidade Estadual de Campinas. Campinas: Unicamp, 2010, p. 45-53. Disponível em: <www.unicamp.br/chaa/eha/atas/2010/ana_goncalves_magalhaes.pdf>.

_____. "Falce, Sedia e Canestra sull Aia". In: BIROLLI, Zeno; RUSCONI, Paolo. *Renato Birolli: Necropoli e Paesaggio Adriatico* [catálogo de exposição]. Milão: Scalpendi, 2010, p. 103-105.

_____. "Achille Funi nella Collezione del MAC USP". *Rivista L'Uomo Nero: Materiali per una Storia delle Arti della Modernità*. Milão: Università degli Studi di Milano; Mimesis, Nuova Serie, ano VIII, n° 7-8, setembro 2011, p. 349-358.

_____. "Uma nova luz sobre o acervo modernista do MAC USP: estudos em torno das Coleções Matarazzo". *Revista USP*, São Paulo, vol. 1, 2011, p. 200-216.

_____. "Realismo, classicismo, latinidade: As Coleções Matarazzo e o modernismo italiano dos anos 1930". In: CAVALCANTI, Ana Maria Tavares; MORETHY COUTO, Maria de Fátima; MALTA, Marize (orgs.). *Anais do XXXI Colóquio do Comitê Brasileiro de História da Arte: [Com/Con] tradições na história da arte*. Campinas: Unicamp, 2011, p. 425-440. Disponível em: <www.cbha.art.br/coloquios/2011/anais/pdfs/ana_magalhaes_anaiscbha2011.pdf>.

_____. "Nuovo Testamento I" e "Tereza su Batteria". In: BELLI, Gabriella (org.). *Afro: il periodo americano* [catálogo de exposição]. Milão: Mondadori/ Electa Mart, 2012, p. 114-115; p. 132-133.

_____. "A narrativa de arte moderna no Brasil e as Coleções Matarazzo". *Revista de Museologia e Interdisciplinaridade*, Brasília, vol. 1, 2012, p. 77-108. Disponível em: <http://periodicos.unb.br/index.php/museologia/article/view/6844/5516>.

_____. "Arte moderna italiana, fascismo e o colecionismo privado dos anos 1930-40". In: CAVALCANTI, Ana Maria Tavares; MORETHY COUTO, Maria de Fátima; MALTA, Marize; OLIVEIRA, Emerson Dionisio Gomes de. *Anais do XXXII Colóquio do Comitê Brasileiro de História da Arte (CBHA)*. Rio de Janeiro: Faperj UERJ, 2012, p. 1583-1602. Disponível em: <http://cbha.art.br/coloquios/2012/anais/pdfs/artigo_s6_anagoncalvesmagalhaes.pdf>.

MAGALHÃES, Ana Gonçalves; RIZZUTTO, Márcia *et alli*. "*Nudo Incompiuto* de Felice Casorati, no acervo do MAC USP". *Revista de História da Arte e Arqueologia*, Campinas, vol. 19, 2013, p. 141-158. Disponível em: <www.unicamp.br/chaa/rhaa/downloads/Revista%2019%20-%20artigo%208.pdf>.

MAGALHÃES, Ana Gonçalves. *José Antônio da Silva em dois tempos*. Fôlder de exposição, junho de 2013. São Paulo: MAC USP, 2013.

_____. *Classicismo, realismo, vanguarda: pintura italiana do entreguerras*. São Paulo: MAC USP, 2013 [com textos de Renata Dias Ferraretto Moura Rocco e Benjamin Saviani].

_____. "Objecthood and Brazilian Modernist Narrative: the Making of São Paulo Museum of Modern Art (MAM) and Its Primary Collection". In: GROSSMANN, Ulrich; KRUTISCH, Petra (orgs.). *33rd Congress of the International Committee of the History of Art: The Challenge of the Object*. Nuremberg: Germanisches National Museum vol. 1,, 2013, p. 86-90.

_____ (org.). *Boletim do Seminário Internacional de Escultura Moderna*, MAC USP, 2014. Disponível em: <www.mac.usp.br/programaacademico/publicacoes> [com textos de Marina Barzon Silva].

MAGALHÃES, Ana Gonçalves; RUSCONI, Paolo; MIGLIACCIO, Luciano (orgs.). *Modernidade latina: os italianos e os centros do modernismo latino-americano* [anais do seminário internacional organizado entre 9 e 12 de abril de 2013]. São Paulo: MAC USP; UNIMI, 2014. Disponível em: <www.mac.usp.br/mac/conteudo/academico/publicacoes/anais/modernidade/index.html> [com textos de Andrea Cortez Alves e Renata Dias Ferraretto Moura Rocco].

MAGALHÃES, Ana Gonçalves. "Felice Casorati in Sudamerica". In: BERTOLINO, Giorgina (org.). *Felice Casorati: Collezioni e mostre tra Europa e Americhe* [catálogo de exposição]. Milão: Silvana, 2014, p. 65-75.

_____. "Maternità", "Natura morta con limoni", "Nudo incompiuto" e "Testa dell'armatura". In: BERTOLINO, Giorgina (org.). *Felice Casorati: Collezioni e mostre tra Europa e Americhe* [catálogo de exposição]. Milão: Silvana, 2014, p. 206-207e p. 222-227.

ROCCO, Renata D. F. M. "As obras de Gino Severini na coleção do Museu de Arte Contemporânea da Universidade de São Paulo". In: *VII Encontro de História da Arte – Os caminhos da História da Arte desde Giorgio Vasari: Consolidação e desenvolvimento da disciplina*. Campinas: Unicamp, 2011, p. 438-447. Disponível em: <www.unicamp.br/chaa/eha/atas/2011/Renata%20Dias%20Ferrareto%20Moura%20Rocco.pdf>.

_____. "Gino Severini no contexto da *II Quadriennale D'arte Nazionale di Roma*: o caso das obras do MAC USP", *Revista de História da Arte e Arqueologia*, Campinas, vol. 17, 2013, p. 125-148. Disponível em: <www.unicamp.br/chaa/rhaa/downloads/Re­vista%2017%20-%20artigo%207.pdf>.

ROCCO, Renata D. F. M.; MAGALHÃES, Ana G. "Gino Severini no acervo do Museu de Arte Contemporânea da Universidade de São Paulo". In: ARANHA, Carmen; CANTON, Katia [org.]. *Desenhos da pesquisa: novas metodologias em arte*. São Paulo: Museu de Arte Contemporânea da Universidade de São Paulo, 2012, p. 289-300.

_____. "O Caso Dos 'Italianos De Paris' No Acervo Do Museu De Arte Contemporânea Da Universidade De São Paulo". *Revista de História da Arte e Arqueologia*, Campinas, vol. 20, 2013, p. 101-123. Disponível em: <www.unicamp.br/chaa/rhaa/downloads/ Revista%2020%20-%20artigo%206.pdf>.

_____. "Gino Severini e a crítica de arte brasileira e italiana nos anos 1940-1950" In: ANDRADE, Marco Antônio Pasqualini de (org.). *Anais do XXIV Colóquio do Comitê Brasileiro de História da Arte*. Uberlândia, UFU, v. 1, 2015, p. 365-373. Disponível em: <http://cbha.art.br/coloquios/2014/imgscbha2014/anais-CBHA2014vol1.pdf>.

SILVA, Marina Barzon. "Um Giacomo Balla em São Paulo: A busca pela origem de *Paisagem*". *Revista de História da Arte e Arqueologia*, Campinas, vol. 22, 2014, p. 105-119. Disponível em: <www. unicamp.br/chaa/rhaa/downloads/Revista%2022%20-%20ar-tigo%206.pdf>.

GÓES, Maria Lívia. "Releitura da atuação de Sérgio Milliet a partir do acervo do MAC USP" (submetido à *Revista de História da Arte e Arqueologia RHAA* em 2014, no prelo).

TOLEDO, Carolina Rossetti de. "A doação Nelson Rockefeller de 1946 no acervo do Museu de Arte Contemporânea USP" (aceito pela *Revista de História da Arte e Arqueologia RHAA* em 1º de julho de 2014, no prelo).

Dissertações defendidas

ROCCO, Renata D. F. M. *Para além do futurismo: poéticas de Gino Severini no Acervo do MAC USP*. Dissertação (Mestrado em Estética e História da Arte) – PGEHA USP, São Paulo, 2013.

TOLEDO, Carolina Rossetti de. *As doações Nelson Rockefeller no acervo do Museu de Arte Contemporânea da Universidade de São Paulo*. Dissertação (Mestrado em Estética e História da Arte) – PGEHA USP, São Paulo, 2015.

SAROUTE, Dúnia Roquetti. *Política e Arte: Arturo Tosi na Coleção do Museu de Arte Contemporânea da Universidade de São Paulo*. Dissertação (Mestrado em Estética e História da Arte) – PGEHA USP, São Paulo, 2015.

AGRADECIMENTOS

São muitos os agradecimentos que tenho a fazer, pois entre 2008 (quando ingressei na USP e dei início à pesquisa) e 2014, foram muitos os colegas com quem tive trocas que, para mim, foram preciosas. Assim, começo agradecendo a todas as pessoas que, de uma forma ou de outra, estiveram presentes na minha vida acadêmica nos últimos anos.

Este trabalho não teria sido possível sem o apoio dos órgãos de fomento à pesquisa. Agradeço, em primeiro lugar, à Fapesp pelas bolsas de Auxílio à Pesquisa e Pesquisa no Exterior, concedidas respectivamente entre 2009-2010 e em 2011, e ao Auxílio à Publicação concedido em 2015. Gostaria ainda de mencionar o apoio constante que a Fapesp tem dado para os eventos que realizamos e para a vinda de pesquisadores do grupo da UNIMI. Em seguida, agradeço ao CNPq, pela bolsa de Produtividade em Pesquisa (2012-2015), bem como pelas bolsas de Iniciação Científica, concedidas entre 2011 e 2014, sem as quais não teria contado com a colaboração dos alunos de graduação que participaram do projeto. Por fim, agradeço à Capes, pelas bolsas de mestrado concedidas aos bolsistas que trabalham e trabalharam no projeto.

Também agradeço à Pró-Reitoria de Cultura e Extensão Universitária da USP pelas bolsas de Aprender com Cultura e Extensão concedidas aos alunos de graduação que colaboraram com o projeto da exposição *Classicismo, realismo, vanguarda: pintura italiana no entre-*

guerras, bem como ao apoio dado pela Vice-Reitoria de Relações Internacionais da Universidade, que tornou possível a efetiva cooperação acadêmica com a UNIMI.

Um especial agradecimento ao meu colaborador e colega de cooperação acadêmica Paolo Rusconi (UNIMI), que me recebeu em Milão em 2011 como professora e pesquisadora convidada em seu departamento e me possibilitou contato com várias instituições e pesquisadores importantes na Itália – além de ter sido, talvez, o interlocutor mais importante durante a minha pesquisa.

Agradeço a atenção com a qual fui recebida por Paola Pettenella (Archivio del '900, MART), Assunta Porciani (Archivio della Quadriennale di Roma), Claudia Palma (Centro de Documentazione e Biblioteca, GNAM), Elena Cazzaro (ASAC, Biennale di Venezia), Marina Pugliese (Museo del Novecento, Milão), Fabiana Serviddio (Fondación Espigas, Buenos Aires) e Cecília Bedê (Biblioteca Matarazzo, Unifor, Fortaleza) em suas respectivas instituições. Em especial, agradeço aos meus colegas, colaboradores do Grupo de Pesquisa CNPq Arquivos de Museus e Pesquisa, que me receberam ao longo de minha pesquisa em suas instituições: Gabriel Moore (Pinacoteca do Estado de São Paulo); Ivani di Grazia Costa (Masp), Fernanda Curi, Ana Luiza Mattos, Ana Paula Marques e Giselle Rocha (Arquivo Histórico Wanda Svevo, Fundação Bienal de São Paulo), e Leia Cassoni (Biblioteca MAM).

Aos herdeiros e responsáveis por fundos pessoais de galeristas e artistas presentes nas Coleções Matarazzo. Em primeiro lugar, Ippolita e Margherita Gaetani e Magali Sarfatti-Larson, netas de Margherita Sarfatti. A Angelica Cardazzo (Archivio del Cavallino, Veneza), Giorgina Bertolino (Archivio Felice Casorati, Turim), Nicoletta Colombo (Archivio Achille Funi, Milão), Andrea Sironi-Strausswald e Susana Nadini (Archivio Mario Sironi, Milão), Elisa Camesasca (Archivio

Filippo de Pisis, Milão) e Francesca Rusconi (Fondazione Boschi di Stefano, Milão).

A Eva Lieblich Fernandes, pela entrevista concedida em 2010.

A Françoise Liffran e, principalmente, a Brian Sullivan, biógrafos de Margherita Sarfatti, que se dispuseram a dividir suas pesquisas comigo.

Aos pesquisadores Catherine Fraixe (EHESS, Paris), Lucia Piccioni (EHESS, Paris), Chiara Fabi (Università degli Studi di Udine), Maria Cristina Rossi (UBA, Buenos Aires), Laura Malosetti Costa (Universidad San Martín, Buenos Aires), Sileno Salvagnini (Accademia di Belli Arti, Veneza) e Silvia Bignami (UNIMI), que muito contribuíram para a pesquisa. Outro agradecimento especial vai para Zeno Birolli (in memoriam), com quem tive o privilégio de conviver e discutir sobre arte italiana do entreguerras, em seus últimos anos de vida.

Aos colegas, funcionários do MAC USP, que se envolveram com a pesquisa: Fernando Piola (Seção de Catalogação), Silvana Karpinscky (Arquivo) e Lauci Bortoluci (Biblioteca). À Divisão de Acervo e ao Laboratório de Pintura e Escultura do MAC USP, pela disponibilidade em atender às demandas da pesquisa e pela colaboração com a profa. Márcia Rizzutto (IF USP) e sua equipe nas análises físicas das obras estudadas.

À colaboração com as colegas Márcia Rizzutto (IF USP) e Solange Ferraz de Lima (Museu Paulista), em nossos interesses interdisciplinares pela conservação e documentação de patrimônio histórico-artístico.

Tive o enorme privilégio de contar com o entusiasmo, a seriedade e prazer com que meus alunos, estagiários e orientandos em nível de graduação e pós-graduação, realizaram e realizam sua pesquisa em torno das coleções Matarazzo. Sem eles, teria sido impossível sua consolidação. Faço aqui três agradecimentos especiais: à minha primeira

236 | Classicismo moderno

mestranda, Renata Dias Ferraretto Moura Rocco, que muito me ajudou com a organização de meu memorial e com os anais do seminário
*Modernidade latina: Os italianos e os centros do modernismo latino-ame-
ricano*, e tem sido uma colaboradora constante; a Marina Barzon Silva,
que, com muita seriedade, me ajudou com toda a preparação do boletim do seminário internacional de conservação de bronzes modernos;
a Viviana Pozzoli, atualmente doutoranda da UNIMI, sob orientação
do prof. Paolo Rusconi, que muito me auxiliou na busca de documentação, referências bibliográficas e informações na Itália.

A Tadeu Chiarelli que, durante sua gestão como diretor do
MAC USP, deu grande apoio às iniciativas da minha pesquisa, e com
quem tive também grande prazer em conviver e colaborar.

Às colegas Ana Farinha, Alecsandra Matias, Elaine Maziero,
Cláudia Assir e Beatriz Cavalcanti, com quem tive muita alegria de trabalhar durante a produção da exposição *Classicismo, realismo, vanguarda:
pintura italiana no entreguerras*, e têm sido colaboradoras constantes.

A Sara Valbon Vieira, Andrea Pacheco e Águida Mantegna
que, em diferentes momentos, me auxiliaram, e muito, na administra-
ção de solicitações de recursos, organização de vinda de pesquisadores,
pedidos de bolsa, entre outros.

Ao meu irmão Paulo Magalhães, que me ajudou com a diagramação da tese.

A Regina Stocklen, que revisou meu texto e com quem conto
como revisora desde meus tempos de Bienal.

A Helouise Costa, que tem sido, desde meu ingresso no MAC
USP, uma colaboradora generosa, além de uma amiga por quem tenho
grande admiração.

A Jorge Coli, meu mestre, que me sugeriu que fosse atrás das
obras italianas que o MAC USP tinha e me possibilitou descobrir um
verdadeiro tesouro escondido.

A Eugênia Gorini Esmeraldo, amiga querida e que me apoiou desde minhas primeiras pesquisas, ainda na graduação.

A Martin Brausewetter, que acompanhou os percursos da minha pesquisa e tem sido um companheiro de verdade, em todos os momentos.

CADERNO DE IMAGENS

Fotografias vinculadas às aquisições Matarazzo, Fundo Margherita Sarfatti, Archivio del '900, MART, Rovereto, Itália. Fotografia de um nu de Virgilio Guidi, contendo no verso o carimbo da Galleria Il Milione; envelope endereçado ao casal Livio e Fiammetta Gaetani contendo três fotografias de obras de Filippo de Pisis, enviado pela Galleria delle Carrozze, Roma.

Ana Gonçalves Magalhães | 241

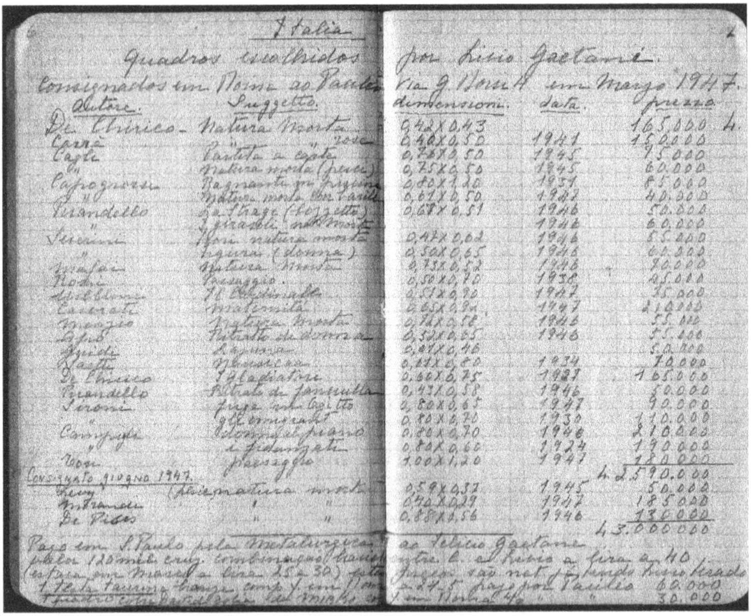

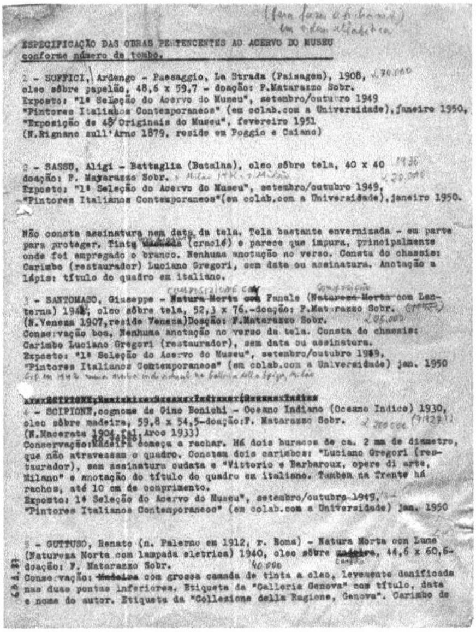

Alguns exemplos da documentação das aquisições Matarazzo na Itália (1946-47): caderno de viagens de Yolanda Penteado com compilação da lista de obras italianas adquiridas; carta-recibo de Felice Casorati ao Conde Livio Gaetani; primeira catalogação das obras do antigo MAM realizada por Eva Lieblich Fernandes.

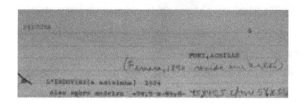

Achille Funi, "L'indovina", 1924, óleo/ madeira, Coleção Francisco Matarazzo Sobrinho – MAC USP; raio-x da pintura, realizado pela equipe de pesquisa da profa. Márcia Rizzutto; fotografias do verso da obra, com detalhe da etiqueta da Galleria Milano; detalhes da numeração de tombo da ficha catalográfica do antigo MAM, comparados à numeração no livro de tombo do antigo MAM e na lista datilografada preparada por Eva Lieblich Fernandes.

Obras hoje pertencentes ao acervo do MAC USP reproduzidas nos volumes dedicados aos respectivos artistas da série de Giovanni Scheiwiller, nos anos 1920-40 – naquele momento parte de coleções famosas na Itália. "Donne a passaggio" (1929, óleo/tela) de Massimo Campigli e volume dedicado a Amedeo Modigliani, de 1927, com reprodução de seu "Autoritratto", naquele ano ainda pertencente à Coleção Riccardo Gualino. Abaixo, "Natura morta con piccione" de Gino Severini, publicada respectivamente em 1931 e 1946 como Coleção Carlo Cardazzo.

Fotografias feitas por Amedeo Sarfatti em sua visita à fazenda Gato Preto, interior do estado de São Paulo, em abril de 1927. Fundo Margherita Sarfatti, Archivio del '900, MART, Rovereto, Itália.

Margherita Sarfatti na Argentina, setembro de 1930. Capa do catálogo da exposição Novecento Italiano, em Buenos Aires e folha de rosto do livro *Storia della pittura moderna* (exemplares da biblioteca de Paulo Rossi Osir, Biblioteca MAC USP).

Margherita Sarfatti dando conferências em Rosário e em Buenos Aires. Fundo Margherita Sarfatti, Archivio del '900, MART, Rovereto, Itália.

Sérgio Milliet e a história da pintura vista em ciclos de síntese (arte clássica) e análise. Folha de rosto da edição original de *Marginalidade da pintura moderna* (1942) e gráficos publicados no volume.

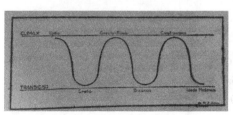
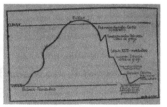

Exposições de arte italiana na América do Sul, 1946-47. No alto, capa do catálogo da exposição *Arte Contemporaneo Italiano*, organizada por Pietro Zuffi, Buenos Aires e Santiago do Chile, 1947 (exemplar da biblioteca de Paulo Rossi Osir, Biblioteca MAC USP); e capa do catálogo da *Exposição de Pintura Italiana Moderna*, organizada por Pietro Maria Bardi, no Rio de Janeiro, em 1947 (exemplar Instituto Lina Bo e Pietro Maria Bardi, São Paulo).

Ana Gonçalves Magalhães | 251

LEGENDAS DAS IMAGENS

Página 240
Foto de um nu, de Virgilio Guidi, 1946-47 (?)
©MART, Archivio del '900, Fondo Margherita Sarfatti, Rovereto Itália

Imagem do verso da foto do nu, de Virgilio Guidi, 1946-47 (?)
©MART, Archivio del '900, Fondo Margherita Sarfatti, Rovereto Itália

Imagem de envelope endereçado ao casal Livio e Fiammetta Gaetani, contendo fotografias de um nu de Virgilio Guidi, duas naturezas-mortas e um retrato de Filippo de Pisis, 1946-47 (?)
©MART, Archivio del '900, Fondo Margherita Sarfatti, Rovereto Itália

Página 241
Foto de uma natureza-morta, de Filippo de Pisis, 1946-47 (?)
©MART, Archivio del '900, Fondo Margherita Sarfatti, Rovereto Itália

Foto de uma natureza-morta, de Filippo de Pisis, 1946-47 (?)
©MART, Archivio del '900, Fondo Margherita Sarfatti, Rovereto Itália

Foto de um retrato, de Filippo de Pisis, 1946-47 (?)
©MART, Archivio del '900, Fondo Margherita Sarfatti, Rovereto Itália

Página 242
Página do caderno de Yolanda Penteado, "Davos, 1947", de sua viagem à Europa, 1947, contendo a lista das obras adquiridas na Itália
© Seção de Catalogação, MAC USP

Primeira folha datiloscrita de lista de inventário do acervo do antigo MAM, elaborada por Eva Lieblich Fernandes, 1951 ca.
© Seção de Catalogação, MAC USP

Página 243
Carta do pintor Felice Casorati ao Conde Livio Gaetani, 26 de outubro de 1946
© Seção de Catalogação, MAC USP

Detalhe do antigo número de tombo da obra "L'indovina" de Achille Funi, na ficha catalográfica do antigo MAM
Foto: Ana Gonçalves Magalhães
© Seção de Catalogação, MAC USP

Página 244
Achille Funi, "L'indovina", 1924, óleo/madeira, Coleção Francisco Matarazzo Sobrinho – MAC USP
Foto: Márcia Rizzutto & Elizabeth Kajiya, 2012
© MAC USP

Raio-x da obra "L'indovina" de Achille Funi
Foto: Márcia Rizzutto & Elizabeth Kajiya, 2012
© MAC USP

Verso da obra "L'indovina" de Achille Funi
Foto: Márcia Rizzutto & Elizabeth Kajiya, 2012
© MAC USP

Detalhe do selo da Galleria Milano no verso da obra "L'indovina" de Achille Funi
Foto: Márcia Rizzutto & Elizabeth Kajiya, 2012
© MAC USP

Página 245
Página 14 da publicação *Massimo Campigli (Arte Moderna Italiana n. 20)*, 1931, com reprodução de "Donne a passeggio", do artista, Coleção Francisco Matarazzo Sobrinho – MAC USP
Foto: Ana Gonçalves Magalhães

Página 3 da publicação *Amedeo Modigliani (Arte Moderna Italiana n. 8)*, 1927, com reprodução de "Autoritratto", do artista, Coleção Francisco Matarazzo Sobrinho – MAC USP
Foto: Ana Gonçalves Magalhães

Página 38 da publicação *Gino Severini (Arte Moderna Italiana n. 17)*, 1946, com reprodução de "Natura morta con piccioni", do artista, Coleção Francisco Matarazzo Sobrinho – MAC USP
Foto: Ana Gonçalves Magalhães

Página 246
Foto de envelope contendo catorze fotografias tiradas por Amedeo Sarfatti em sua visita à fazenda Gato Preto, no interior do estado de São Paulo, abril de 1927
©MART, Archivio del '900, Fondo Margherita Sarfatti, Rovereto Itália

Detalhe de locomotiva, Fazenda Gato Preto
Foto tirada por Amedeo Sarfatti, abril de 1927
©MART, Archivio del '900, Fondo Margherita Sarfatti, Rovereto Itália

Página 247
Vista geral da Fazenda Gato Preto
Foto tirada por Amedeo Sarfatti, abril de 1927
©MART, Archivio del '900, Fondo Margherita Sarfatti, Rovereto Itália

Detalhe usina Fazenda Gato Preto
Foto tirada por Amedeo Sarfatti, abril de 1927
©MART, Archivio del '900, Fondo Margherita Sarfatti, Rovereto Itália

Página 248
Margherita Sarfatti proferindo conferência na Sociedade Amigos del Arte, em Buenos Aires, 14 de setembro de 1930
©MART, Archivio del '900, Fondo Margherita Sarfatti, Rovereto Itália

Margherita Sarfatti proferindo conferência no Circolo Italiano, em Rosario, 12 de setembro de 1930
©MART, Archivio del '900, Fondo Margherita Sarfatti, Rovereto Itália

Capa do catálogo da mostra do grupo Novecento Italiano em Buenos Aires, 1930

Foto: Ana Gonçalves Magalhães
© Biblioteca Lourival Gomes Machado, MAC USP
Página 249
Frontispício da edição original de *Marginalidade da pintura moderna*, de Sérgio Milliet, 1942
Foto: Ana Gonçalves Magalhães

Gráfico de evolução da arte desde a antiguidade, em ciclos de análise e síntese publicado na página 11 de *Marginalidade da pintura moderna*, de Sérgio Milliet, 1942
Foto: Ana Gonçalves Magalhães

Gráfico de evolução da arte na Idade Moderna, em ciclos de análise e síntese publicado na página 14 de Marginalidade da pintura moderna, de Sérgio Milliet, 1942
Foto: Ana Gonçalves Magalhães

Página 450
Capa do catálogo da exposição *Arte contemporáneo italiano*, organizado por Pietro Zuffi, Santiago do Chile, 1946
Foto: Ana Gonçalves Magalhães
© Biblioteca Lourival Gomes Machado, MAC USP

Capa do catálogo *Exposição de pintura italiana moderna*, organizado por Pietro Maria Bardi, Rio de Janeiro, 1947
Foto: Ana Gonçalves Magalhães
© Instituto Lina Bo e Pietro Maria Bardi, São Paulo

Esta obra foi impressa em São Paulo
na primavera de 2016. No texto foi
utilizada a fonte Adobe Jenson Pro em
corpo 11 e entrelinha de 15 pontos.